Katharina Möller-Weingand | Claudia Weingand

Reiten

wie es Pferde lieben

Müller Rüschlikon

Einbandgestaltung: r2 I Ravenstein, Verden

Titelfoto: Maresa Mader

Bildnachweis:
Anna Kulicke: S. 43, 65, 103, 138, 151, 165

Alle übrigen Bilder stammen von Maresa Mader, www.maresamader.de

Die Zeichnungen wurden von Claudia Weingand erstellt.

ISBN 978-3-275-02320-2

Postfach 103743, 70032 Stuttgart
Ein Unternehmen der Paul Pietsch Verlage GmbH & Co. KG

2. Auflage 2024

Sie finden uns im Internet unter www.mueller-rueschlikon-verlag.de

Gesamtleitung: Claudia König
Innengestaltung: Andrea Horn Layout-iT!, Dorsten
Druck und Bindung: Graspo CZ, 76302 Zlin
Printed in Czech Republic

INHALT

Foto: Dorthe Moog

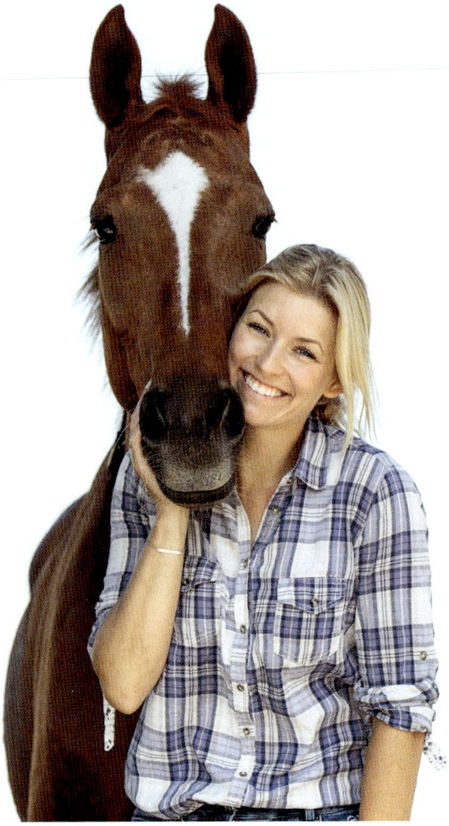

Vorwort

von Annica Hansen

Seit über 30 Jahren habe ich Pferde in meinem Leben. Erst als Schulpferd, dann als Reitbeteiligung, und irgendwann kam Wölbchen als mein erstes eigenes Pferd. Vor fast vier Jahren bin ich mit meinen inzwischen drei Pferden auf meinen eigenen Hof Ponyhausen gezogen – seitdem steht meine Welt auf dem Kopf. Habe ich doch so viele Dinge, die dieses Buch anspricht, bei mir selbst bemerkt, und so viel möchte ich verraten, auch nach und nach geändert. Ich möchte Euch ein wenig davon erzählen, denn dann erklärt sich von selbst, warum ich dieses Buch wirklich jedem Reiter ans Herz legen möchte.

Alte Glaubenssätze, Sprüche vom Trainer, Gelerntes innerhalb einer Bubble. Alles fest eingebrannt in mein reiterliches Hirn. So habe ich meine Pferde tagein, tagaus geritten, trainiert und auf Turnieren vorgestellt. Bis meine Einhorn-Stute Cobie mir erst leise und dann immer lauter mitgeteilt hat, dass wir so auf keinen Fall weitermachen können.

Aus heutiger Sicht weiß ich, dass auch Wölbchen und Canto deutlich kommuniziert haben, dass etwas schiefläuft. Aber ich war einfach noch nicht bereit dazu, mein Denken über Bord zu werfen und ihnen zuzuhören. Wie viele Tränen ich geweint habe, nachdem Cobie kaum noch einen Schritt geradeaus, geschweige denn einen Trabtritt tun konnte, kann ich nicht mehr sagen, aber die Monate der Selbsterkenntnis, des Verstehens und sich neu Umschauens waren härter als jeder Sturz, den ich je hatte.

Es tut weh, wenn einem klar wird, wie sehr man auf dem Holzweg war. Wie sehr man sein eigenes Bauchgefühl ignoriert hat, wie verschoben das eigene Sehen war, wenn man bedenkt, wieso man angefangen hat, sich mit Pferden zu beschäftigen.

Die für mich krasseste Erkenntnis war, dass man durchaus erfolgreich sein kann und im Sinne des Pferdes trotzdem alles falsch machen kann. Denn was ich gelernt habe war, dass eine Platzierung bedeutet: Ich kann gut reiten. Heute weiß ich, dass dies eins der größten Märchen ist, das die Reiterwelt erzählt.

Wieso ich das erwähne? Weil es sich lohnt, das eigene Tun zu hinterfragen und seine Einstellung gegenüber dem Pferd zu reflektieren. Oder um es in den Worten von Claudia und Katharina zu sagen: »Wir können uns alle immer ab JETZT ändern!« Mit meinem Umdenken waren plötzlich Vorbilder von meiner Bildfläche verschwunden, die ich für Jahre hatte. In dieser Zeit habe ich mich verloren gefühlt. Bis ich anfing, mich umzuschauen, mich neu zu orientieren und Lösungen zu finden für die Themen, die meine

Pferde mir auf den Tisch legten. Früher war man in seiner Bubble, heute haben wir das große Glück – auch dank des Internets – weit über den Tellerrand hinausschauen zu können. Und genau das habe ich getan. Nicht alles, was ich gefunden habe, hat mir zugesagt, aber ich habe immer wieder tolle Pferdemenschen gefunden. Wegweiser auf diesem Weg, der mir selbst noch so neu und auf seltsame Weise trotzdem so vertraut erscheint. Vielleicht weil er dem so ähnlich ist, wie ich als junges Mädchen mit Pferden umgegangen bin. Auf meiner Suche bin ich auch über OsteoDressage gestolpert, habe mitgelesen und immer wieder neuen Input bekommen.
Input, der mir gefallen hat. Ehrlich. Gerade. ProPferd. Und genau so ist das Buch, was ihr gerade in den Händen haltet.
Unsere Pferdewelt hat Veränderung und echtes Hinschauen unglaublich nötig. Es braucht ehrliche Worte. Es braucht ein Ego, das sich hinter und nicht vor das Pferd stellt. Dieses Buch kann dabei als Inspiration dienen und ich verspreche nicht zu viel, wenn ich sage, dass ich jede Seite verschlungen habe.

Für mich ist es eine große Ehre, dieses Vorwort schreiben zu dürfen. Denn es war ein Weg, den Leuten, die es schon länger richtiger machen, zu zeigen, dass ich das, was ich seit geraumer Zeit nun tue, ernst meine. Dass es mir dabei nicht um Klicks oder einen neuen Trend geht. Sondern, dass ich verstanden habe. Diese Zeilen gerade tippen zu dürfen, ist besonders für mich. Auch weil ich auf der Seite von Claudia und Katharina das erste Mal über das wundervollen Gestüt LaPerla gelesen habe, wo ich vor einigen Wochen meinen neuen Vierbeiner gekauft habe. Tali, ein 1-jähriger Lusitano und natürlich ein Einhorn. Allein deshalb gibt es Grund genug, sich bei den beiden zu bedanken. Vielmehr möchte ich aber danke sagen für dieses Buch. Ein wundervoll unbequemes Buch, das einen einlädt nachzudenken, nachzufühlen und ein Buch, das Veränderung anstoßen kann, wenn man dafür bereit ist und es zulassen kann.

Für mich kommt das Buch im richtigen Moment. Mein Ego liegt gebeutelt von den letzten Monaten in der Ecke und so konnte ich beim Lesen quasi ausschließlich nicken. Manchmal begleitet von einem erkennenden Grinsen und viel Verstehen, und manchmal begleitet von dem ein oder anderen Klaps, der anscheinend noch nötig war. Das Buch kann, oder lasst mich besser sagen, wird euch triggern. Es wird Dinge ansprechen, die ihr vielleicht nicht hören möchtet. Aber wartet kurz, bevor ihr es in die Ecke pfeffert oder weiterverschenkt. Dieses Buch ist eine wunderbare Gelegenheit, gebt ihm eine Chance. Stellt es vielleicht für zwei Tage zur Seite und schaut dann wieder hinein. Und fragt euch: »Ist das, was ich denke, WIRKLICH wahr oder richtig?« Oder ist es einfach nur lange gelernt, bequem und nie hinterfragt worden? Ich persönlich habe das Buch wie gesagt verschlungen und werde es noch ein zweites und drittes Mal mit mehr Geduld lesen. Es ist gut, dass sich der Wind im Pferdesport endlich zu drehen beginnt. Es braucht Pferdemenschen und Vorbilder, die wirklich das Pferd an erste Stelle setzen, die Klartext sprechen und sich nicht hinter Turniererfolgen verstecken. Erfolgreich ist für mich, wer wirklich gut mit seinem Pferd umgeht und nicht aufhört, an sich zu arbeiten. Wer die Bedürfnisse des Pferdes an erste Stelle stellt. Denn dann kann man Pferde auch so reiten, dass sie es lieben.

Eure Annica
Niederkrüchten, im August 2024

Hier erfahrt ihr mehr über Annica Hansen:
www.annicahansen.com
@woelbchen

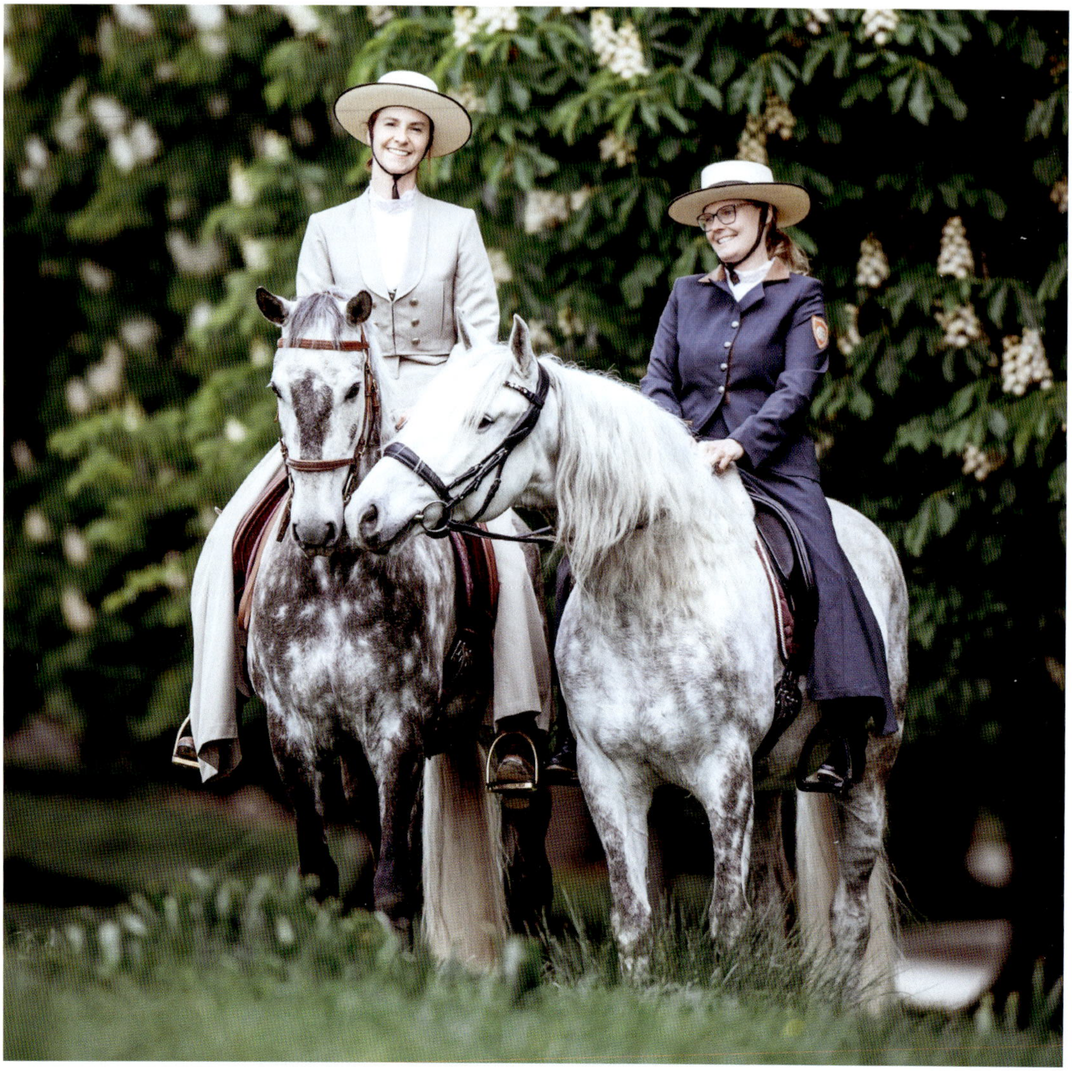

Claudia Weingand und Katharina Möller-Weingand auf ihren Lusitanos Invincible und Hércules.

1. Können Pferde das Reiten lieben?

Seitdem wir den Slogan »Reiten wie es Pferde lieben« verwenden, hat er so manche Menschen getriggert. Ein Satz, der definitiv zum Nachdenken anregt. Können Pferde das Reiten tatsächlich lieben? Oder können sie das Gerittenwerden bestenfalls akzeptieren? Und woran macht man das fest? Wo fängt die Freude des Pferdes am Reiten an und wie erkennt man sie? Ist ein solches Gefühl wie Liebe nicht eine haltlose Unterstellung?

Wer mit Pferden persönlich eher weniger zu tun hat und den Reitsport vor allem aus der Berichterstattung in den Medien kennt, denkt vielleicht als Erstes an die Negativschlagzeilen und die Skandale rund um ausgenutzte und regelrecht gequälte Sportpferde. So mancher Tierschützer findet heute, dass man das Reiten von Pferden grundsätzlich verbieten sollte, weil das nur gegen ihren Willen und zu ihrem Leidwesen geschehe. Für viele Pferdeleute dagegen ist Reiten der Lebensinhalt. Sie lieben ihre Pferde oft mehr als alles andere und stellen ihre gesamte Energie in Form von Zeit und Geld in den Dienst an ihren Pferden.

Das wirft Fragen auf: Wie passen Pferdeliebe und Reiten zusammen? Kann das Reiten dem Pferd wirklich genauso viel Freude machen wie dem Reiter? Unter welchen Umständen, in welchen Situationen, auf welche Weise lieben Pferde das Reiten?

Ein Blick auf die Szene

Machen wir uns nichts vor: Der Reitsport steht definitiv auf der Kippe. Schon seit geraumer Zeit müssen Pferdesportler sich die Frage nach der sogenannten »Social License« stellen: Inwieweit wird Pferdesport weiterhin öffentlich toleriert und gefördert werden? Inwiefern entspricht er dem olympischen Gedanken, wie weit her ist es mit dem Tierwohl? Und was würde eigentlich mit der gesamten Pferdezucht und -haltung passieren, wenn der Reitsport tatsächlich abgeschafft würde?

Auch in der Freizeitreiterszene stellen sich glücklicherweise viele Hobbypferdehalter längst die Frage, inwiefern das Reiten für ihr Pferd okay ist und was es ihrem Pferd wirklich bringt. Viele würden sagen, dass das Wohlergehen ihres Pferdes an erster Stelle steht, völlig unabhängig von der Nutzung oder von sportlichen Erfolgen. Aber auch hier ist die Frage: Wie stellen wir dieses Wohlergehen eigentlich fest? Außerdem hängt das nicht nur vom Reiten ab, sondern von wirklich allem, was wir mit unseren Pferden unternehmen – ob vom Boden oder im Sattel.

Die Zahlen der konventionellen Reitturnierteilnehmer gehen seit Jahren zurück, dafür sind zahlreiche alternative Reitweisen, -philosophien und Trainingskonzepte entstanden, die größtenteils keinerlei Kontrolle (wie etwa dem Tierschutz auf öffentlichen Veranstaltungen) unterliegen.

So manche Alternativreitweise benutzt beispielsweise haarsträubende, definitiv das Pferdewohl gefährdende Gebisse, die auf konventionellen Turnieren verboten wären. Die Pferdeszene besteht heute aus unzähligen Subkulturen, und jede behauptet von sich, sie sei besonders pferdefreundlich. Wer hat Recht?

Dass das Training ihrem Pferd guttun soll, ist neben sportlicher Motivation eine große Triebkraft für Pferdebesitzer. Aber welche Trainingsweise ist wirklich gut fürs Pferd? Darauf kann es keine eindeutigen Antworten geben, denn nicht nur Pferde sind extrem unterschiedlich, sondern auch die individuelle Auslegung und vor allem die praktische Ausführung der Reitweise durch einzelne Personen.

Mit diesem Buch möchten wir das Thema aus verschiedenen Perspektiven beleuchten:
Zum einen haben wir uns ausführlich damit beschäftigt, woran man aus wissenschaftlicher Sicht das Wohlergehen von Pferden festmachen kann, und zwar explizit auch beim Reiten. Dazu gibt es einiges an Forschung mit tragfähigen Ergebnissen. Wir können heute ziemlich hieb- und stichfest sagen, wann Pferde beim Gerittenwerden Schmerzen haben und wann nicht.
Das Problem daran ist, dass diese Kriterien weder im Reitsport noch in den Alternativreitweisen konsequent als Maßstab für »gut« oder »richtig« angelegt werden. Absurderweise gibt es Schmerzzeichen, die nicht nur als normal gelten, sondern je nach Reitphilosophie sogar als erstrebenswert. Sie werden überrascht sein, welche gut klingenden Thesen kursieren, die schmerzassoziiertes Pferdeverhalten ganz anders erklären wollen.

Was Reiten mit unserer Persönlichkeit zu tun hat

Was das mit unserer menschlichen Persönlichkeit zu tun hat, ist eine weitere spannende Perspektive. Müssen Pferde das Gerittenwerden überhaupt lieben? Welche moralischen Maßstäbe legen wir an? Auf unsere Vision »Reiten wie es Pferde lieben« melden sich manchmal laut und öffentlich, aber manchmal auch aus dem Unterbewusstsein oder dem Hinterkopf Stimmen mit den Worten *»Ich liebe meine Arbeit ja auch nicht immer!«* oder *»Die eine Stunde am Tag kann das Pferd sich ja wohl mal anstrengen, ich schufte den ganzen Tag für seinen Komfort«*.

Das hat viel mit unserer Persönlichkeit, unser Weltsicht und unseren Glaubenssätzen zu tun. Deswegen werden viele Menschen bei dem Thema so emotional und das macht die Kritik am eigenen Reiten auch so schmerzhaft. Damit unser individuelles Weltbild nicht zu stark wankt, wehren wir uns oft bewusst oder unbewusst gegen die Themen, die so richtig ans Eingemachte gehen würden (Stichwort »kognitive Dissonanz«, siehe Kapitel 8).
Andersherum bietet das Thema »Reiten wie es Pferde lieben« aber genau deswegen zahlreiche Möglichkeiten für unsere Persönlichkeitsentwicklung.

An dieser Stelle möchten wir uns bereits vorab für Ihren Mut bedanken. Danke, dass Sie sich all diesen Fragen und Themen stellen! Manche Inhalte dieses Buches können vielleicht unangenehme Gefühle hervorrufen. Das wissen wir aus eigener Erfahrung, denn aufgrund so man-

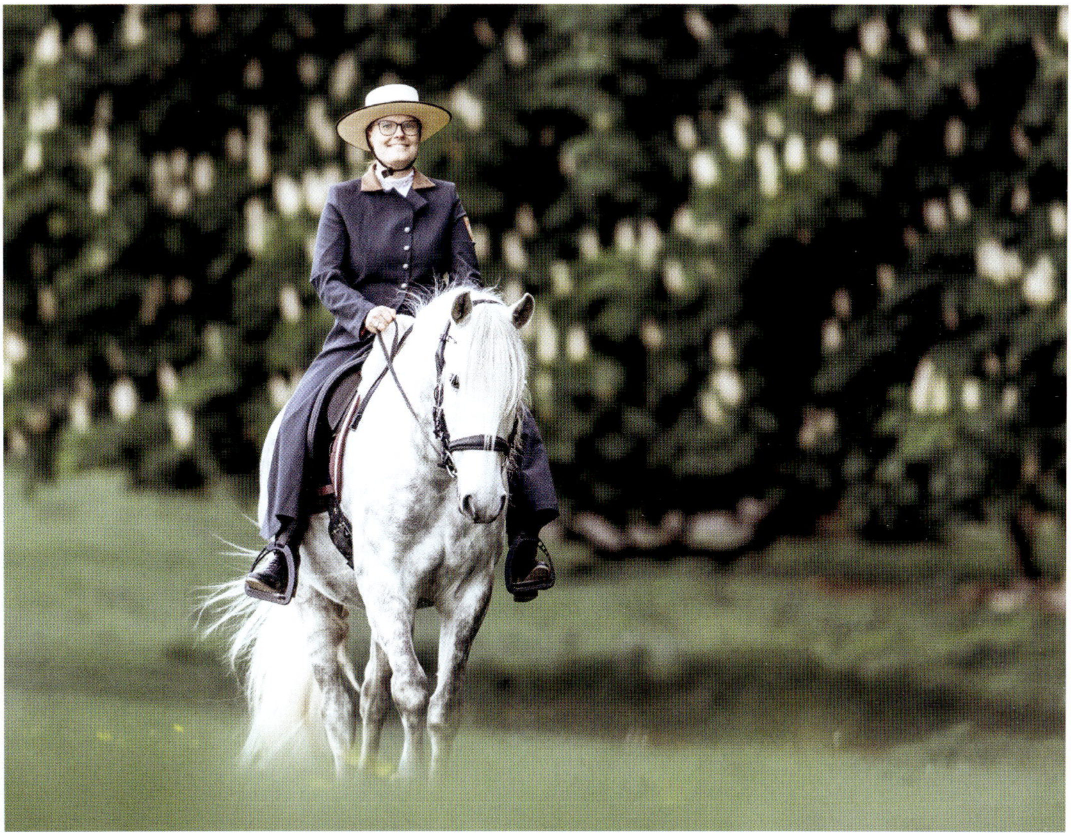

Die gemeinsame Bewegung macht Pferd und Reiterin Freude

cher neuen Erkenntnisse durften wir ebenfalls bereits mehrfach die bestehenden Lehrmeinungen, unsere Annahmen und unsere persönliche Praxis überdenken. Und darauf folgt dann meistens eine unbequeme Phase der Handlungsunsicherheit, denn wir stecken alle in einem permanenten Entwicklungsprozess. Danke, dass Sie sich den Pferden zuliebe auf die Reise machen.

Dabei sind auch unsere reiterlichen Sehgewohnheiten interessant: Entspannte, glückliche Pferde (denen jegliche Schmerz- und Stresszeichen fehlen) werden als unspektakulär, auseinandergefallen oder *unter ihren Möglichkeiten vorgestellt* bezeichnet, während gestresste und schmerzhafte Pferde für ihren *besonders tollen Ausdruck* gelobt werden. Wie ist es dazu gekommen und wie können wir lernen, uns wieder wirklich empathisch einzufühlen?

Vielen Nichtreitern oder auch jüngeren Kindern fällt es nämlich auch ohne das Wissen um konkrete Schmerzzeichen ganz leicht »aus dem Bauch heraus« zu bewerten, ob ein Pferd gerade glücklich ist oder eben nicht. Was können die, was vielen langjährigen, oft hochdekorierten Reitern zu fehlen scheint? Ist reitspezifische Bildung nun gut oder schlecht? Wo stehen uns Sehgewohnheiten im Weg, um die Wahrheit zu erkennen?

Auf jeden Fall können wir schon mal festhalten, dass kein Pferd beim Reiten wirklich immer und ausschließlich happy ist. *Ich gucke in der Yogastunde auch nicht in jeder Sekunde gleich glücklich, und beim Joggen sogar manchmal richtig leer. Sollte ich deswegen nur mit meinem Tiramisu auf der Couch sitzen?* Wie viel Anstrengung ist okay oder sogar richtig gesund? Wie viel Sport führt denn zum langfristigen Glück und wo fängt die Quälerei an? Welche Erziehungs- oder Trainingsmaßnahmen sind ein notwendiger Zwischenschritt und was ist ethisch nicht vertretbar? Auch auf diese Fragen gibt es keine schnelle Antwort, aber viele für Sie hoffentlich inspirierende Gedanken, die wir auf den nächsten 160 Seiten mit Ihnen teilen möchten.

Denn auch wenn wir selbstverständlich niemals Perfektion erreichen können und ein vollkommenes Glück weder möglich (noch überhaupt sinnvoll) wäre, so ist es eben doch unsere gemeinsame Vision, uns immer weiter in Richtung »Reiten wie es Pferde lieben« zu entwickeln und immer mehr Menschen zu beschwingter gemeinsamer Bewegung mit ihrem Pferd im Sinne eines Partners zu inspirieren.

Wie die gemeinsame Bewegung letztlich aussieht und welcher Weg dorthin führt, ist eine ganz individuelle Herausforderung, der sich jeder von uns stellen und daran wachsen darf.

Jeden Tag können wir uns weiter in Richtung Reiten wie es Pferde lieben entwickeln.

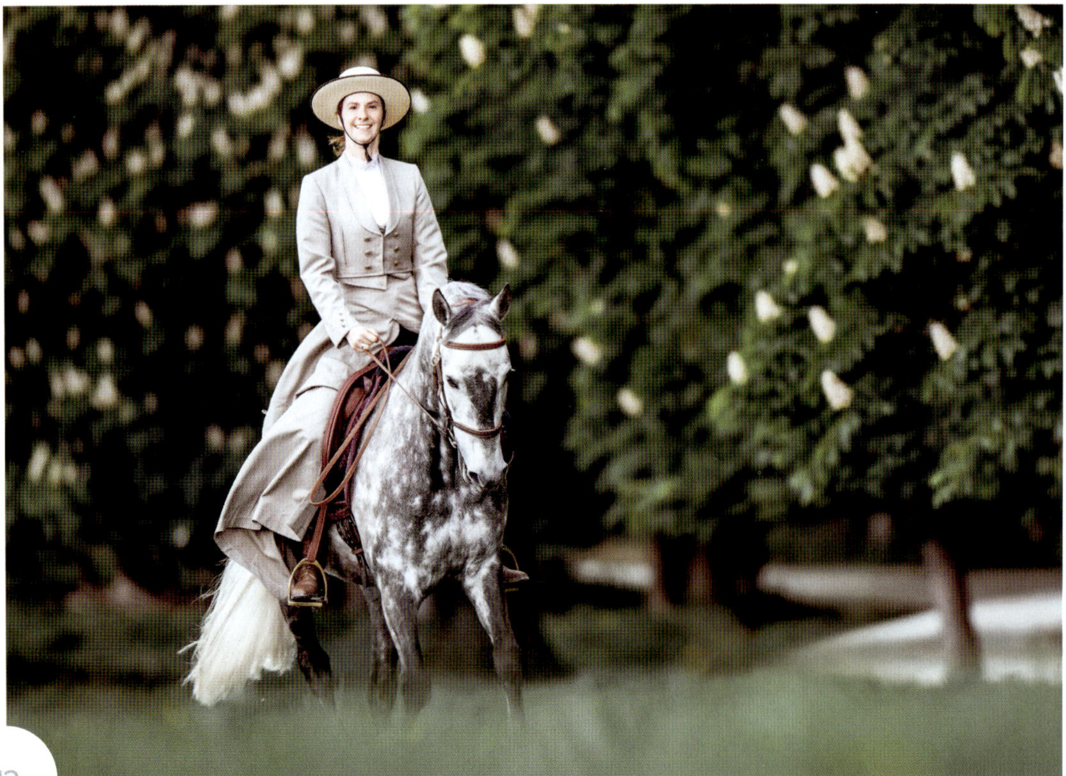

Beziehung und Verbindung

Pferde sind hoch empathische Tiere. Sie besitzen nicht nur selbst eine große Bandbreite an Emotionen, sie erkennen diese auch nachweislich bei Menschen (mehr dazu erfahren Sie in den folgenden Kapiteln). Pferde wissen, wie es uns geht und sind – wenn es ihnen gut geht und sie keine schlechten Erfahrungen gemacht haben – sehr interessiert an uns und sehen durchaus eine Qualität in der gemeinsamen Zeit mit uns. Pferde erkennen Menschen, mit denen sie gute und Menschen, mit denen sie weniger gute Erfahrungen gemacht haben, über Jahre hinweg wieder. Pferd und Mensch interagieren und kooperieren seit Jahrtausenden miteinander.

Häufig wird dennoch geschrieben, dass Pferde uns überhaupt nicht bräuchten. Dass alles, was wir von und mit ihnen wollen könnten, unnatürlich ist und lediglich von ihnen geduldet wird, weil sie so gutmütig sind. Aber stimmt das?

Sind nur Wildpferde glücklich?

Es stimmt definitiv, dass Pferde sehr gutmütig sind. Pferde erlauben uns Dinge, die ihnen vollkommen verrückt vorkommen müssen. Stoff um die Beine wickeln, Eisen an ihre Füße klopfen, uns herumtragen, rollende Kästen ziehen oder in fahrende Höhlen steigen und an einem völlig anderen Ort wieder herauskommen. Es ist schon erstaunlich, was Pferde lernen, »normal« zu finden und wie sehr sie uns vertrauen! Wäre es nicht viel natürlicher und damit viel besser, wenn Pferde ausschließlich wild leben würden? Frei, ohne Zäune, ohne dass sie irgendetwas tun müssten, was wir von ihnen wollen?

Zum Thema »natürlich« lade ich Sie zu einem Gedankenexperiment ein: Wir als moderne Menschen tun ständig Dinge, die für einen Menschen vor ein paar Hundert oder gar Tausenden von Jahren sehr seltsam gewesen wären – Auto fahren, Flugzeug fliegen oder mit einem lärmenden Gerätemonster Blätter vom Gehweg blasen zum Beispiel. Und obwohl diese Dinge für uns streng genommen sehr unnatürlich sind, sind sie Teil unseres Alltags und stressen uns eigentlich nicht sonderlich. Na gut, außer Laubbläser – die stressen ja eigentlich jeden.

Was uns heute eher stressen würde, wäre sicherlich das komplett natürliche Umfeld der Steinzeit – kein fließendes Wasser aus der Wand, kein Strom, kein WLAN und wer mehr will als ein paar Heidelbeeren, die übrigens nicht überall wachsen, darf sich mit Wildtieren anlegen. Diese lassen sich ungern erlegen und wohnen auch nicht direkt vor unseren Füßen, was dazu führte, dass Steinzeitmenschen täglich bis zu 40 Kilometer zurücklegten – ohne Pausentage, Proteinshakes und Massagen. Ganz schön heavy, oder? Ach ja, und wer sich bei der Jagd blöd verletzt, stirbt einfach ohne die Option den Rettungswagen zu rufen, sofort oder vielleicht auch Tage später an einer Infektion.

»Zurück zur Natur« ist in Maßen absolut großartig – Waldspaziergänge, »digital detox« und Co. tun uns sehr gut. Die geballte Ladung purer Natürlichkeit wünschen sich aber sicherlich nur wenige Menschen.

Haben Sie schon mal darüber nachgedacht, dass auch Pferde GERN in menschlicher Obhut leben können und Selbsttränke, genügend Heu und die Abwesenheit von Löwenangriffen durchaus angenehm finden?

Man darf festhalten, dass Menschen mittlerweile ganz gut ohne Pferde leben könnten. (Sie und wir natürlich nicht, aber viele Menschen könnten das.) Aber können Pferde ohne uns leben? Einige Pferde irgendwo auf der Welt sicherlich. Natürlich gibt es Wildpferde als lebendes Beispiel.

Aber was ist mit unseren domestizierten Pferden? Unsere modernen Hauspferde könnten beispielsweise in Deutschland ohne menschliche Unterstützung eher nicht leben, zumindest nicht besonders gut: Stellen Sie sich mal einen Hannoveraner vor, dem man von heute auf morgen jeden Zaun entfernt und ihn »in die Freiheit entlässt«. Wie lange würde er ohne Menschenkontakt überleben? Selbst wenn das Pferd nicht auf die Autobahn läuft, sich nicht verletzt und wirklich immer sauberes Trinkwasser und giftpflanzenfreies Gras findet – spätestens im Winter wird es für ein schwerfuttriges Sportpferd ernährungstechnisch sehr eng, während der leichtfuttrige Spanier im ersten Frühling im dümmsten Fall an Hufrehe eingeht, wenn er ungebremst fettes junges Gras abweidet. Ganz so glänzend wirkt es gar nicht mit der Freiheit für alle Pferde, oder?

Vielleicht ist der jahrtausendealte Domestikations-Deal zwischen Pferd und Mensch gar nicht so blöd fürs Pferd: Der Mensch sorgt für Futter, Wasser und Schutz und das Pferd stellt ihm mehr oder weniger oft zur Verfügung, was der Mensch nicht hat: Kraft und Schnelligkeit zum Beispiel. Und was das betrifft, sieht es für unsere modernen Pferde ziemlich rosig aus: Sie werden nicht mehr im Krieg eingesetzt oder müssen viele Stunden am Tag schwer in der Landwirtschaft arbeiten. Der Deal lautet heute meist Futter, Wasser, Schutz, medizinische Versorgung, Physiotherapie und bestmögliche pferdegerechte Haltung gegen Gesellschaft, Beziehung, gemeinsame Erlebnisse und manchmal ein bisschen Sport.
Well played, horses – oder?
Die Antwort lautet klar Jein.

Schaut man weltweit, werden Pferde auch heute bis zur Erschöpfung »genutzt« oder sind unserer möglicherweise hier und da pervertierten Vorstellung von Schönheit und Sport ausgeliefert. Das trifft aber auf sehr, sehr viele Pferdebesitzer und Reiter NICHT zu. Es gibt in ganz, ganz vielen Fällen ein »Reiten wie es Pferde lieben«, denn obwohl Pferde nicht mit Reiter auf dem Rücken geboren werden, können sie das Reiten definitiv als willkommene Abwechslung zu schätzen wissen.

Die meisten Pferde sind regelrecht begeistert, wenn endlich »was passiert«. Wenn der Stallmitarbeiter mit dem Hoflader zum Misten in den Auslauf fährt, werden die Pferde sich bald mit ziemlicher Sicherheit um das komische Gerät scharen und es untersuchen. Fast alle Pferde sind sehr neugierig und äußerst lernwillig. Die meisten Jungpferde, mit denen wir gearbeitet haben, haben wirklich eine rührende Offenheit gegenüber dem Menschen und lernen blitzschnell.

Es ist vollkommen unnötig, ein Pferd zu etwas zu zwingen, was es nicht möchte – viel klüger ist es, ihm die Welt so zu erklären, dass die von uns gestellten Aufgaben ganz einfach zu bewältigen sind und auch noch Spaß machen.
Dann können Pferde das Reiten definitiv lieben!

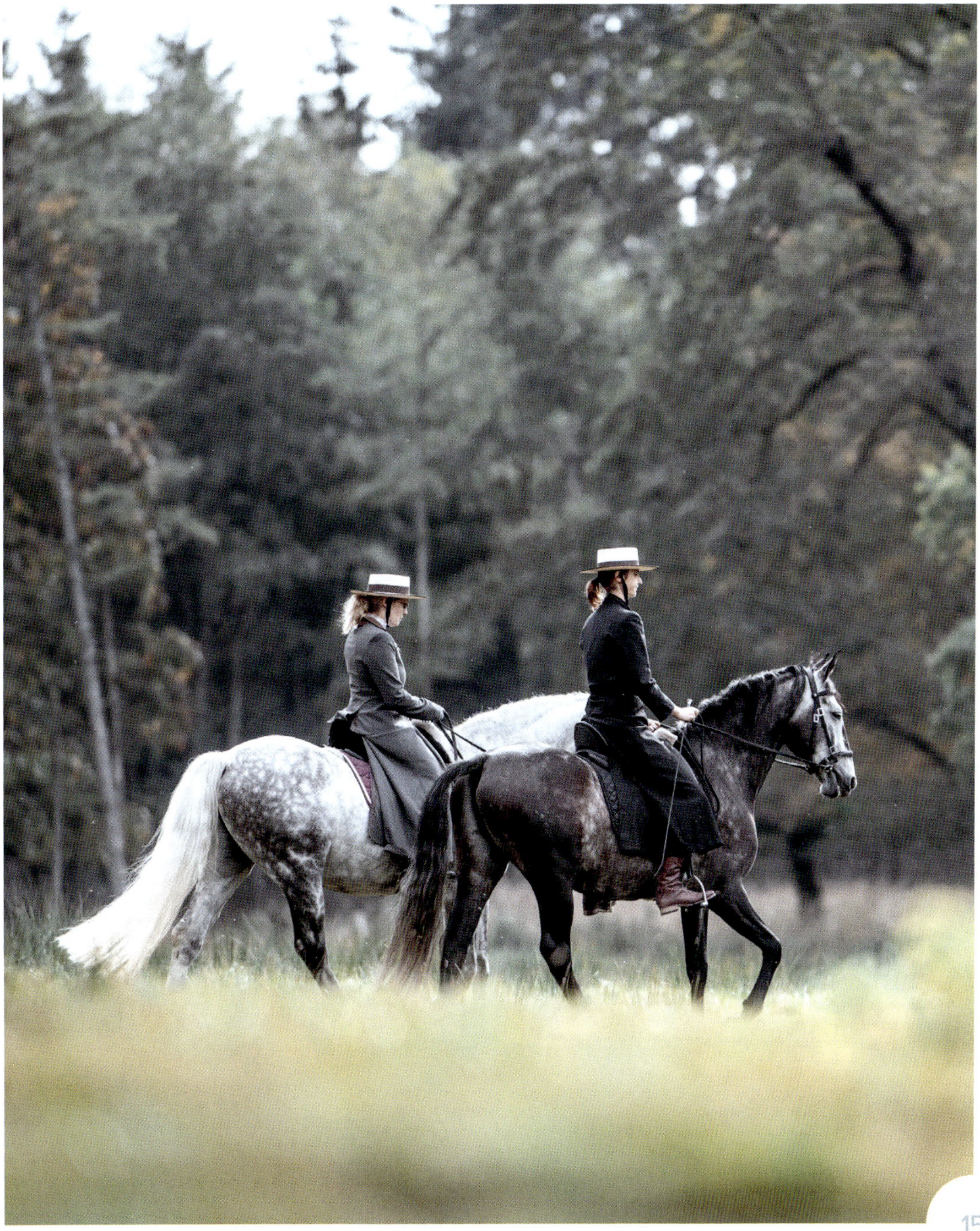

Unser Gewissen als Bremsklotz?

Lassen Sie uns gleich zu Beginn ehrlich sein: Wir haben alle schon Dinge getan, die Pferde nicht lieben. Jeder von uns. Vielleicht haben wir die Gerte so eingesetzt, dass es dem Pferd wehgetan hat, weil wir oder unsere Reitlehrerin das für richtig hielten. Vielleicht haben wir den Kopf »in Position« gefummelt. Vielleicht haben wir »Problemverhalten« unschön korrigiert, weil wir davon ausgegangen waren, dass das Pferd sich vorsätzlich danebenbenimmt.

Wenn Sie sich kurz mit dieser reiterlichen Schattenzone beschäftigen, finden Sie sicherlich auch bei sich Situationen, die Sie ungern noch mal erleben würden. Wir haben uns alle schon aus Pferdesicht schlecht verhalten – vielleicht weil wir es nicht besser wussten, nicht besser konnten, den falschen Autoritäten geglaubt haben oder weil unsere Emotionen uns mitgerissen haben. Wer Reiter ist und behauptet, er habe immer alles richtig gemacht, lügt sich selbst in die Tasche. Insofern ist niemand von uns heilig und wenn wir ganz ehrlich sind, werden wir auch in Zukunft nicht in jeder Sekunde am Pferd perfekt reagieren.

Wir können »Reiten wie es Pferde lieben« aber zu unserem Leitspruch machen, zu unserem ehrlichen, aufrichtigen Wunsch.

Du gute Nachricht ist ja: Wir können uns alle immer ab JETZT ändern, und zwar auch in kleinen Schritten. Die Vergangenheit ist ohnehin, wie sie ist. Es ist wichtig zu reflektieren, was man nicht mehr möchte und festzulegen, WAS man von jetzt an ändern will – und das natürlich so gut man es kann zu tun.

Der Blick in die Vergangenheit mag teilweise sehr schmerzhaft sein, besonders wenn man Reiten professionell betreibt und aktuell Kunden hat, die mit Ergebnissen rechnen, mag auch der Wunsch zu reiten wie es Pferde lieben sehr weit hergeholt klingen. Oft hat man mit seiner bisherigen Strategie auch einen gewissen »Erfolg« gehabt. Die Kunden möchten vor allem Ergebnisse sehen – soll man nun alles umkrempeln? Eine beängstigende Frage.

Aus Angst vor möglichen größeren oder auch nur vor ein paar kleinen Änderungen wird häufig lieber gar nichts hinterfragt und stattdessen Gründe dafür gefunden, warum man alles so lässt, wie es ist.

Wenn das faule Pferd ein paarmal mit der Gerte »aufgemuntert« wurde, läuft es ja ganz schön. Zumindest im Galopp.
»Wie denn sonst? Soll der sich lieber gar nicht mehr bewegen?«
»Wenn man dem nicht sagt, dass er durchs Genick soll, läuft der wie eine Giraffe. Soll das etwa besser sein?«
»Wenn der nicht gymnastiziert wird, wird er ja noch schiefer! Klar findet der das nicht toll, aber ich stöhne ja auch beim Pilates.«

Kennen Sie solche Sätze?
Wir schon. Sie sind völlig verständlich aus Menschensicht, sorgen aber selten für Reiten wie es Pferde lieben.

Am Anfang steht die Entscheidung

Letztlich kosten diese Sätze uns Energie, denn eigentlich fühlen sie sich nicht ehrlich gut an. Wir spüren, wenn wir Dinge rechtfertigen, die wir moralisch irgendwo tief in uns nicht wirklich gut finden. Was wir moralisch gut finden, merken wir schnell, wenn wir uns vorstellen, wir seien noch mal sechs Jahre alt: Wir lieben Pferde und träumen vom Reiten. An unserer Wand hängen Pferdeposter und wir schreien auf jeder Autofahrt begeistert »Pferde!«, wenn wir an einer Koppel vorbeifahren. In der Praxis haben wir aber noch keine Erfahrung mit Pferden. Was würde unser sechsjähriges Ich denken, wenn es uns beobachten würde beim Reiten oder im Umgang mit unserem Pferd? Wenn unser sechsjähriges Ich einen Kloß im Hals hätte oder dagegen rebellieren würde, wie wir jetzt mit unserem Pferd umgehen, muss unser erwachsenes Ich einen ziemlichen Erklärungsaufwand betreiben, um noch in den Spiegel schauen zu können. Dafür geht viel Energie drauf und viel Freude verloren.

Wir können aus eigener Erfahrung sagen: Der Weg zum Reiten wie es Pferde lieben ist mitunter hart, weil er einen ziemlich unangenehmen Blick in den Spiegel erfordert. Tröstlich ist: Weil wir alle nicht perfekt sind und es nie sein werden, werden wir alle Dinge finden, die uns nicht gefallen oder für die wir uns sogar schämen. Wenn wir den Mut fassen, trotzdem hinzuschauen OHNE sofort in Rechtfertigungen abzudriften, ist der erste Schritt getan.

Indem wir Dinge, die wir uns anders wünschen, nicht schönreden, sondern uns eingestehen: Das ist nicht gut gelaufen. Das möchte ich anders machen.

Vielleicht kennen wir die Alternative noch nicht, aber am Anfang steht immer die Entscheidung. Treffen wir sie, werden wir in der Praxis dem »Reiten wie es Pferde lieben« immer näherkommen, manchmal schneller als wir erwartet haben. Diese Art des Reitens kreiert eine echte Harmonie mit dem Pferd.
Sie ist völlig unabhängig von der zugrunde liegenden Reitweise und einfach authentisch, ehrlich und wunderschön.
Sie ist zunächst sehr unspektakulär und wird offenbaren, wie viel Magie in den scheinbaren Kleinigkeiten liegt.
Sie gibt uns Freude und setzt Energie frei, die wir uns nie zugetraut hätten.
Sie steht nicht im Widerspruch zu Turnierteilnahmen oder zu hohen Lektionen, sie steht nicht im Widerspruch zu persönlichen Erfolgen und arbeitet dabei an keiner Stelle mit Zwang, sondern mit Köpfchen, Beziehung und Achtsamkeit.
Reiten wie es Pferde lieben ist einvernehmlich und es ist möglich.

Die Zeit ist reif, lassen Sie uns die Pferdewelt gemeinsam verändern!

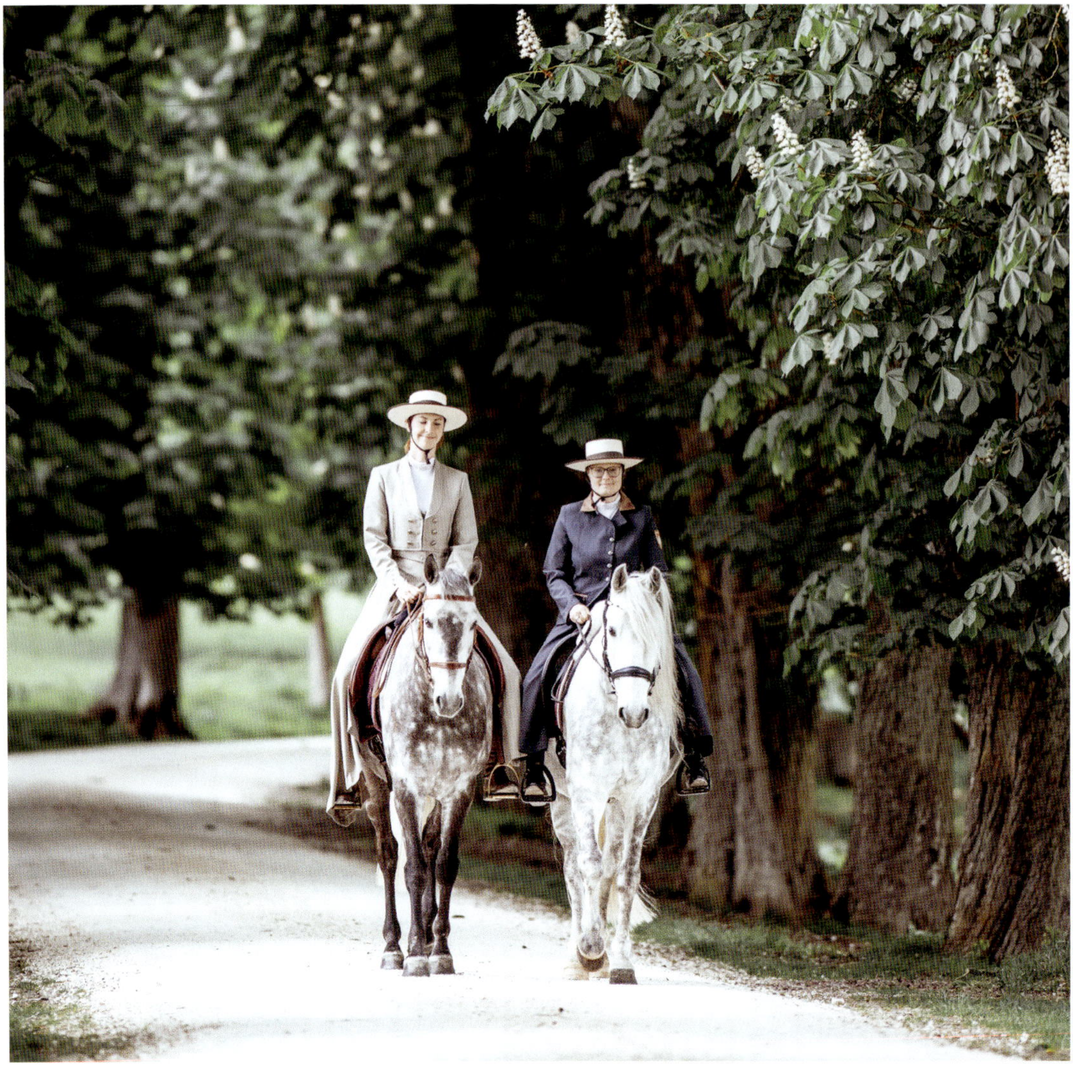

Gespitzte Ohren, entspannte Gesichter – diese beiden Pferde haben Freude am gemeinsamen Ausritt.

2. Wenn Pferde das Reiten nicht lieben

Die Hobbys von Mensch und Pferd

Damit Pferd und Mensch wirklich zusammen glücklich sind, brauchen sie dieselben Hobbys. Die Zeit, die wir gemeinsam verbringen, muss sich gut anfühlen,denn dann nehmen wir sie uns auch und dann können wir uns weiterentwickeln.

Nichts ist schlimmer als irgendetwas »machen zu müssen« oder zumindest zu glauben, es machen zu müssen – einfach, weil der pferdige Partner bestimmte (körperliche oder mentale) Bedürfnisse hat, die aber gar nicht zu unseren passen.

Und umgekehrt natürlich genauso: Sicher können Sie sich vorstellen, wie es ist, wenn das Pferd unter größter Anstrengung fünfmal pro Woche versucht, den Sport seiner Besitzerin auszuüben, der ihm aber keine Freude bereitet oder der ihm körperlich nicht wirklich möglich ist. Oft sind nicht zusammenpassende Hobbys der Anfang vom Reiten, wie es Pferde nicht lieben, denn dann wird irgendwie versucht, das Pferd doch zum Mitmachen zu bringen. Die meisten besonders ausgefeilten Trainingsmethoden und sämtliche Hilfsmittel haben zum Ziel, Pferde doch noch zu Dingen zu bewegen, die sie eigentlich nicht möchten.

Menschen sind unterschiedlich und Pferde sind es ganz genauso! Pferde haben durchaus unterschiedliche Vorstellungen von ihrem Leben, und das hängt weder immer an ihrer Rasse noch an irgendwelchen Diagnosen. Es liegt vielleicht ganz einfach an ihrer Persönlichkeit. Wir sind heute in der glücklichen Lage, dass wir Pferde nicht mehr zwingend »nutzen« müssen, weil weder unsere Mobilität noch unsere Ernährung von ihnen abhängt. Wir können uns den Luxus erlauben, in unserer Freizeit, zum Spaß oder als Sport (und der ist doch letztlich nichts anderes als Spaß) zu reiten. Und wir finden, wir sollten dringend beginnen, den Pferden denselben Luxus zu gestatten. Sie müssen uns hier und heute nicht mehr durch Kriege tragen oder unsere Felder pflügen. Was wir mit ihnen unternehmen, ist genau genommen auch ihre Freizeit.

Wir haben uns in den letzten Jahren viel mit Pferdekauf beschäftigt – für uns persönlich, als Vermittler zwischen Züchtern und Menschen und als Berater im Freundeskreis. Wenn man uns heute fragt, würden wir sagen, dass zwei Dinge stimmen müssen: Erstens die gemeinsamen Hobbys. Und zweitens natürlich auch die körperlichen Voraussetzungen, um diese Hobbys langfristig ausüben zu können.

Deswegen ist es ein guter erster Schritt, sich selbst darüber klar zu werden, was man konkret mit seinem (zukünftigen) Pferd machen möchte. Nicht unbedingt, wie das Pferd aussehen soll, und auch nicht zwingend, was es auf dem Papier können soll, sondern was man tatsächlich mit ihm erleben möchte, wie man seine gemeinsame Zeit verbringen möchte, wie sich das anfühlen soll, wo die Freude liegt und was das Herz höher schlagen lässt.
Und dann sucht man sich ein Pferd, das die eigenen Wünsche nicht nur theoretisch erfüllen könnte, sondern in der Praxis wirklich ähnliche Hobbys hat. Denn die gibt es definitiv!

Ein Beispiel: Geländereiten

Die meisten Pferdeleute würden wohl sagen, sie möchten mit ihrem Pferd unter anderem ins Gelände gehen. Und grundsätzlich kann eigentlich auch jedes Pferd »ins Gelände gehen«. Konkret können das aber völlig unterschiedliche Tätigkeiten sein, für die das Pferd auch unterschiedliche Voraussetzungen mitbringen muss.

Beinhaltet das gewünschte Geländereiten Galopp und Springen?
Also handelt es sich um Gelände im Sinne der Vielseitigkeit oder des Jagdreitens? Schnelle Galoppaden mit zahlreichen festen Hindernissen, womöglich im Pulk gesprungen?
Es gibt Pferde, die lieben das. Denen geht das Herz dabei auf. Die sind dazu geboren und sie wissen das mit jeder Faser. Und es gibt andere Pferde (auch derselben Rasse), die kämen niemals auf die Idee, das mitzumachen.

Genauso wie es Menschen gibt, die theoretisch sowohl galoppieren als auch springen könnten, die keine einschränkenden körperlichen Gebrechen haben und einfach trotzdem nicht Jagdreiten oder Vielseitigkeitsreiten möchten. Nein, auch nicht mit ganz liebevollem Training. Wieso auch? Niemand muss das heutzutage, welch ein Glück. Das soll machen, wem es Spaß macht!

Oder heißt Gelände Distanzreiten?
Dieser Sport kommt sicher vielen Pferden entgegen, geradeaus Laufen ist natürlich und prinzipiell auch sehr gesund. Aber wie viele Kilometer eigentlich? Mal so 20 zum Spaß? Oder doch eher 60, 80 oder 160 Kilometer? Ja, richtig gelesen. Manche Menschen reiten ernsthaft 160 Kilometer am Stück. Mit Massenstart und wenn es richtig hart kommt noch über ein Gebirge. Das ist ganz großer Sport im Gelände.
Für manche Pferde ist das der absolute Hauptgewinn: Nase in den Wind und dann mit 20 km/h stundenlang traben oder cantern. Manche Menschen und Pferde können sich nichts Schöneres vorstellen, auch nicht bei Regen. Diese können dann auch stundenlang über Pulswerte reden. In ihrer Szene ist ein gutes Pferd das, dessen Herzfrequenz am Ende passt.
Manchen Pferden fällt dieser Ausdauersport leicht. Diese Pferde ernten ganz viele gute Gefühle, sowohl körperlich durch den Ritt selbst als auch durch das gemeinsame Erlebnis, die Liebe und Bewunderung des Besitzers und Teams.

Für andere Zwei- und Vierbeiner ist Distanzreiten nix. Denen macht es keinen Spaß, stundenlang im Bügel zu stehen und dann auch noch Runden auf demselben Weg zu reiten. Auch manche Pferde verstehen den Sinn dahinter nicht. Manche sprechen auf das Training auch nicht so an wie andere, egal wie gut das Training strukturiert wird. Es läuft ja auch nicht jeder Mensch gerne und erfolgreich Marathon, obwohl theoretisch jeder Mensch joggen kann.

Oder heißt Gelände für Sie vielleicht eher Wanderreiten?
Das dauert auch eine Weile, findet aber vorwiegend im Schritt statt. Dabei kann man sich richtig schön die Welt angucken – ein großes

Hobby vieler Pferde. Sie sehen, riechen, fühlen gerne etwas Neues: einen anderen Boden unter den Füßen als daheim, und das Gras schmeckt hier auch anders als dort. Es ist ein spannendes Abenteuer, vielleicht auf der Reise eine Stadt zu durchqueren oder einen Bach oder eine Schlucht. Den ganzen Tag zusammen zu verbringen und so richtig zu entschleunigen und abends im Paddock neben dem Lagerfeuer zu stehen. Ein bisschen Cowboyromantik.

Für das Wanderreitpferd sind ein flotter Schritt, Gelassenheit im Straßenverkehr und beim Angebundensein entspannen können gefragte Qualitäten. Das ist sowohl körperlich als auch mental ein anderes Geländereiten als die beiden oben genannten.

Pferdeliebe ohne Reitambitionen

Apropos reiten! Wenn sie ehrlich sind, wollen wirklich viele Pferdemenschen nicht zwingend reiten. Genauso wie in den letzten Jahrzehnten und Jahrhunderten Pferde »zum Reiten da« zu sein schienen, so sehr waren Pferdebesitzer auch mit Reitern gleichgesetzt. Manche Pferdefreunde scheinen sich regelrecht vor ihrem Umfeld entschuldigen zu müssen, im Stall zu sein und heute schon wieder nicht zu reiten.

Meistens wird Angst unterstellt, und manchmal mag das zutreffen, doch gibt noch tausend andere Gründe, warum jemand Nichtreiter ist. Ich bin auch kein Fußballer und muss das nicht rechtfertigen, obwohl ich einen Ball in der Garage liegen habe.

Springen kann Pferd und Reiter Freude machen – wenn beide dasselbe Hobby haben, spricht nichts dagegen.

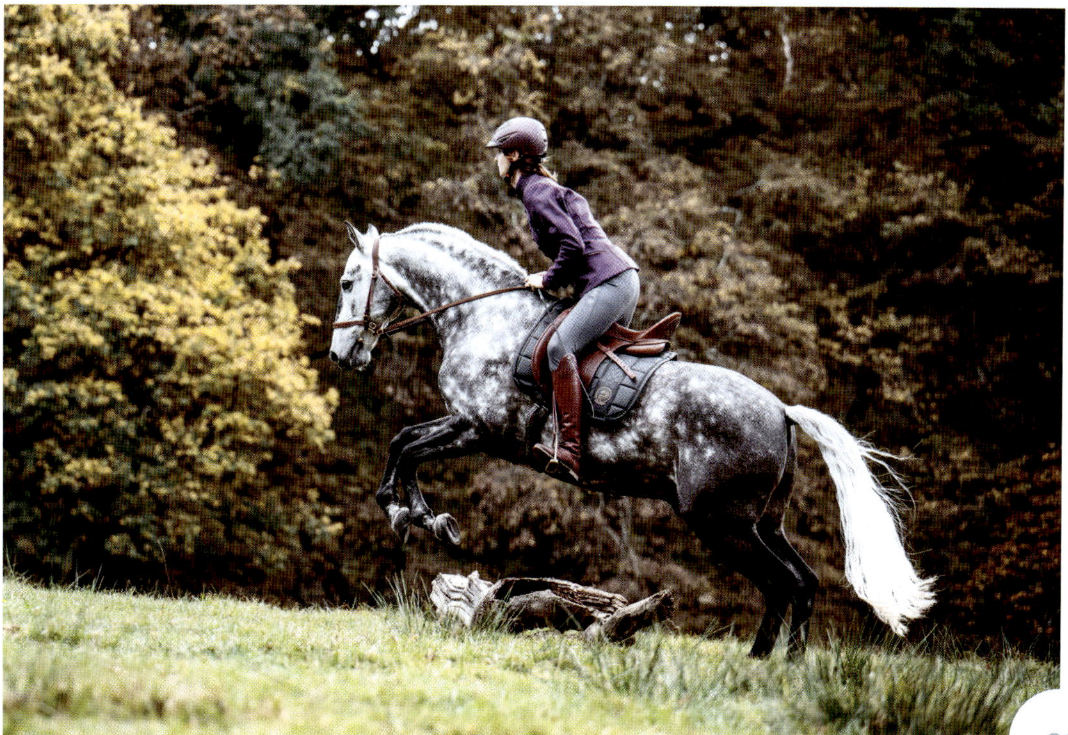

Man kann Pferde lieben, ohne den Drang zu verspüren, sich draufsetzen wollen. Man kann gut und gerne täglich mehrere Stunden mit Pferden verbringen ohne sie zu reiten. Bei meinem Hund fragt mich übrigens auch keiner, warum ich einfach nur so mit ihm lebe (kein Hundesport, kein spezielles Training, keine Ziele, nur zusammen abhängen, weil der so süß guckt). Nichts, aber auch gar nichts ist schlecht daran, mit seinem Pferd zweckfrei Zeit zu verbringen. Vielleicht heißt Gelände in dem Fall, dass man mit seinem Pferd zwei Kilometer zu einem ganz tollen Waldstück spaziert, wo es dann die besten Blätter und Zweige naschen darf, während man im Moos sitzt und anschließend gemeinsam heimgeht. Für manche Pferde ist das der absolute Segen!

Genauso wie es Nichtreiter gibt, gibt es Nichtreitpferde, und zwar viel mehr als all die Reiter wahrhaben wollen. Definitiv nicht jedes Pferd ist körperlich in der Lage, wirklich langfristig gesund viele Kilometer oder regelmäßig über Sprünge oder mit nicht unerheblichem Gewicht im Rücken überhaupt zu laufen.

Manche Pferde wollen nicht geritten werden – und stellen Sie sich bitte nicht vor, dass die zwingend todkrank wären. Ich selbst laufe auch keinen Marathon. Würde ich Marathon laufen müssen, würde als Erstes mein kaputtes Knie aufgeben, und dann vermutlich das vorbelastete Sprunggelenk. Da ich aber einfach keinen Marathon laufe, habe ich keinerlei Leidensdruck und plane mit meinen Beinen hundert Jahre alt zu werden. Für meinen persönlichen Lifestyle passt mein Gesundheitszustand. Und ich bin der Überzeugung, dass das für viele Pferde ebenso zutrifft: Im passenden Lifestyle bekommen sie keine Probleme. Und zum passenden Lifestyle leitet uns die Freude.

Was macht uns Spaß? Worauf freuen wir uns nicht nur einmal, sondern gut und gerne auch mehrmals pro Woche oder Monat?

Flexibel Freizeitreiten

Zurück zum Geländebeispiel. Viele Freizeitreiter würden sich keiner der oben aufgemachten Schubladen unbedingt zuordnen, denn für viele liegen die Reitambitionen irgendwo dazwischen. Sie reiten gerne, gehen aber je nach Zeit und Lust manchmal auch spazieren. Sie können alle Gangarten reiten, gehen es dabei aber am liebsten eher gemütlich an.
Je nach Bodenverhältnissen reichen auch Schritt und Trab. Ein Ausritt ist auch dann toll, wenn er nur acht Kilometer lang ist.
Zu einem Geländelehrgang melden sie sich vielleicht auch mal an, um das mal auszuprobieren. Dabei kann es sowohl um Kartenlesen und einen Tagesritt gehen als auch um einen Geländetrail, wobei das Pferd am Seil geführt langsam verschiedene Hindernisse bewältigt.
Viele Freizeitreiter mögen Ausflüge und haben gerne Spaß mit ihrer Stallgemeinschaft ohne großen Ehrgeiz oder ein langwieriges Training vor den Events. Manchmal reiten sie sogar zwei Wochen gar nicht.
Das klingt in den Ohren des passenden Pferdes ganz wunderbar. Viele Pferde erleben gerne etwas, viele Pferde werden auch ganz gerne geritten, aber eher so, dass es sie nicht groß anstrengt. Es gibt eine große Grauzone zwischen Sportreiten und Nichtreiten!

Was ein »gutes« Pferd ausmacht, ist relativ

Alle unsere oben beschriebenen Beispielpferde kämen über einen Baumstamm. Das eine Pferd in einem riesigen Satz: Die Leute klatschen und bewundern, was das Pferd für einen Sprung rauslässt – ein super Pferd! Das nächste steigt ohne Zögern und mit Bedacht Bein für Bein drüber: Seine Menschen sind beeindruckt, wie gelassen, sicher und gut koordiniert das Pferd sich seinen Weg sucht – ein super Pferd! Das dritte frisst erst mal die Rinde des Baumstamms ab, scharrt dann in der Erde, überlegt und schaut fragend zur Besitzerin: wie zauberhaft. So viel natürliches Pferdeverhalten und diese Bindung zu erleben – ein super Pferd!
Sie merken sicher, worauf ich hinaus will: Pferde möchten gefallen, sie möchten mitmachen, sie möchten ein Team bilden. Die Frage ist, was das Team eigentlich macht. Was dabei als gut angesehen wird, was beiden wie viel Spaß macht und welche körperlichen Voraussetzungen man dafür braucht oder nicht braucht.

Ein »gutes Pferd« kann wirklich alles Mögliche sein! Und was für den Olympiasportler ein nicht so gutes Pferd ist, kann für den ambitionierten Turnierreiter im mittleren Segment ein Wahnsinnspferd sein. Was für den Springreiter nichts ist, kann als Wanderreitpferd ein Hauptgewinn sein. Was für einen ehrgeizigen Dressurreiter nicht genügend ausdrucksstarke Gänge hat, ist für die Dame mit dem Bandscheibenvorfall ein Segen. Und das Pferd, was für den Sport nicht gesund genug ist, kann für einen Sporadischreiter oder Nichtreiter der beste Freund der Welt mit unermesslichem Wert sein.

Gesundheitszustand und Eigenarten passend zum Lifestyle

Je nachdem, was Pferd und Mensch im Team erleben möchten, sind gesundheitliche Einschränkungen ein Problem – oder eben nicht. Bleiben wir bei den Geländebeispielen: Das stoffwechselerkrankte Pferd ist beim Wanderreiter vielleicht völlig unauffällig, weil es beim Wanderreiten genügend Energieumsatz macht. Die Erkrankung, die ohne Bewegung zu einer lebensbedrohlichen und extrem schmerzhaften Hufrehe führen würde, kann bei der passenden Verwendung des Pferdes, also mit passendem Lebensstil, symptomfrei werden und alle sind glücklich.

Das Arthrosepferd merkt vielleicht überhaupt nichts von seiner Diagnose in der ruhigen Kleingruppe auf den Wiesen hinterm Haus bei der spazierenden Nichtreiterin. Seine chronisch geschädigten Gelenke würden beim Dressurreiten vielleicht zu starken Schmerzen führen, profitieren aber in dem Fall von regelmäßigen Spaziergängen und allenfalls sporadisch ruhiger Bodenarbeit. Seine Besitzerin wollte nie etwas anderes als mit ihm zusammen sein und Waldbaden. Passt doch!

Das Pferd mit den pathologischen Halswirbelsäulenveränderungen kommt um sein Problem gänzlich herum, solange seine Freizeitreiterin die Zügel einfach lang lässt und in ebenem Gelände gemütlich mit ihm ausreitet. Durch Sprünge oder mit aufgerichtetem Hals würde nicht nur seine Koordination merklich leiden, es würde sich auch wehren und das Reiten hassen. Auf engen Volten würde es seine Vorderbeine schlecht spüren und stolpern, mit kurzen Zügeln in erzwungener Haltung vermutlich Kopfschlagen. Durch die freie Wahl seiner Halshaltung in Kombination mit grundsätzlich guter Bemuskelung durch die Ausritte geht es ihm prächtig. Solange seine Besitzerin das Hobby teilt und nicht etwas anderes von ihm möchte, sind die beiden die besten Freunde.

Der ehemalige »Spinner« aus der Freizeitreiterhand spinnt schon lange nicht mehr, seitdem er Distanzritte über 80 Kilometer geht. Und das bisschen Aufregung beim Massenstart findet seine neue Reiterin schlicht nicht schlimm. Dasselbe Verhalten, was seiner früheren Besitzerin schlaflose Nächte beschert hat, lächelt die ambitionierte Araberreiterin einfach weg.

Die wenig spektakulären Gänge des für die Dressur gekauften Don Welthits sind für den Vielseitigkeitsreiter überhaupt kein Problem. Am Springen hat das Pferd ungeachtet seiner Dressurabstammung richtig Spaß. Also völlig egal, was auf dem Papier steht und toll, dass die beiden sich gefunden haben!

Pferdekauf

Der entscheidende Stolperstein auf dem Weg zum Reiten wie es Pferde lieben ist also, wenn Pferd und Reiter nicht zusammenpassen.

Wer insgeheim von Piaffen und fliegenden Wechseln träumt, sich dafür aber einen älteren Haflinger mit Spat kauft und diesen versucht, täglich dressurmäßig so zu trainieren, dass er läuft wie Totilas, ist sehr wahrscheinlich dauerfrustriert – genau wie sein Pferd. Manche Pferd-Reiter-Kombinationen funktionieren einfach nicht: die ängstliche Wiedereinsteigerin, die nur etwas Schritt reiten möchte und der sehr reaktive junge Araber, der große, schwere Mann und sein Isländer oder der Friese, der bitte jedes Wochenende Springen gehen soll. Langfristig gesehen ist es extrem wichtig, ein Pferd zu kaufen, das zu den eigentlichen reiterlichen Zielen passt: Vor dem Kauf ist es sehr sinnvoll, genau zu klären, was das betreffende Pferd gern tut und nicht nur, wozu es sich theoretisch eignen könnte. Was in der Praxis nie klappt, ist Folgendes: zu glauben, dass sich jedes Pferd grundsätzlich für alles eignet und dass es rein an der eigenen Liebe und dem eigenen Training liegt, ob der Traum Wirklichkeit wird. So zu denken ist vielleicht romantisch, schafft aber viel Frust.

Packen wir mal handfeste Tipps auf den Tisch:

- Wem **Reiten** wirklich wichtig ist, der braucht ein belastbares Pferd, das lahmfrei ist und gern geritten wird. Ohne Kompromisse, denn alles andere macht Pferd und Reiter sehr sicher unglücklich. Finger weg von Problempferden aller Art, denn »special effects« wie Bocken und Co. sind sehr wahrscheinlich Schmerzzeichen, die auch viel Liebe nicht wegzaubern kann (dazu später mehr). Auch lässt sich vieles nicht wegtrainieren und körperliche Leistungsgrenzen sind schwer zu verschieben.
- Wer **ambitionierter reiten** möchte, sollte ein Pferd kaufen, das für die Wunschdisziplin geeignet ist, aus guter Aufzucht stammt und idealerweise Eltern besitzt, die in der gewünschten Disziplin gelaufen sind, ohne

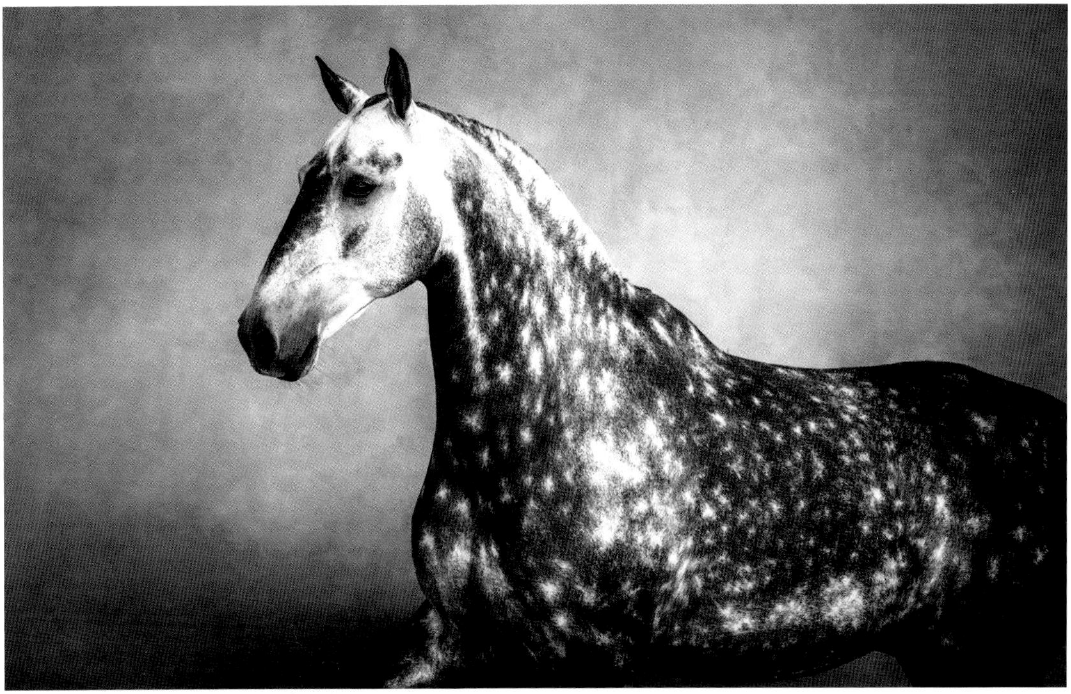

Menschen, die nicht reiten möchten, können sehr glückllich werden mit Pferden, die nicht geritten werden möchten.

Schaden zu nehmen. Klingt schwierig? Ist es auch! Wir finden das mittlerweile aber wichtiger als jeden Röntgen-TÜV

- Wir empfehlen definitiv Röntgen-TÜV (den der eigene Tierarzt gegencheckt) und klinische AKU, wenn ein Reitpferd gekauft werden soll. Beides schützt nicht vor Enttäuschung, zeigt aber gut den Status quo, auch was Herzgesundheit, Augenprobleme und Co. betrifft. Letztlich ist sehr wichtig zu wissen, dass die Bewertung von Beugeproben und Co. stark vom Tierarzt und dessen Expertise im Erkennen subtiler Lahmheiten abhängt und dass Röntgenbilder diverse Probleme am Weichteilgewebe nicht abbilden. Hier ist es also wichtig, die Experten sorgfältig auszuwählen.
- Sehr sinnvoll ist, wenn man vor der Pferdesuche selbst eine Fortbildung in Ganganalyse absolviert hat wie beispielsweise unseren Onlinekurs Ganganalyse – dann schaut man sich einige Pferde gar nicht erst an, weil bereits viele Reitvideos Lahmheiten von Verkaufspferden entlarven.
- Wer eigentlich **nicht reiten** möchte, kann natürlich auch mit einem Pferd mit Befunden oder Schwierigkeiten beim Reiten glücklich werden. Aber Achtung: Bei manchen Befunden sind spektakuläre Freiheitsdressuren aus körperlichen Gründen genauso wenig schmerzfrei möglich wie Handarbeit oder Arbeit an der Doppellonge. Hier sollte man ganz individuell schauen, was das Pferd mag und wobei es happy ist. Wenn das für die neue Besitzerin ehrlich okay ist, steht dem Kauf nichts im Wege. Natürlich kann man auch ohne Reiten mit seinem Pferd viel Spaß haben.

Wenn Pferde das Reiten nicht lieben

Woran erkennt man, dass ein Pferd das Reiten nicht liebt? Entweder grundsätzlich oder zumindest eine spezielle Reitweise oder Reitsportart? Woher kann man als Reiter und natürlich auch als Zuschauer oder Trainer erkennen, ob ein Pferd das Gerittenwerden wirklich glücklich als Hobby ausübt?

Der Faktor Schmerz

»Der geht gut«, sagen Kenner, wenn ein Pferd sich ansprechend bewegt. Was ansprechend im Einzelfall bedeutet, ist Geschmackssache: Der eine möchte ein besonders aktives Hinterbein, die Nächste ein weit ausgreifendes Vorderbein und der Dritte meint, dass das Pferd in der erwünschten Dressurhaltung geht, ohne am Gebiss zu nörgeln. Ein klassischerweise »gut gehendes« Pferd läuft im Takt, lahmfrei und in einer der Lektion und dem Ausbildungsstand angemessenen Haltung mit einem schwingenden Rücken mühelos unter dem Reiter. Je nachdem, was geritten wird, ist es dabei mehr oder weniger versammelt.

Ja, auch uns ist wichtig, dass ein Pferd im klassischen Sinne »gut geht«. Uns ist aber noch viel wichtiger, WIE es dem Pferd dabei geht. Keine noch so »korrekt« gezeigte Lektion ist wirklich etwas wert, wenn das Pferd dabei kein Ohrenspiel zeigt und mit dem Schweif schlägt. Oft wird viel mehr darüber diskutiert, ob das Vorderbein in der Piaffe rückständig steht oder das Pferd in den Serienwechseln gerade geblieben ist, aber selten darüber, wie das Pferd sich in dem Moment eigentlich fühlt. Da wir Pferde lieben – oder doch zumindest, weil es laut dem Tierschutzgesetz nicht in Ordnung ist, einem Tier ohne vernünftigen Grund Schmerzen, Leiden oder Schäden zuzufügen –, sollten wir uns diese Frage allerdings unbedingt stellen.

»Niemand darf einem Tier ohne vernünftigen Grund Schmerzen, Leiden oder Schäden zufügen.« (§1 Tierschutzgesetz)

Die englische Tierärztin und Wissenschaftlerin Dr. Sue Dyson hat sich die Frage gestellt und in umfangreicher Forschungsarbeit einen Katalog von 24 Verhaltensweisen erstellt, die mit Schmerzen am Bewegungsapparat des Pferdes einhergehen. Dass das Ethogramm treffsicher funktioniert, hat sie in vier Studien an 360 Pferden bewiesen. Besonders beeindruckend: Nach Leitungsanästhesien, also Betäubungen der schmerzenden Stellen waren diese Verhaltensweisen weg, obwohl Reiter, Sattel und Lektionen dieselben waren.

Sue Dyson fand Folgendes heraus: Wenn von 24 Verhaltensweisen mindestens acht auftreten, ist das Pferd sehr wahrscheinlich lahm beziehungsweise hat Schmerzen am Bewegungsapparat. Von chronischen Fesselträgererkrankungen bis hin zu Halswirbelsäulenproblemen sind die möglichen Ursachen sehr vielfältig. Wichtig ist: Ein Pferd mit mehr als acht Punkten hat definitiv Schmerzen.
Zwei Punkte sind auch bei gesunden, gerittenen Pferden normal – es ist also völlig vertretbar, wenn das Pferd zwei der Verhaltensweisen zeigt – in fremder Umgebung und bei anstrengenden Lektionen vielleicht auch mal vier oder

sechs, aber sicher keine acht. Eine gewisse Anstrengung ist also okay, ein gewisses Stresslevel tolerabel, aber es gibt eine klare Schmerzgrenze, ab der das Reiten eben nicht mehr im Sinne des Pferdes sein kann.
In den Studien wurden die Pferde meist zehn Minuten beobachtet und dabei in Schritt, Trab und Galopp auf großen Linien sowie im Trab auf einer Volten-Acht mit Handwechsel (10 Meter-Volten) geritten.

Dieses Wissen darf nicht länger ignoriert werden. Allzu oft werden genau diese Verhaltensweisen noch mit Unwilligkeit, Unrittigkeit, Ungehorsam und mit Reiterfehlern oder mangelhafter Pferdeausbildung, aber leider nicht mit Schmerzen in Verbindung gebracht.

Viszeraler Schmerz

»Der hat Magenprobleme, deshalb schlägt er mit dem Schweif.« »Das ist eine Stute, die kickt immer nach dem Schenkel, wenn sie ›ihre Tage‹ hat.« Schmerzen, die von Magen, Darm oder anderen inneren Organen kommen (viszeraler Schmerz) werden häufig als Erklärung für Abwehrverhalten herangezogen. Es ist prima, wenn man schon auf Ursachenforschung geht. Und es scheint logisch: Ein Mensch mit Bauchweh mag ja auch nicht gern laufen. Sehr sicher machen Magengeschwüre, Darmprobleme und Co. Pferden auch erheblich zu schaffen und gehören natürlich diagnostiziert und behandelt, dennoch sorgen sie nicht oder zumindest bisher nicht nachweislich für Ethogrammpunkte!

Unwilligkeit, Unrittigkeit und Co. werden selten mit Schmerzen in Verbindung gebracht – der Zusammenhang ist aber wissenschaftlich erwiesen. Dieses Pferd zeigt unter anderem ein intensives Starren und ist deutlich hinter der Senkrechten.

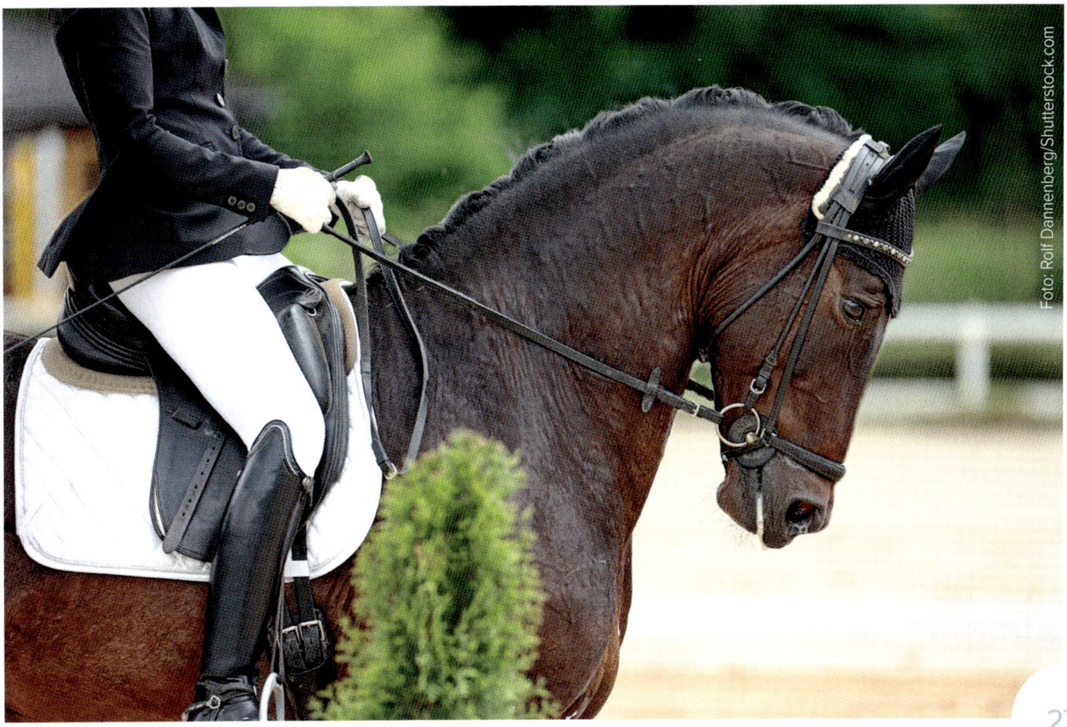

Foto: Rolf Dannenberg/Shutterstock.com

Das Schmerzethogramm des gerittenen Pferdes

Die 24 Ethogrammpunkte sind:

- Wiederholtes Ändern der Kopf-Hals-Position (Hoch-Runter-Bewegung)
- Wiederholtes nach vorn oder unten Stoßen oder Rechts-Links-Drehen des Kopfes
- Kopfschiefhalten/Verwerfen (wiederholt oder dauerhaft)
- Nase deutlich (mehr als 30 Grad) vor der Senkrechten für 10 Sekunden oder länger
- Nase hinter der Senkrechten für 10 oder mehr Sekunden
- Ohren werden starr nach hinten gehalten (5 Sekunden oder länger)
- Augenlider geschlossen (2 bis 5 Sekunden)
- Sklera (das Weiße im Auge) sichtbar
- Intensives Starren (5 Sekunden oder länger)
- Wiederholtes Maulöffnen und -schließen (10 Sekunden oder länger)
- Zunge sichtbar (dauerhaft sichtbar, heraushängend oder auch »nur« wiederholt herausgestreckt)
- Gebiss zu einer Seite gezogen (links oder rechts)
- Schweif starr in der Mitte oder zu einer Seite gehalten
- Schweifschlagen (große Bewegung)
- Eilen im Arbeitstrab (über 40 Tritte/15 Sekunden), wiederholtes Wechseln des Taktes oder Tempos im Trab/Galopp
- Zu langsamer Takt im Arbeitstrab (unter 35 Tritte/15 Sekunden), passageartiger Trab
- Pferd läuft auf drei Hufschlaglinien im Trab oder Galopp
- Wiederholtes Umspringen im Galopp, wiederholt falsches Anspringen, wiederholtes Umspringen vorn oder hinten
- Spontaner Gangartenwechsel (Ausfallen aus dem Galopp zum Trab, Angaloppieren aus dem Trab, ohne dass es gefragt war)
- Stolpern, mit der Zehe hängen bleiben (mehr als einmal)
- Scheuen, plötzlicher Richtungswechsel
- Spontanes Stoppen, Klemmen, Triebigkeit
- Steigen
- Bocken, Ausschlagen (ein Hinterbein oder beide Hinterbeine)

Wichtig: Manche dieser Zeichen beziehungsweise auch ihre Abwesenheit können selbst Laien problemlos erkennen. Manche sind allerdings so subtil und/oder haben einen bestimmten Zeitfaktor, dass sie ohne eine entsprechende professionelle Schulung allzu leicht übersehen und demnach nicht gezählt werden. In dem Fall kommen Menschen leicht aus Unwissenheit zu falschen Ergebnissen!

Sue Dyson hat Pferde mit und ohne Magenprobleme im Rahmen ihrer Studien zum Ethogramm untersucht und herausgefunden, dass die Ab- oder Anwesenheit von Magenproblemen keinen Einfluss auf die 24 Verhaltensweisen beim Gerittenwerden hat. Magenschmerzen machen also nach bisherigen Erkenntnissen nicht zickig, klemmig oder sorgen für Schweifschlagen – Schmerzen am Bewegungsapparat aber sehr wohl.

Die Sachlage ist eher andersherum: Pferde mit chronischen orthopädischen Schmerzen haben durch die Schmerzen chronischen Stress, was Magenprobleme begünstigt.

Equipment

Auch der Einfluss des Sattels ist geringer als erwartet – Sue Dyson hat im Rahmen ihrer Forschung Pferde mit unterschiedlichen Sätteln reiten lassen und jeweils Ethogrammpunkte gezählt. Die Ethogrammpunktzahlen unterschieden sich nur geringfügig.
Das heißt nicht, dass Pferde unpassende Sättel nicht als störend oder gar schmerzhaft empfinden können, sie wirkten sich nur weniger auf das Verhalten beim Reiten aus als erwartet. Ein orthopädisch gesundes Pferd, das mit passendem Sattel zwei Punkte hat, hat mit unpassendem Sattel vielleicht vier – aber keine acht.

Lahm oder nicht lahm – das ist hier die Frage

Ein lahmendes Pferd hat Schmerzen – dennoch reiten zu wollen ist natürlich kein »vernünftiger« Grund im Sinne des Tierschutzgesetzes. Und natürlich wird das Pferd das Reiten nicht lieben können, wenn es Schmerzen hat und lahmt. Das wird wahrscheinlich jeder Reiter unterschreiben.

Wie kommt es aber, dass sehr viele Pferde sehr wohl mehr als acht Ethogrammpunkte zeigen und trotzdem geritten werden? Wie kommt es, dass bockende Pferde »Verhaltenstraining« machen sollen, aber keine Lahmheitsuntersuchung?

Es ist so einfach wie tragisch: Lahmheiten sind nachweislich schwer zu erkennen.

In ihrer Studie »Riding Soundness« (2021) untersuchten Jasmin Müller-Quirin und ihr Team, wie gut Besitzer einschätzen können, ob ihr Pferd geringgradig lahmt: Die eingeladenen Pferde wurden subjektiv von drei orthopädisch versierten Tierärzten und objektiv (Bodenreaktionskraftmessung und optische Motion-Capture-Messung) untersucht.

An der ersten Phase der Studie nahmen 235 Pferde teil, von denen 55 Prozent auf mindestens einem Bein lahm waren. Von diesen Pferden nahmen 69 an der zweiten Studienphase teil. Von ihnen lahmten 74 Prozent.
Die Besitzer wurden gefragt, ob sie ihr Pferd aktuell als lahm einschätzen oder nicht. Die Ergebnisse könnten auch vom Werfen einer Münze kommen: Eine klassische Ja-Nein-Frage kann zu 50 Prozent mit Ja und zu 50 Prozent mit Nein beantwortet werden. 52,8 Prozent der von ihren Besitzern als lahm eingeschätzten Pferde waren nicht lahm.
Das heißt diese Pferde wurden wahrscheinlich nicht, wenig oder doch zumindest unter ihren

Möglichkeiten trainiert. Auch Mangelbewegung kann dem Bewegungstier Pferd natürlich langfristig schaden. Noch erschreckender ist aber, dass 54,9 Prozent der von ihren Besitzern als lahmfrei eingeschätzten Pferde lahm waren – also zumindest zum Teil sehr wahrscheinlich voll trainiert wurden und an Kursen, Turnieren, Ausritten und Co. teilgenommen haben. Sehr wahrscheinlich haben diese Pferde Ethogrammpunkte gezeigt und möglicherweise vermuteten die Reiter, dass sie Schuld an Verwerfen, Kopfschlagen, Einrollen und Co. sind oder dass das Pferd »korrigiert gehört«.

Nun sind Pferdebesitzer ja nicht von ungefähr der Überzeugung, dass ihr Pferd lahmt oder nicht lahmt.
Wenige Reiter stehen allein auf weiter Flur: Da gibt es Stallpersonal, Mitreiter, Reitlehrer, Physiotherapeuten, Osteopathen und hin und wieder Richter und auch Tierärzte, die das Pferd ebenfalls sehen. Entweder sehen diese die Lahmheit auch nicht oder sie teilen diese Beobachtung dem Pferdebesitzer nicht mit. Tatsächlich haben wir schon Kunden mit Pferden auf dem Hof gehabt, denen vom Physiotherapeuten regelrecht von Lahmheitsdiagnostik abgeraten wurde. In einem Fall war eine Therapeutin zu 100 Prozent sicher, dass das Pferd nur besser trainiert gehört und muskuläre Probleme habe.

Long story short: Das deutlich lahme Pferd hatte letztlich mehrere Sehnenschäden, wie sich in der Tierklinik schnell herausstellte. Das Training war also genau der falsche Ratschlag, eigentlich war dringend Ruhe angesagt.

Lahmheiten SIND schwer zu sehen und wir sollten uns nicht schämen, wenn wir die Zeichen für eine Lahmheit weder kennen noch korrekt einschätzen können. Das ist nichts, was man im Reitabzeichen lernt.

Leider ist es auch nichts, was jeder Tierarzt beherrscht, sobald er einen erfolgreichen Uniabschluss erhält: Ganganalyse des Pferdes ist, zumindest in Deutschland, nicht unbedingt verpflichtender Lernstoff für angehende Tiermediziner. Wie gut Tierärzte Ganganalyse beherrschen, hängt entscheidend davon ab, wo sie nach der Uni arbeiten und ob sie an einen orthopädisch versierten Mentor geraten oder eben nicht.

In Müller-Quirins Studie lagen die orthopädisch spezialisierten Tierärzte zu 71 bis 84 Prozent richtig bei der Einschätzung der Lahmheiten, was ja schon deutlich besser als 50 Prozent ist. Gleichzeitig wurden aber 76,6 Prozent Inter-Observer-Variabilität gemessen. Die Tierärzte waren also häufig geteilter Meinung und sahen die Lahmheit häufig auf verschiedenen Beinen. Teilweise hatten beide recht, da manche Pferde auf mehreren Beinen lahmen. Aber es kann auch zu Problemen führen, wenn das oder die lahmen Beine nicht korrekt erkannt werden. Denn stellen Sie sich vor, es wird das falsche Bein untersucht und aufgrund der Tatsache, dass dort keine Probleme zu diagnostizieren sind, ein Pferd fälschlich als gesund betrachtet.

Auch Sue Dyson et al. (Nottingham 2017) erforschten dieses Thema:
506 Pferde wurden zur Studie eingeladen und als »nicht lahm« vorgestellt. Von diesen Pferden

lahmten 47 Prozent, also knapp die Hälfte! Wieder hatten Besitzer und ihre Berater die Lahmheiten nicht zuvor bemerkt. 238 lahme Pferde, die geritten, gefahren oder anderweitig trainiert wurden. Von den unerkannten Lahmheiten waren 52 Prozent Vorhandlahmheiten und 63,4 Prozent Hinterhandlahmheiten, was deutlich zeigt, dass Hinterhandlahmheiten deutlich schlechter erkannt werden.

Was sagt uns das? Eine Ganganalyse und damit verbundene Lahmheitsdiagnostik ist SCHWIERIG und sie ist sehr fehleranfällig, wenn man sich dabei auf das Bauchgefühl verlässt. Das Ethogramm von Sue Dyson ist deshalb ein sehr nützliches Tool, um eventuellen Schmerzen auf die Spur zu kommen.

Zudem haben wir zusammen mit unserer Tierärztin Dr. Bettina Liebscher einen sehr intensiven Onlinekurs zur Ganganalyse mit sehr vielen reellen Videobeispielen entwickelt, mithilfe dessen Sie auch geringgradige Lahmheiten frühzeitig sehen lernen können.

In diesem kostenlosen Freebie lernen Sie drei Zeichen einer Hinterhandlahmheit zu sehen.

Hier finden Sie Kontaktadressen von Absolventen des Kurses:

Der Faktor Reiter

Warum gehen manche Pferde an der Longe glücklich und entspannt, während sie unter dem Sattel verschiedene Ethogrammpunkte zeigen? Wieso fallen manche Probleme beim Vortraben nicht auf, aber beim Reiten hat das Pferd dennoch Schmerzen?

Nicht wegzudiskutieren: Das Reitergewicht

Der Reiter bringt in erster Linie natürlich immer ein höheres Gewicht auf die Pferdebeine und die Wirbelsäule – egal, wie gut wir reiten; unser Gewicht lässt sich nicht wegdiskutieren. Es lässt vorhandene Probleme stärker zum Vorschein kommen. Das ist etwa so, wie wenn ich volle Einkaufstüten unsere Treppe hochtrage: Ohne Einkaufstüten komme ich schmerzfrei die Treppe hoch, mit einigen Kilo mehr Gewicht schmerzt mein chronischer Knorpelschaden im Knie. Den Pferden geht es ähnlich.

Die Tierärztliche Vereinigung für Tierschutz hat 2019 ein auf wissenschaftlichen Untersuchungen basierendes Merkblatt zum Thema Reitergewicht herausgegeben (https://tierschutz-tvt.de/alle-merkblaetter-und-stellungnahmen/#c282): *»Es ist unbestritten, dass zusätzliches Gewicht auf dem Rücken eines Pferdes zu Veränderungen sowohl in der Anatomie als auch im Bewegungsablauf führt. Die Gewichtsbelastung des Rückens führt zu einem verstärkten Durchbiegen der Wirbelsäule nach unten und einer Versteifung in der seitlichen Bewegung. In der Bewegung sind u.a. eine Verlängerung der Standphase und eine Verkürzung der Hänge-*

phase der einzelnen Gliedmaßen messbar. Diese Veränderungen sind abhängig von der Höhe der Gewichtsbelastung und können auf Dauer zu Schmerzen und chronischen Veränderungen v.a. am Rücken und den Beinen führen. Darüber hinaus führt eine höhere Gewichtsbelastung zu einer Reduktion der Laufgeschwindigkeit (6). Durch Anspannung der Bauchmuskeln und Aufwölben des Rückens können Pferde dieses Gewicht jedoch zum Teil kompensieren, was die Bedeutung der korrekten Vorwärts-Abwärts-Bewegung während des Reitens bzw. des Longierens ohne Reitergewicht unterstreicht. Andererseits kann ein nicht passender Sattel die auftretenden Schmerzen durch die Gewichtsbelastung noch deutlich verstärken.«

Das Paper bezieht sich auch auf eine Studie von 2019 (Sue Dyson et al.) erwähnt: Sechs Pferde zwischen 500 und 600 Kilogramm wurden von unterschiedlich schweren Reitern mit etwa gleichen reiterlichen Fähigkeiten aber unterschiedlichem Körpergewicht geritten. Das Reitergewicht betrug zwischen 60,8 und 142,1 Kilo. Alle Versuche mit dem schweren und sehr schweren Reiter (20 Prozent vom Körpergewicht des Pferdes und mehr) wurden abgebrochen, da alle Pferde Zeichen von Unwohlsein, Schmerzen und Lahmheit aufwiesen. Ein Pferd zeigte sogar in einem von zwei Durchgängen mit einem nur moderat schweren Reiter Lahmheitszeichen. Bei diesem Pferd-Reiter-Paar betrug die Gewichtskorrelation nur 16,3 Prozent (etwa ein 80-Kilo-Reiter auf einem 500-Kilo-Pferd).
Weiteren Studien zufolge ist nicht nur die Gewichtsbelastung im Verhältnis zum Körpergewicht des Pferdes entscheidend, sondern auch die Breite der Lende und der Umfang des Röhrbeins.
»Je breiter die Lende und je größer der Röhrenumfang im Verhältnis zum Körpergewicht des Pferdes, desto geringer die Muskelschäden mit höherer Gewichtsbelastung. Das erklärt, warum Ponys in Relation zu ihrer Körpermasse tendenziell mehr Gewicht tragen können.«

Das gilt natürlich nicht für schmale Reitponys! Und natürlich ist die Gewichts-Faustformel nicht plötzlich außer Kraft gesetzt, weil es sich um ein Pony handelt: Es ist definitiv nicht okay, einen 300-Kilo-Isländer mit einem 100-Kilo-Reiter zu belasten. Und doch wurde bei Isländern eine etwas höhere durchschnittliche Belastbarkeitsgrenze von bis zu 22,7 Prozent des Pferdegewichts festgestellt – allerdings war die Varianz sehr hoch: Es gab auch Pferde, die eine deutlich geringere (17 Prozent) oder deutlich höhere Belastbarkeitsgrenze zeigten (27,5 Prozent). Allerdings wurden die Isländer auf der Ovalbahn angeschaut – nicht in der Reithalle, auf Sand und in engen Kurven ...

Was auch erforscht wurde: Pferde tolerieren bei einer »moderaten Ausdauerleistung« ein höheres Gewicht als bei einer »kurz andauernden, intensiven Leistung«.
Wichtig zur Zusammenfassung: Gewichtsbelastungen von 25 oder gar 30 Prozent der Körpermasse eines Pferdes gehen zunehmend mit Schäden an der Muskulatur einher und können dauerhafte Schäden am Rücken und dem gesamten Bewegungsapparat verursachen – eine solche Belastung gilt demzufolge als tierschutzwidrig.

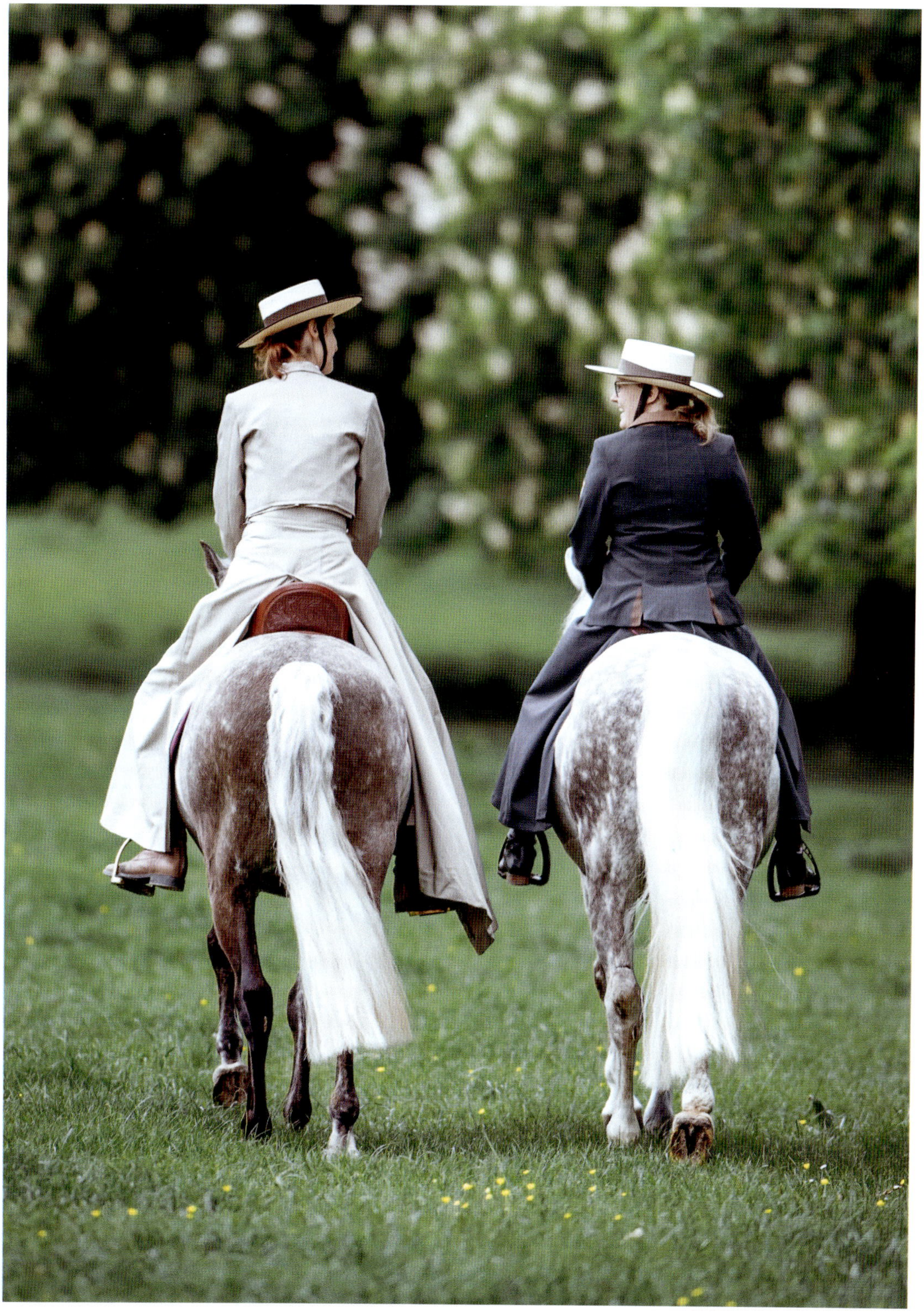

Das Reitergewicht lässt sich nicht wegdiskutieren: Ein Reitergewicht, das bis zu 15 Prozent des Pferdegewichts beträgt, war in allen Studien tolerabel.

Was ist nun aber im Rahmen des »Reitens, wie es Pferde lieben« okay?
Ein Reitergewicht von zehn Prozent des Pferdegewichts gilt als absolut ideal, bis 15 Prozent gilt allen Studien zufolge als tolerabel für Pferde, ab 20 Prozent wird es in vielen Fällen bereits kritisch.

Das ist gar nicht so viel: Ein 500-Kilo-Spanier sollte demnach möglichst nicht mehr als 75 Kilo tragen – idealerweise sind Sattel und Kleidung dabei natürlich eingerechnet. Wichtig ist auch, dass man bei den Formeln vom Idealgewicht des Pferdes ausgehen sollte. Wenn ein PRE mit 500 Kilo Idealgewicht 600 Kilo wiegt, sollte er entsprechend gar nicht geritten werden und zunächst abspecken, um frühzeitigen Verschleiß zu vermeiden.

Schmerzfrei ohne Reitergewicht heißt also nicht automatisch schmerzfrei unterm Sattel. Im Umkehrschluss könnte man sagen, dass viele Vetchecks bei großen Pferdesportveranstaltungen eigentlich auch unter dem Reiter (am langen Zügel vorgetrabt) absolviert werden sollten, denn 25 Meter Vortraben an der Hand sagen noch nicht viel über die Fitness für eine Teilnahme aus. Während manche Pferde durchaus schmerzfrei ohne Reiter ein paar Meter geradeaus laufen können, können sie dennoch unter dem Sattel Probleme haben, zumal wenn es um hohe Lektionen und Hindernisse geht. Unschöne Bilder im Pferdesport könnte man unter diesem Gesichtspunkt auch dadurch vermeiden, dass man nur Pferde teilnehmen lässt, die genau in der angestrebten Disziplin und auf dem angestrebten Leistungsniveau wirklich schmerzfrei ist.

Wenn das Pferd bockt, muss es einfach mal vom Profi geritten werden

Wenn Pferde sich verwerfen, mit dem Schweif schlagen oder klemmen, steht sehr oft zuerst der Reiter im Verdacht, diese Themen auszulösen. Das ist naheliegend: Wer beispielsweise Handfehler macht, kann natürlich die Ethogrammpunkte, die im Kopfbereich liegen, durchaus provozieren. Dennoch beeinflusst der Reiter das Verhalten des Pferdes beim Gerittenwerden viel weniger als ein Schmerzproblem – auch wenn er oder sie nicht sehr versiert ist und dem Pferd durchaus unangenehm sein kann.
Sue Dyson fand im Rahmen ihrer Ethogrammstudien heraus, dass ein Reiterwechsel bei den untersuchten Pferden wenig Einfluss darauf hatte, wie viele Ethogrammpunkte das Pferd während der Reiteinheit zeigte: Lediglich um etwa zwei Ethogrammpunkte unterschied sich der Score, wenn zum Beispiel ein Profireiter und ein Anfänger dasselbe Pferd ritten. Nur das Gewicht des Reiters hat einen negativen, größeren Einfluss – wenn es eben die 20 Prozent des Pferdegewichts erreicht oder überschreitet.

Auch ein Profi reitet ein Pferd, das Schmerzen hat, nicht so gut, dass es plötzlich keine Schmerzzeichen mehr zeigt. Es war aber zu beobachten, dass die Pferde mit orthopädischen Problemen unter verschiedenen Reitern andere Ethogrammpunkte zeigten: Traten beim Anfänger vielleicht Klemmen, Herausheben und spontane Gangartenwechsel auf, rollten sie sich beim Profi eher ein, trabten in einer zu hohen Frequenz oder man sah das Weiße im Pferdeauge.

Auch wenn ein geschickter Reiter vielleicht dafür sorgen kann, dass ein eigentlich lahmes Pferd nicht mehr auf drei Hufschlaglinien läuft, wird es dafür andere Schmerzzeichen zeigen.

Acht Ethogrammpunkte und mehr deuten also nicht diskutabel auf orthopädische Schmerzen hin – egal, wie gut der Reiter reitet oder ob der Sattel passt. Das Ethogramm ist für uns ein sehr wertvoller Leitfaden geworden, um Schmerzen beim Gerittenwerden aufzudecken, auch wenn man vielleicht noch keine Lahmheit sieht. Die Pferde haben immer recht.
Inwiefern der Reiter das Wohlbefinden des Pferdes darüber hinaus beeinflusst, lesen Sie in Kapitel 5.

Was grobes Reiten mit Lahmheit zu tun hat

Bocken, Steigen, Eilen, Einrollen, Herausheben, »Erschrecken« mit Richtungswechsel und Klemmen – das sind Verhaltensweisen von Pferden, die das Reiten gefährlich und selbst für Laienaugen unharmonisch machen. Dass man auf einem Pferd, das klemmt, bockt oder steigt sowohl in der heimischen vollen Reithalle als auch auf einem vollen Abreiteplatz »durchgreifen« muss, um niemanden zu gefährden, ist gewissermaßen verständlich. Dass dabei keine schönen Bilder entstehen, auch. Ein wehriges Pferd führt in vielen Fällen zu grobem Reiten. Das Problem ist, dass diese Verhaltensweisen noch viel zu oft für Ungehorsam, »Spinnerei« oder gar »Dominanz«, also reine Verhaltensprobleme gehalten werden. Es ist fast logisch, dass man mit diesem Mindset gegen das Pferd aufrüstet und es zur Kooperation zu zwingen versucht, sei es durch Schlaufzügel, schärfere Gebisse, Sporeneinsatz, aber auch durch andere Trainingsmethoden, die erlernt hilflose Pferde produzieren. »Wenn der sich so anstellt, muss ich ja grob werden!«
Aber wenn es kein Ungehorsam ist, was ist es dann? Möglicherweise sehr deutliche Punkte nach dem Ethogramm. Wer die Ganganalyse immer treffsicherer beherrscht, wird feststellen, dass »Verhaltenskreativität« oft mit Lahmheit korreliert. Wenn auf dem Abreiteplatz jemand sein Pferd brutal maßregelt, sitzt er oder sie sehr häufig auf einem subtil lahmen Pferd, das verschiedene Ethogrammpunkte zeigt.

Katastrophenmanagement statt feinem Reiten

Natürlich stecken nicht immer und ausnahmslos körperliche Probleme dahinter, wenn ein Pferd sich etwa in einer Ausnahmesituation mal »danebenbenimmt«. Das ist zwar viel häufiger der Fall als von vielen Reitern gedacht, aber längst nicht immer.
Ist das Pferd von der Situation körperlich und/oder geistig überfordert, ist Reiten nicht mehr fein, sondern eher Katastrophenmanagement. Dann geht es darum, möglichst ohne größere Schäden eine Situation zu überstehen.

Wir sind ja ehrlich: Es ist nicht so, dass uns das noch nie passiert wäre. Mein (Claudia) Lusitanowallach Invincible ist zu Hause das bravste, entspannteste Pferd, das höchstens mal zwei Ethogrammpunkte zeigt, wenn es sich mal in der Halle etwas anstrengen muss. Er geht allein auch mit schwächeren Reitern ins Gelände und ist rundum recht happy. Vince ist entsprechend symmetrisch bemuskelt, gesund und munter und tritt in einigen unserer Onlinekurse oder in diesem Buch als Covermodel auf. Feines Reiten auf ihm zu demonstrieren ist leicht. Er erwartet nichts Schlechtes, hat nie grobes Reiten erlebt – und mich ganz schön auf dem Turnier überrascht. Vince entpuppte sich auswärts als Kleber, das heißt er mochte nicht ohne seine Stallgenossen sein.

War auf dem Abreiteplatz noch alles gut, schrie er in jeder Prüfung die Halle zusammen, wurde plötzlich schief, guckig, schreckhaft und rannte vor lauter Stress Trailhindernisse um, die er zu Hause tiefenentspannt absolviert. Um ihn, mich und Dritte nicht zu gefährden, musste ich in der Situation tatsächlich grober reiten als sonst. Natürlich habe ich ihn nicht misshandelt, aber wirklich feines Reiten, das meinen eigenen Ansprüchen genügt, war das ganz sicher nicht. Mein sechsjähriges Ich wäre enttäuscht von mir gewesen. Weil das Problem sich auch durch Training und Routine nicht besserte, habe ich nach einer Saison entschieden, dass Vince kein Turnierpferd ist und auch keins sein wird. Ich bringe uns nicht mehr in die Situation. Anderen Pferden helfen Routine, Änderungen im Management oder kleinschrittigeres Training.

Der Faktor Trainingsphysiologie

Auch gesunde Pferde, die keine grundsätzlichen Probleme mit dem Gerittenwerden haben, können das Reiten nicht lieben, wenn sie körperlich aktuell nicht in der Lage dazu sind, die Anforderungen zu erfüllen. Manche Pferde sind gesund, aber nicht genügend trainiert. Der Pferdekörper muss sich auf die Anforderungen anpassen können, die wir an ihn stellen. Planmäßiges Training, was in vielen anderen Sportarten völlig normal ist, findet vor allem im Freizeit- und unteren Amateurreitsport oft überhaupt nicht statt. Ein Pferd auszubilden, damit es bestimmte Dinge »kann« oder »versteht« bedeutet nicht gleichzeitig, dass sein gesamter Körper wirklich so trainiert ist, dass es die gewünschten Dinge langfristig gesund und freudig ausführen kann.
Auch hier greift wieder das Beispiel Marathon: Auch wenn ich grundsätzlich weiß, wie man läuft, kann ich das nicht ohne spezielles Training leisten. Trainingsplanung im sportphysiologischen Sinn ist leider kein Bestandteil der konventionellen Trainerausbildung oder der Reitabzeichen. Viele Reiter, aber auch manche Trainer und Therapeuten wissen darüber heute noch zu wenig.

Geht ein Pferd beispielsweise dreimal pro Woche nichts außer zwanzig Minuten Seitengänge im Schritt, wird es definitiv körperlich nicht genügend vorbereitet sein für einen dreitägigen Wanderritt. Springe ich mein Pferd eigentlich nie, ist es unfair, es der Stallkollegin für einen Springlehrgang auf A-Niveau auszuleihen – egal wie die Abstammung des Pferdes ist und wie nett sie fragt. Intensiv fliegende Wechsel zu üben, obwohl ich seit Monaten nur im Schritt und Trab ausreite, ist auch nicht fair, auch wenn das Pferd und ich vor Jahren mal Dressurturniere gegangen sind. Schon der mehrstündige Ausritt am Wochenende ist definitiv kritisch zu sehen, wenn ich unter der Woche mein Pferd überhaupt nicht bewege.

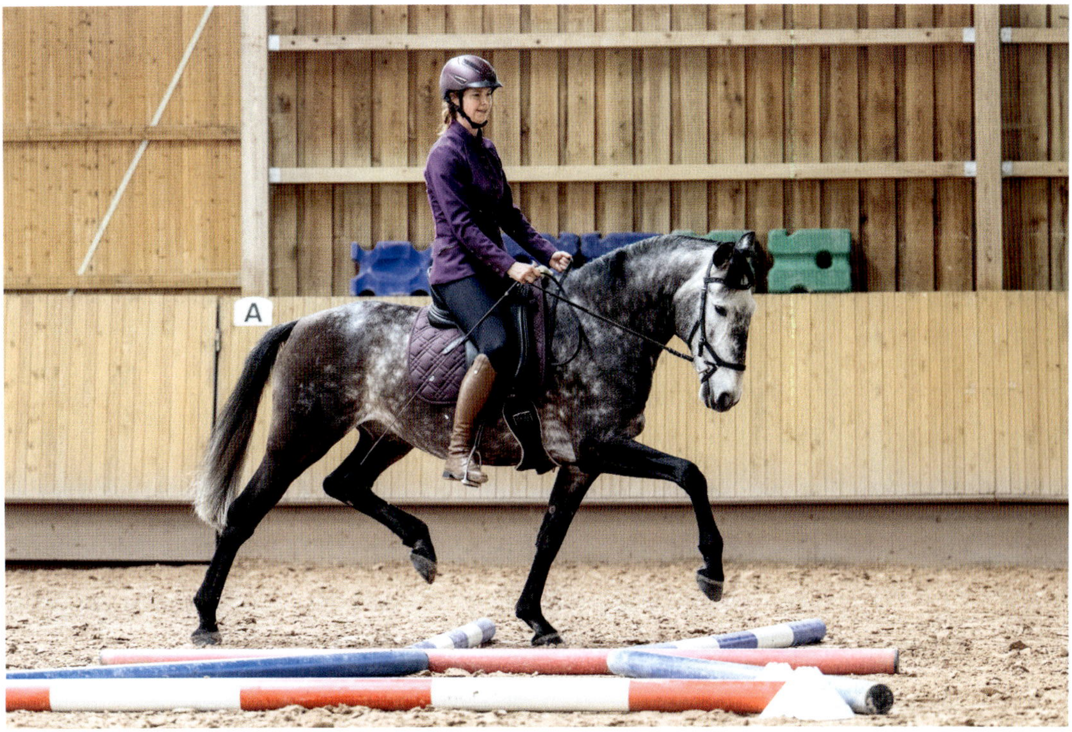

Möchte man sein Pferd sportlich reiten, sollte man es planvoll an die Belastung gewöhnen. Noé hat hier viel Spaß am Stangenflow.

Gutes Training findet kontinuierlich statt. Möchte ich mein Pferd auf eine Belastung vorbereiten, die über dem aktuellen Niveau liegt, muss ich jeden zweiten bis dritten Tag leicht überschwellige Trainingsreize setzen. Überschwellig heißt »etwas mehr, als das Pferd aktuell gewohnt ist«. Galoppiere ich sonst nie, ist eine Minute Galopp überschwellig. Ist mein Pferd bisher zehn Kilometer durchgaloppiert, sind elf Kilometer überschwellig. Es gibt also nicht DEN überschwelligen Reiz für jedes Pferd: Was überschwellig ist, ist individuell. Leicht überschwellige Reize in Kombination mit anschließender Pause führen zur Superkompensation: Der Körper bereitet sich auf größere Belastungen vor und wird über mehrere Trainingswochen und -monate immer belastbarer. Wirklich schädlich sind stark überschwellige Reize (etwa ein völlig untrainiertes Pferd plötzlich intensiv zu galoppieren oder Parcours springen zu lassen oder einfach mal so eben einen Wanderritt machen). Sie machen das Pferd nicht nur mental sauer, sondern können zu Schäden an der Muskulatur oder an Sehnen, Bändern und Gelenken führen.

Zwischen den leicht überschwelligen Trainingsreizen liegen (gern auch aktive) Pausentage, in denen kein überschwelliger Reiz gesetzt wird. Bleiben Pausentage aus und wird das Pferd täglich auf hohem Niveau belastet, hat der Körper keine Chance zur Regeneration. Solche Pferde sind im Übertraining, werden häufig schreckhaft, nervös und muskeln nicht mehr auf. Sie werden infektanfällig, verletzen sich häufiger und zeigen bald keine gute Leistung mehr.

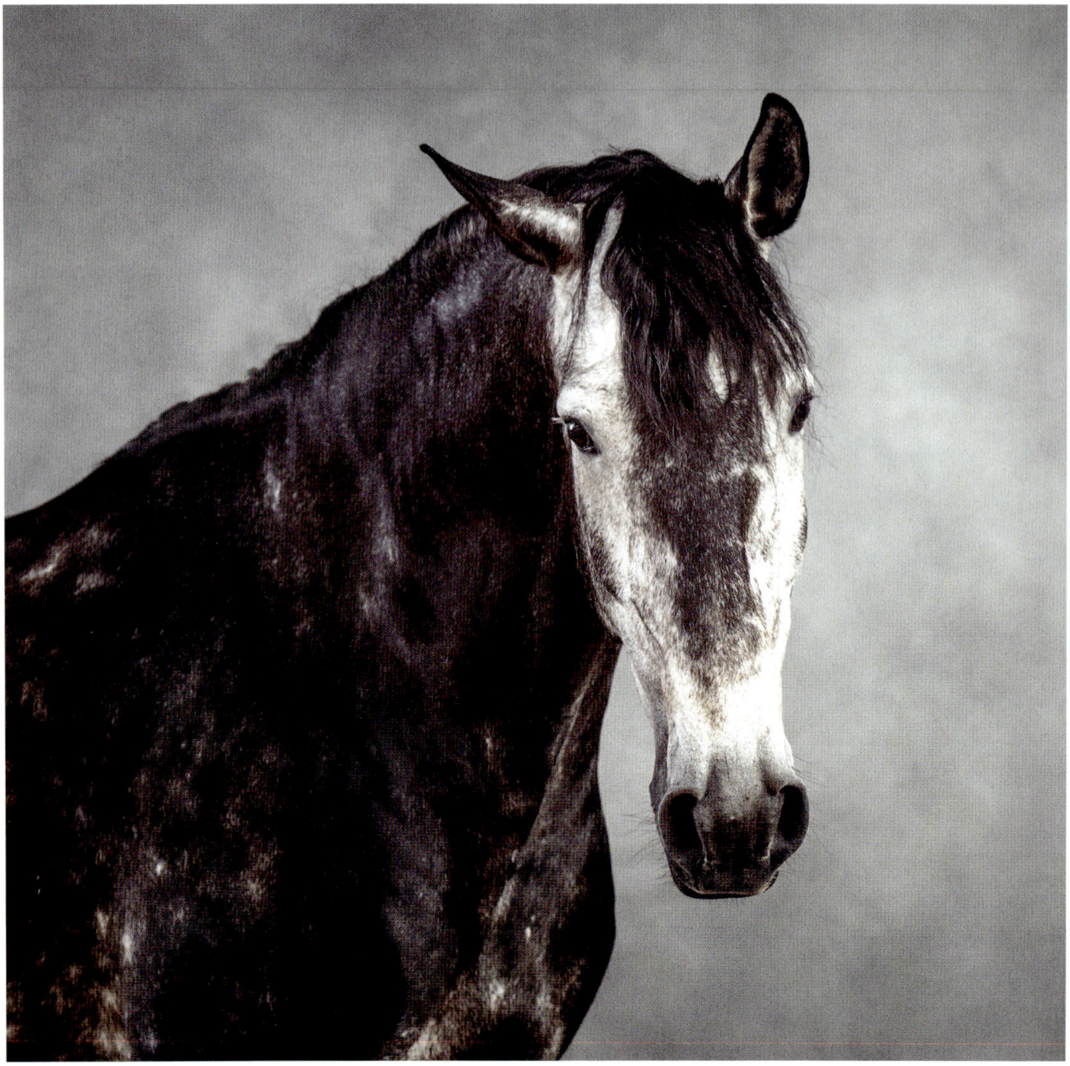

Reiten wie es Pferde lieben lässt sich organisieren.

3. Reiten wie es Pferde lieben organisieren

Die Umstände haben, wie in den vorangegangenen Kapiteln beschrieben, einen großen Einfluss darauf, wie gut sich unsere Pferde beim Reiten fühlen. Die aus unserer Sicht größten Einflussfaktoren tragen wir hier zusammen:

Reitpferdezucht und -aufzucht

Bereits vor dem Beginn des Pferdelebens wird der Grundstein dafür gelegt, wie sehr ein Pferd das Reiten lieben können wird. Wir glaubten früher, dass das Training und die aktuelle Haltung des Pferdes entscheidend dafür ist und begreifen mehr und mehr, wie unfassbar wichtig Zucht und Aufzucht sind und wie wenig Einfluss das beste Training der Welt hat, wenn ein Pferd sich aus genetisch festgelegten körperlichen Gründen einfach nie zum Reiten eignen wird. Aber der Reihe nach. Verschiedene Prädispositionen zu verschiedenen Erkrankungen sind erblich.

Ich möchte nicht zu tief ins Detail gehen, aber die Gene sind definitiv verantwortlich für Erkrankungen wie:

- PSSM; MIM (PSSM2); ECVM; OCD (auch »Chips« oder Gelenkmäuse genannt)
- Tigerscheckenuveitis bei Knabstruppern und Appaloosas
- die Neigung zu Equinem Asthma
- die Neigung zu Knochenzysten
- Wobbler-Syndrom und andere neurologische Störungen können vererbbar sein,

um nur einige zu nennen.

Die Gene beeinflussen auch:

- die Neigung zu Arthrose (z.B. durch vererbbare Fehlstellungen)
- die Neigung zu Kissing Spines
- die Neigung zu Sehnenschäden (hat eine genetische Komponente)
- die Neigung zur Insulinresistenz mit möglichen Folgen wie Hufrehe
- die Neigung zu Koliken

Die Aufzählung ist unvollständig, aber die Übersicht dürfte reichen, um unseren Punkt zu verstehen: Die Auswahl der Elterntiere ist extrem wichtig!

Wie klinisch relevant diese genetischen Prädispositionen jeweils sind (also wie viele Probleme das einzelne Pferd damit bekommt), hängt von den Umständen, dem Training, der Fütterung etc. ab. Dennoch darf man festhalten, dass es von Haus aus vorbelastete Pferde gibt. Schon bei der Auswahl von Stute und Hengst kann man den Grundstein für viel Leid legen. *Oft wird mit Stuten gezüchtet, die aus gesundheitlichen Gründen aus dem Sport ausscheiden*, etwa weil sie vierjährig den ersten Sehnenschaden haben. Allein die Hoffnung, dass das Fohlen das schwache Kollagengewebe nicht erben wird, reicht aus unserer Sicht nicht, damit sich eine nicht belastbare Stute vererben darf – von echten Unfällen oder Verletzungen auf der Weide wie Festhängen im Zaun vielleicht mal abgesehen. Je nach Rasse werden die Stuten gar nicht geritten, sodass das Fohlen zumindest zu 50 Prozent ein großes Überraschungsei wird, was seine Trainierbarkeit und Reitbarkeit

angeht. Bei den Lusitanos beispielsweise ist es häufig so, dass die Stuten anhand von Exterieur und Bewegung im Freilauf zur Zucht zugelassen werden ohne ihre Reitbarkeit je unter Beweis stellen zu müssen. Auch in der Warmblutzucht ist eine Stutenleistungsprüfung nicht verpflichtend – man darf und kann mit komplett rohen Stuten Reitpferde mit Papieren züchten, wenn die Stute sich nett bewegt, dem Rassetyp entspricht und vielleicht noch ein ansehnliches Freispringen zeigt.
Wir halten das für schwierig, denn niemand weiß, ob die Stute der Belastung des Reitens gewachsen wäre, wenn sie nie angeritten wird! Und Stuten, die sich selbst aus welchen Gründen auch immer nicht reiten lassen, sollten keine Mütter zukünftiger Reitpferde sein. Wir empfehlen mittlerweile nach langjähriger, leidvoller Erfahrung mit bereits sehr jungen, teilweise vor dem Anreiten orthopädisch kaputten Pferden, nur noch Fohlen von grundsätzlich reitbaren, altersgemäß fitten Mutterstuten zu kaufen.

Leider ist auch die Auswahl der Hengste nicht immer glücklich: Es gibt moderne Warmbluthengste, die ein hypermetrisches Gangbild zeigen, also sehr exaltierte Hangbeinphasen – auf Deutsch: die Pferde heben die Vorder- und neuerdings auch die Hinterbeine sehr stark an. Das mag beeindruckend nach »viel Aktivität« aussehen, kann aber auch ein Hinweis auf neurologische Probleme sein. Zudem kann sehr viel Mobilität zulasten der Stabilität gehen und Sehnen, Bänder und Gelenke unnötig verschleißen. Manchmal kristallisieren sich die belastbareren Hengste über Hengstleistungsprüfung heraus – manchmal verschwinden sie aber auch erst kurz danach von der Bildfläche, nachdem sie bereits Stuten gedeckt haben …
Je nach Rasse müssen auch Hengste nicht geritten vorgestellt werden oder lediglich für das Körurteil kurz Schritt, Trab und Galopp unterm Sattel gehen. Ob sie sich tatsächlich für »mehr« eignen oder mehrere Jahre gesund unterm Reiter gehen würden, ist natürlich zum Zeitpunkt der Körung nicht abzusehen.

Für die Praxis heißt das:

- Reitpferde werden teilweise mit Pferden gezüchtet, die nicht reitbar sind oder von denen man nicht weiß, ob sie hypothetisch reitbar oder gar reiterlich belastbar wären. Es gibt deswegen – verzeihen Sie den Begriff – Zuchtprodukte, die sich nicht zum Reiten eignen, vollkommen egal welchen Aufwand man als Besitzer später in sie steckt. Es ist nicht immer richtig, die Schuld ausschließlich bei sich, beim Bereiter oder beim Trainingsplan zu suchen.
- Wer züchtet, trägt eine große Verantwortung, geeignete, gesunde Elterntiere auszuwählen, die selbst das geleistet haben, was das Fohlen leisten können soll. Es ist nicht nur unvernünftig, sondern fahrlässig, mit kranken oder nicht belastbaren Elterntieren zu züchten. Stuten gar nicht anzureiten und sie keinerlei Leistungsprüfung zu unterziehen, kann die Zucht peu à peu verschlechtern. Eine ungerittene Zuchtstute ist quasi wie Schrödingers Katze: Sie kann tolle Reiteigenschaften haben und vererben oder eben nicht – man weiß es einfach nicht. Das Risiko ist riesig.
- Viele gesundheitliche Probleme der Elterntiere fallen erst dann auf, wenn diese in regelmäßigem Training sind. Stehen sie nur auf der

Weide, bemerkt man viele Krankheiten gar nicht, die an die Nachkommen weitergegeben werden.

- Es ist aus unserer Sicht immer klüger, mit einem etwas älteren Hengst zu züchten, der die Sportart, die man sich für das Fohlen wünscht, auch tatsächlich gesund praktiziert oder praktiziert hat, statt mit einem dreijährigen Shooting Star, der bereits vierjährig nicht mehr hält, was er versprochen hat.
- Es ist nicht normal, dass ein junges, gesundes Reitpferd von einem sachgemäßen Training bis zu einem niedrigen bis mittleren Leistungsstand (vielleicht je nach Rasse L-Dressur oder A-Springniveau in Kombi mit Ausritten) kaputtgeht – gute Fütterung und Haltung vorausgesetzt.

Viele Jungpferde schaffen es auch mit gutem Training kaum jemals über ein schlechtes E-Niveau, ohne dass plötzlich Sehnenschäden, neurologische Themen oder mysteriöse Verletzungen auftreten. Es ist sehr sinnvoll, den Züchter über derlei Auffälligkeiten zu informieren – vielleicht ist die Anpaarung ungünstig. Ein guter Züchter wird sich mit Sicherheit nicht nur für die Erfolge, sondern auch für die Probleme seiner Nachzucht interessieren und seine zukünftigen Anpaarungen danach auswählen, dass die Nachkommen lange reitbar und gesund bleiben.

Aufzucht: Die anderen 50 Prozent auf dem Weg zum gesunden Reitpferd

Häufig wurden uns bereits junge Pferde vorgestellt, die schon orthopädische Probleme haben: Sehnenschäden, Fesselträgerschäden, Chips (OCD) oder gar Arthrosen. Sie wurden mit drei, vier oder fünf Jahren für Reha vorgestellt, nicht etwa für Beritt. Die Besitzer sind oft sehr betroffen, haben sie ihr Pferd doch geschont, mit dem Anreiten gewartet, das Pferd extra roh gekauft, im Offenstall gehalten und eben nicht mit drei in einer Leistungsprüfung »verheizt«. Und doch ist es jetzt krank.

Wo häufig ebenfalls nicht genau genug hingeschaut wird, ist leider die Aufzucht. Fohlen können tolle Veranlagungen haben, doch wenn sie im gepflasterten zu kleinen Laufstall aufwachsen, wird der Traum vom Reitpferd sehr wahrscheinlich trotzdem recht früh platzen. Bewegungsmangel in den ersten Monaten bis zum Alter von zwei Jahren ist in Hinblick auf Sehnenstabilität und Knorpelgesundheit nicht mehr oder nur vergleichsweise (erschreckend!) wenig durch Training aufzuholen (Firth 2006).

Die Gefahr von Chips (OCD) nimmt signifikant zu bei Fohlen, die genetisch vorbelastet sind und/oder in den ersten vier Lebensmonaten vier Stunden oder weniger Auslauf am Tag hatten – etwa weil sie im Januar zur Welt gekommen sind und erst im Mai die Weidesaison startet (Wilke 2003). Einmal am Tag mit der Stute durch die Halle flitzen oder eine Stunde auf den Auslauf zu gehen reicht einem Fohlen eben bei Weitem nicht! Sechs Monate Box und dann in die Aufzucht leider auch nicht.
Der negative Einfluss von Bewegungsmangel auf den Bewegungsapparat von Pferden ist seit vielen Jahren bekannt. Trotzdem werden Fohlen im Winter geboren und in ihrer restlichen Jugend auf unzureichend großen Flächen gehalten – oft in für die kleine Fläche

zu großen Gruppen, was zusätzlich zu Verletzungen, Magenproblemen und Verhaltensproblemen führt.

Noch mal in aller Deutlichkeit: Papiere, Zusatzfutter und selbst Trainingsplanung – nichts davon kompensiert Bewegungsmangel in der Aufzucht. Die in den ersten anderthalb bis zwei Jahren des Pferdelebens versäumte Bewegung auf großen Flächen (NICHT im Reitstallpaddock oder im Garten hinterm Haus) ist aus wissenschaftlicher Sicht nicht mehr aufzuholen.
Selbst mit bestmöglicher Trainingsplanung, Futterberatung etc. kann ein bewegungsarm aufgewachsenes Pferd recht wahrscheinlich »kaputtgehen«, egal ob es horizontal, vertikal oder gar nicht gearbeitet wird.

Deshalb: Bitte kein Fohlen »am Haus« oder im Reitstall aufziehen, wenn keine wirklich großen Weideflächen für die Aufzucht zur Verfügung stehen. Es sollte eine professionelle Aufzucht mit großen Weiden gewählt werden, wo auch im Winter 24/7 genug Bewegung auf weitläufigen Flächen möglich ist! Passieren kann natürlich immer etwas und manchmal hat man einfach Pech – die Risiken minimiert man aber mit guter Aufzucht ganz entscheidend.

Tipps zum Pferdekauf

Um Pferde zu suchen, die Ihrem Suchprofil entsprechen, können Sie in Onlineplattformen stöbern oder Sie schreiben seriöse Vermittler und Züchter an. Diese besitzen zumindest eine Website mit Impressum. Kaufen Sie bitte nicht von Händlern, die Sie nur auf Facebook und sonst nirgends finden. Sie ahnen vielleicht nicht, was sich am Markt alles tummelt – wir und Bekannte von uns haben schon einiges erlebt. Kriterien Ihrer Suche sind wahrscheinlich Geschlecht, Größe, Alter, Ausbildungsstand, Eignung und Charakter. Wenn Sie Wert auf eine bestimmte Farbe legen, wird es wahrscheinlich sehr schwierig, etwas Passendes zu finden, aber wer weiß. Wir würden bei einem Reitpferd immer die Reiteigenschaften und den Gesundheitszustand priorisieren.

Grundsätzlich gilt: Je unkomplizierter ein Pferd beim Reiten ist und je leichter es zu händeln ist, desto leichter fällt ihm das Gerittenwerden und desto eher wird es das Reiten lieben können. Vorsicht also bei Sätzen wie »braucht sehr einfühlsamen Reiter«, »sehr sensible Stute« oder Ähnlichem. So werden häufig Pferde mit »Special effects« beschrieben. Auch bei angeblich rohen Pferden, die älter als vier oder fünf sind, ist Vorsicht geboten: Oft werden gescheiterte Anreitversuche unter den Teppich gekehrt und der neue Besitzer erlebt ob der Rodeoqualitäten sein blaues Wunder.
Wollen Sie Turniere reiten, ist es sinnvoll, ein Pferd zu kaufen, das auf dem Turnier die Nerven behält. Leistungsbereitschaft wäre wichtig, wenn das Pferd sportlicher geritten werden und/oder aufs Turnier soll.

Natürlich darf und soll die Intuition mitspielen: Berührt das Pferd auf dem Foto oder Video Sie so gar nicht, kommt es nicht infrage. Ein bisschen »kribbeln« muss es schon, eine reine Vernunftehe macht auch nicht glücklich. Wirkt der Text auf Sie ehrlich und authentisch, verspricht er das Blaue vom Himmel oder verheißt er bereits Probleme? Was sagt Ihr Bauch?

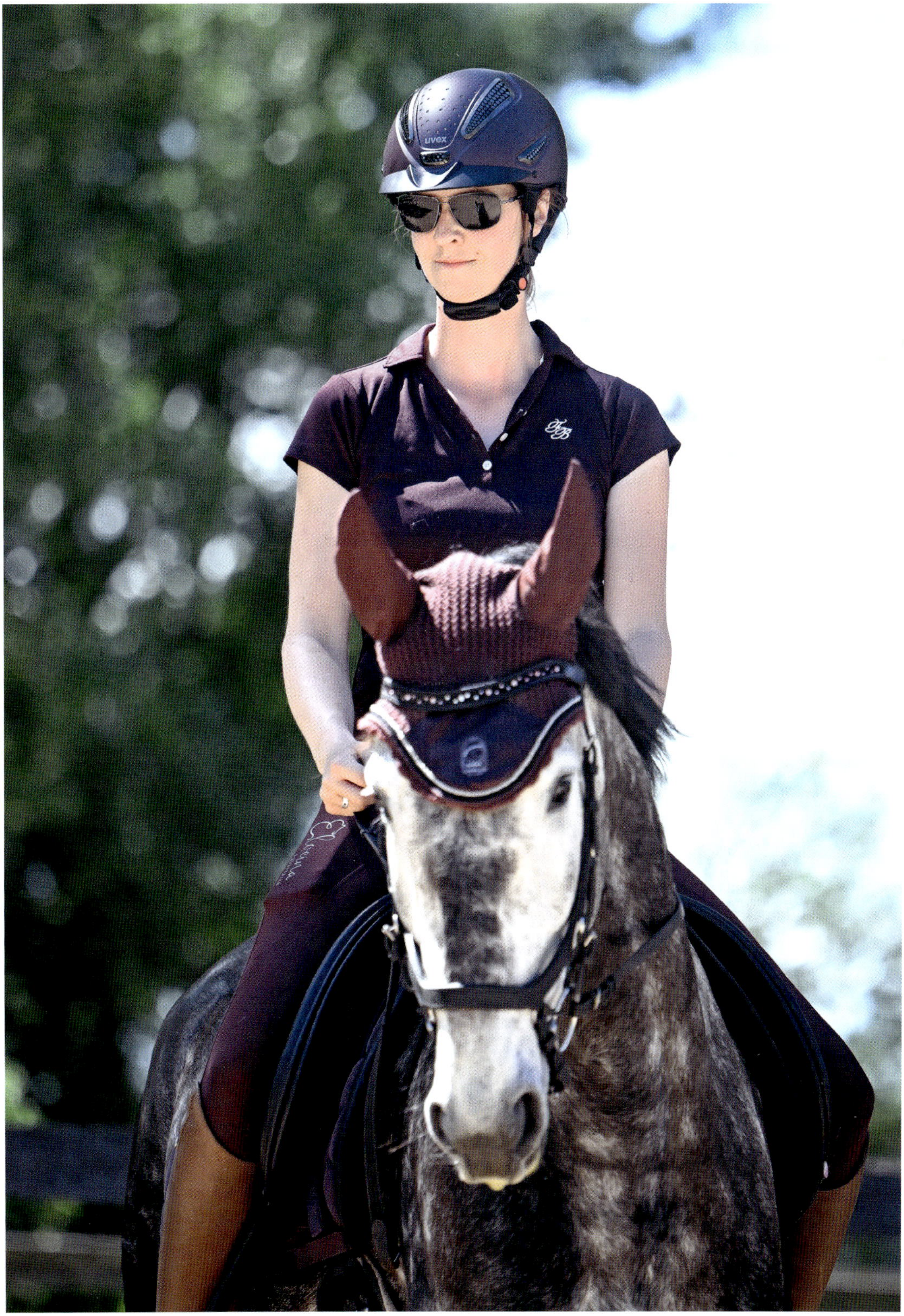

Pferde die beim Gerittenwerden Freude haben, sind in der Regel auch unkompliziert zu reiten.

Als Nächstes lassen Sie sich gern Videos senden. Manche Verkäufer verschicken keine Videos, was wir höchst unseriös finden. Heutzutage kann jeder Videos mit dem Handy aufnehmen. Wenn das Pferd wie angepriesen in Disziplin X geritten wird, sollte es also leicht sein, das zu filmen. Ohne Video kein Probereiten – zumindest sehen wir das so. Beim Sichten von Videos fliegen erfahrungsgemäß Kandidaten wegen diverser Ethogrammpunkte (siehe Kasten Seite 28) und/oder Lahmheit aus der Auswahl, denn diese zeigen Schmerzen an. Bedanken Sie sich höflich und suchen Sie weiter. Es bringt wenig, sich Ethogrammpunkte anhand des Reitstils des Bereiters zu erklären: Das Pferd wird sicherlich ein körperliches Problem haben, egal wie gut oder schlecht Ihnen der Reitstil an sich gefällt.

Die Videos gefallen Ihnen? Dann bitten Sie, falls vorhanden und falls es Ihnen wichtig ist, um die Röntgenbilder und zeigen Sie sie Ihrem Tierarzt zur Beurteilung. Unseriöse Händler geben bereits vorhandene Bilder manchmal erst heraus, wenn man sich das Pferd schon angeschaut und sich hoffentlich verliebt hat.

Wir sollten auch schon mit gefälschten Röntgenbildern über den Tisch gezogen werden: Ein angeblich zweijähriges Pferd hatte Röntgenbilder, auf denen ganz klar keine Wachstumsfugen mehr zu sehen waren, die in diesem Alter aber zu sehen sein sollten. Die Bilder gehörten zu einem anderen Pferd. Leider haben wir auch schon die Erfahrung gemacht, dass Verkäufer sagen, die Bilder seien »ohne Befund« – und unsere Tierärztin sieht darauf aber einen Chip oder Knorpelschäden.

Wichtig: Nicht jeder röntgenologische Befund ist klinisch relevant. Es hängt stark von Ihren Zielen und vom tatsächlichen Gangbild des Pferdes ab, welcher Röntgenbefund für Sie ein Ausschlusskriterium ist.

Wenn Videos und Röntgenbilder Sie überzeugen, vereinbaren Sie einen Termin zum Probereiten. Wir empfehlen immer, beim Putzen und Satteln anwesend zu sein und das Pferd zunächst vom Bereiter vorstellen zu lassen. Läuft es zufrieden? Hat es Freude? Läuft es klar? Hätten Sie Lust, es zu reiten? Mit ihm zu »sein«? Es zu streicheln, zu führen, mit ihm umzugehen? Oder haben Sie ein seltsames Gefühl beim Zuschauen? Spüren Sie eine gewisse Distanz, einen Zweifel?
Wenn Sie das Pferd großartig finden – und nur dann – reiten Sie es selbst. Verlassen Sie sich auf Ihr Bauchgefühl. Haben Sie Angst? Fühlen Sie sich unwohl? Oder sind Sie unbeschwert und tiefenentspannt bis freudig erregt? Macht das Reiten Freude, auch ohne perfekt zu sein? Wollen Sie gefühlt gar nicht mehr runter von dem Pferd oder hören Sie früher auf zu reiten als der Verkäufer vorschlägt?
Sie sind nun also begeistert von Ihrem potenziellen neuen Pferd? Fahren Sie erneut zum Probereiten. Bestellen Sie gern einen Tierarzt zum Termin (oder tun Sie das beim dritten Mal) und lassen Sie dem Pferd vor dem Reiten Blut abnehmen. Warum? Leider kennen wir Fälle, in denen Pferde zum Probereiten sediert wurden und sich dann zu Hause als nicht korrigierbare Steiger oder Durchgänger entpuppt haben. Das kommt auch in seriös wirkenden Ställen vor, nicht nur bei zwielichtigen Händlern. Wer nichts zu verbergen hat, hat sicher nichts gegen die

Blutprobe, wenn Sie das Pferd ehrlich kaufen möchten. Eine klinische AKU ist ebenfalls sehr zu empfehlen, um mögliche gesundheitliche Probleme auszuschließen.

Wenn bis hierhin alles gut lief: Herzlichen Glückwunsch! Es ist gar nicht leicht, gesunde, für das Reiten grundsätzlich geeignete Pferde zu kaufen. Wenn der Preis Ihnen etwas hoch vorkommt, ist er wahrscheinlich gerechtfertigt – es sei denn, Sie haben absichtlich ein Pferd mit gesundheitlichen Mängeln ausgewählt, das eingeschränkt oder nicht reitbar ist.

Haltung und Management

Stellen wir uns das perfekt gezüchtete, hervorragend aufgezogene Pferd vor, das das Reiten grundsätzlich absolut nicht schwierig findet und bei einem Menschen gelandet ist, der dieselben Hobbys hat. Was kann jetzt noch schiefgehen? Sie ahnen es: so einiges.
Manche Pferde kommen in bestimmten Haltungsformen oder mit bestimmten anderen Pferden nicht stressfrei zurecht. Was sich hier für welches Pferd eignet, kann man nur durch Beobachten herausfinden. Manche Pferde bevorzugen eine Paddockbox in Kombination mit Weide gegenüber einem Aktivstall, andere stehen lieber im Offenstall und haben Stress in der Box.
Ungünstig sind immer beengte Platzverhältnisse (unter 300 Quadratmetern/Pferd im Offenstall oder zu kleine Boxen, schlimmstenfalls ohne Sichtkontakt zu anderen Pferden), zu wenig Kontakt zu anderen Pferden, zu lange Fresspausen und zu wenig freie Bewegung. Weniger als vier Stunden freie Bewegung auf einem Auslauf, auf dem das Pferd auch galoppieren kann, ist definitiv nicht artgerecht – auch nicht im Winter. Das Pferd im womöglich zu kleinen Offenstall zu parken, in dem es den ganzen Tag soziale Auseinandersetzungen mit anderen gestressten Pferden hat, aber auch nicht.

Ein Pferd, das sich in seinem Haltungssystem wohlfühlt, ist bei der Arbeit ausgeglichen. Es wiehert auch nicht kinoverdächtig den Besitzer an, weil der die einzige Chance auf Kontakt und Abwechslung zu sein verspricht oder die überlange Fresspause mit etwas Heu oder Leckerchen überbrückt. Ein ausgeglichenes Pferd ist entspannt-freundlich im Umgang und beim Reiten sehr wahrscheinlich schnell zur Losgelassenheit zu bringen. Es hat nicht täglich neue Biss- oder Trittverletzungen, schläft ausreichend im Liegen und ist auch bei nicht sonderlich intensivem Training recht harmonisch bemuskelt.
Die Haltung ist immens wichtig, weil das Pferd im Schnitt 23 Stunden am Tag in seinem Haltungssystem verbringt. Die perfekte Haltung gibt es nicht – irgendetwas ist immer optimierbar. Wir finden es trotzdem erstaunlich, was alles hingenommen wird – von der drei mal drei Meter messenden Einzelbox ohne Koppelgang bis hin zu täglichen Verletzungen im Offenstall wird vieles zu oft als gottgegeben und unveränderlich hingenommen und lieber das Training immer mehr ausgeklügelt. Das beste Training greift aber nicht, wenn das Pferd 23 Stunden Stress hat. Die Muskeln wachsen in den Pausen, außer das Pferd kommt nie so wirklich in den Parasympathikus, weil es nicht ehrlich zur Ruhe kommen kann.

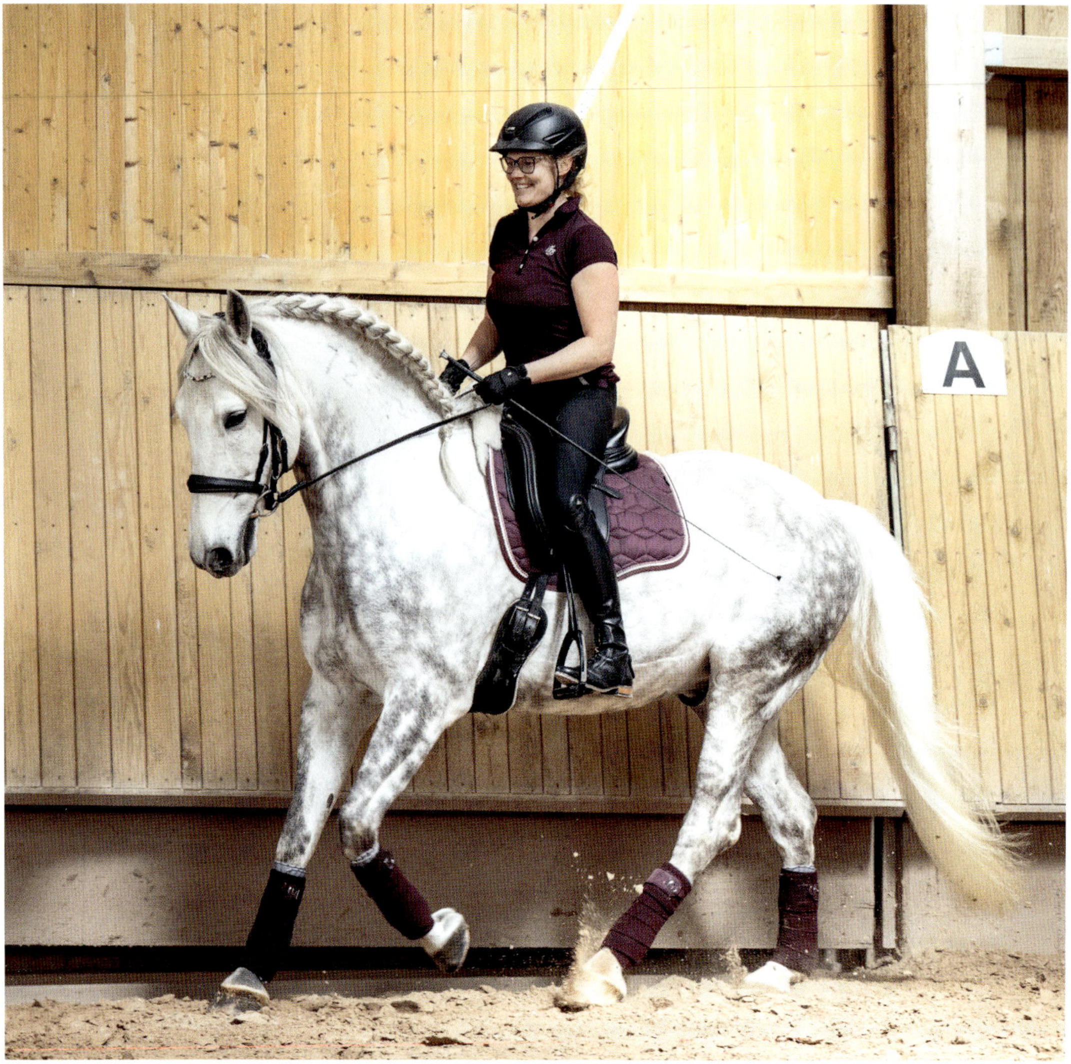

Die Nase an oder vor der Senkrechten: Ein Bild, das wir uns noch häufiger bei Reitpferden wünschen würden.

4. Kopf-Hals-Position und Gymnastizierung: Zwischen Gesundheit, Kontrolle und Erfolg

Wie Pferde ihren Kopf und Hals beim Reiten tragen, sagt einiges darüber aus, wie sie das Gerittenwerden empfinden. Die Kopf-Hals-Position hängt sowohl vom Reitstil und dem langfristigen Ausbildungsweg eines Pferdes ab als auch von seinem Gesundheitszustand und seinem aktuellen Wohlbefinden.

Wir können und dürfen die Kopf-Hals-Position also nicht nur als Gradmesser für gutes Reiten heranziehen, sondern auch für das aktuell empfundene Wohlergehen des Pferdes.
Eine fehlerhafte, schmerzhafte und unerwünschte Kopf-Hals-Position des Pferdes kann »angeritten« sein und damit Reiterfehler zeigen, aber sie kann ebenso vom Pferd gewählt werden und zeigt dann Stress oder Schmerzen, die das Pferd empfindet – teilweise völlig unabhängig vom Reiter!

Die Stirn-Nasen-Linie

Die klassische Reitlehre und auch das nationale sowie das internationale FEI-Reglement sind sich einig und sagen klipp und klar:
Die Stirn-Nasen-Linie des Pferdes soll während des Reitens an oder etwas vor der Senkrechten getragen werden. Was eine Senkrechte ist, ist ebenfalls klar definiert.
Und dennoch werden besonders »Sport«-Pferde und verrückterweise besonders die Pferde »guter« Reiter flächendeckend und dauerhaft mit zu enger Kopf-Hals-Position geritten, bei der die Stirn-Nasen-Linie sich gegen die Natur und gegen jede Regel hinter der Senkrechten befindet. Für das bessere Verständnis haben wir in den Bildern der nächsten Seiten die Senkrechte eingezeichnet, denn insbesondere viele Pferdeleute sind die Optik eines nicht hinter der Senkrechten gehenden Pferdes gar nicht mehr gewohnt oder haben das hinter der Senkrechten gehende Pferd als korrekt abgespeichert.

Wer nicht so tief in der Pferdeszene steckt, kann zu Recht fragen:
Wenn es falsch ist, hinter der Senkrechten zu reiten, warum macht ihr Reiter das denn?

Richtig verrückt wird es bei den Antworten, denn die reichen von:
»Weil man so gewinnt« bis hin zu »Weil ich es kann. Nur Anfänger reiten mit anderer Kopf-Hals-Position« bis hin zu »Weil das besser für den Rücken des Pferdes sein soll«.

Man möchte es nicht meinen, aber hier gibt es noch immer einen großen Aufklärungsbedarf!

Die Kopf-Hals-Position hat nämlich einen immensen Anteil daran, ob Pferde das Reiten lieben können. Einerseits ist das eine Frage guten Reitens, in welche Kopf-Hals-Position man sein Pferd bringt. Andererseits ist die freiwillig gezeigte Kopf-Hals-Position ein Symptom dafür, wie es dem Pferd gerade ehrlich geht.

Was am Reiten hinter der Senkrechten eigentlich schlecht ist

Warum können Pferde das Gerittenwerden nicht wirklich lieben, wenn es in zu enger Kopf-Hals-Position geschieht? Dazu gibt es einiges an Forschung. Man kann sagen, dass es mit Recht als Fehler gilt und allein schon aus Tierschutzgründen im Turnierreglement offiziell anders gewünscht wird.

So zeigen Pferde, die hinter der Senkrechten geritten werden, beobachtbar deutlich mehr Konfliktverhalten, zum Beispiel indem sie mehr mit dem Schweif schlagen als wenn sie in freier Kopf-Hals-Position geritten werden. Damit ist klar, dass das Gerittenwerden in dieser Kopfhaltung Schmerzen und Stress verursacht, die in der klassisch richtigen Kopf-Hals-Position mit der Stirn-Nasen-Linie vor der Senkrechten nicht auftreten. Wenn wir das Wohlbefinden des Pferdes als Maßstab nehmen, müsste allein dieser Fakt bereits ausreichen.

Lassen wir uns das einmal gedanklich auf der Zunge zergehen:

Für viele Pferde ist nicht die eigentliche Tätigkeit das, was sie stresst, sondern die Kopf-Hals-Haltung, in der sie das tun müssen!

Bei denselben Übungen, derselben Strecke, denselben Hindernissen in freier Kopf-Hals-Haltung lassen sich deutlich weniger Zeichen für Stress und Schmerzen zählen als wenn gleichzeitig eine enge Kopf-Hals-Position abgefragt wird.

Damit nicht genug: Die zu enge Haltung führt zu einer Dysfunktion der oberen Atemwege, die Pferde bekommen also beim Gehen hinter

Dieses Pferd ist sehr deutlich hinter der Senkrechten.

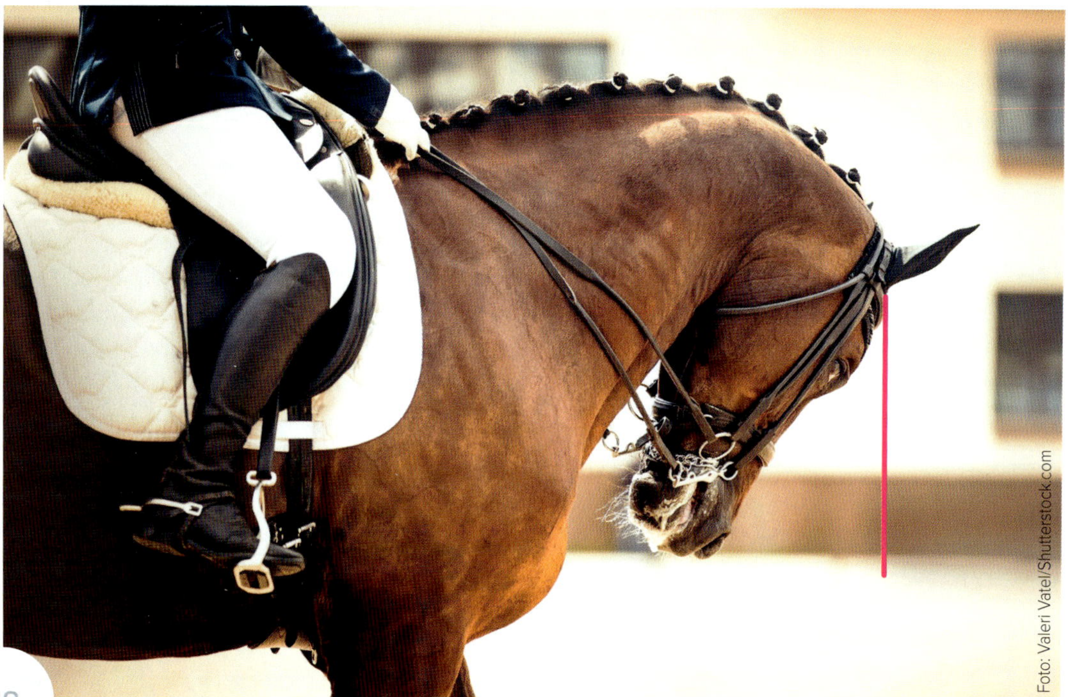

Foto: Valeri Vatel/Shutterstock.com

der Senkrechten messbar zu wenig Luft. Wie perfide ist es, einerseits die Luftzufuhr zu verringern und andererseits eine sportliche Leistung zu verlangen? Messbar sind außerdem hohe Blutlaktatwerte (Tilley et al., 2003), was die zu geringe Sauerstoffversorgung der hinter der Senkrechten gerittenen Pferde weiter belegt.

Wichtig zu wissen: Diese messbar negativen Effekte traten bereits bei einer Stirn-Nasen-Linie von nur zehn Grad hinter der Senkrechten auf. Das bedeutet, dass nicht nur massiv zu enges Reiten im Stil der sogenannten Rollkur *(siehe Foto)* schadet, sondern bereits geringfügig zu enges Reiten, was heute leider vielerorts als völlig normal und sogar erstrebenswert betrachtet wird.

Interessanterweise werden vor allem Dressurpferde und Springpferde beim Abreiten in zu enger Kopf-Hals-Position geritten. Beim Rennen oder auch auf der Geländestrecke in der Vielseitigkeit hat sich der zu enge Reitstil nie durchgesetzt, denn das dort geforderte hohe Tempo wäre mit der eingeschränkten Atmung eben nicht möglich. Im Dressursport und im Training jedoch, wo es nicht um das Kriterium Schnelligkeit geht, dürfen wir unsere Pferde ruhig ein wenig quälen?

Selbst die Rollkur, die heutzutage beschönigend »Low, Deep and Round« heißt und eine extrem tiefe Kopf-Hals-Position mit extrem rundem Hals und einer Stirn-Nasen-Linie weit hinter der Senkrechten beinhaltet, ist selbst auf öffentlichen Veranstaltungen über einen begrenzten Zeitraum erlaubt. Aus Perspektive des Pferdewohls fällt einem dazu wirklich nichts mehr ein.

Was am Reiten an oder vor der Senkrechten eigentlich gut ist

Die Kopf-Hals-Position an oder vor der Senkrechten ist für Pferde physiologisch, das heißt ihr gesamter Körper ist darauf ausgelegt, in einer solchen Haltung zu laufen. Wirklich senkrecht halten Pferde ihre Stirn vor allem wenn sie imponieren wollen (etwa bei der »Brautwerbung«). Das entspricht reiterlich den kurzen Momenten, während versammelte Lektionen geritten werden. Etwa in der Passage oder Piaffe ist es völlig korrekt, dass die Stirn-Nasen-Linie senkrecht steht und das Genick des Pferdes den höchsten Punkt darstellt.
In gestreckteren Gängen dagegen, etwa in Verstärkungen, ist es natürlich für Pferde, ihren Genickwinkel weiter zu öffnen und dadurch mit der Stirn-Nasen-Linie deutlich vor der Senkrechten zu laufen. Die Nüstern sind der vorderste Punkt des Pferdes und die Verlängerung der Stirn-Nasen-Linie zeigt dorthin, wohin auch das Vorderbein zeigt (mehr dazu im Kapitel Auktionstrab: Die Gänge herausreiten).
Diese Haltungen nehmen Pferde auch ohne jeden Zwang ein, denn in diesen ist das Pferd Herr über seine Kräfte und Herr über seine Sinne: Es bekommt genügend Luft, es sieht sowohl wohin es läuft als auch die Umgebung. Es kann seine Lage im Raum richtig einschätzen und es kann sich mit einem langen, nicht komprimierten Hals auch perfekt selbst ausbalancieren, wird also deutlich weniger stolpern oder stürzen. Dieses Lebensgefühl ist für Pferde als Beutetier überlebenswichtig. Andersherum völlig logisch, unter welchen existentiellen Stress wir Pferde setzen, wenn wir ihm dieses Sicherheitsgefühl nehmen.

Wer ein Pferd im Vollbesitz seiner Kräfte reiten kann und möchte, lässt den Hals in Ruhe. Wer mit seinem Reit- und Pferdeausbildungsstil dagegen darauf abzielt, das Pferd zu unterwerfen und zu Dingen zu zwingen, die es selbst nicht will, der beraubt es durch den gerollten Hals seiner Kräfte, bevor es diese zur Gegenwehr einsetzt.

Sie merken sicher bereits, woher der Wind weht. Dazu kommen wir später noch etwas genauer.

Zwischen Rollkur und Giraffe: Ein gesundes Mittelmaß

Eine gute, gesunde Kopf-Hals-Position hat weitere Kennzeichen als nur die Stirn-Nasen-Linie an oder vor der Senkrechten. Ein noch zu wenig bekanntes, aber sehr sinnvolles Kriterium ist das Verhältnis von Oberhalslinie zu Unterhalslinie: Die Strecke vom Pferdegenick bis zum Widerrist sollte doppelt so lang wirken wie die Strecke von der Kehle bis zum Bug.
Dieses Verhältnis von Oberhalslinie zu Unterhalslinie von 2:1 gilt für alle Pferderassen und für jeden Ausbildungsstand. Es gilt in allen Lektionen und auf jedem Ausbildungsstand, egal ob ein Pferd gerade in Versammlung aufgerichtet läuft oder tiefenentspannt in Dehnungshaltung. Egal was wir gerade reiten, können wir dieses Kriterium anlegen.

Dabei geht es nicht um einen Millimeter hin oder her. Sie müssen also nicht auf jedem Standbild exakt nachmessen. Vielmehr geht es um das große Ganze: In welchen Momenten eines Rittes kommt das Verhältnis 2:1 denn hin? Wann verbessert es sich?

Selbst wenn ein Pferd zu Beginn einer Reiteinheit noch etwas aufgeregt ist oder sich mal erschreckt und das Verhältnis dabei eher in Richtung 1:1 tendiert: In welchem Moment ändert sich diese Tendenz denn? Wie müssen Sie als Reiterin oder auch bei der Bodenarbeit denn einwirken, was können Sie tun und was genau sollten Sie besser nicht tun, damit das Verhältnis etwa im 2:1-Bereich bleibt?

Mit welcher Zügellänge können Sie das erreichen? Mit sehr langen Zügeln in gemütlichem Tempo ist es am leichtesten, dieses Kriterium zu erfüllen. Je nach Ausbildungs- und Trainingsstand von Mensch und Pferd ist es aber eben auch noch erfüllt, wenn die Zügel kürzer und die gemeinsamen Übungen schwieriger werden.

Reiterliches Können ist nicht nur daran zu messen, wie schwierig die Lektionen sind, die jemand reiten kann, sondern vor allem daran, wie wohl das Pferd sich dabei fühlt.

Kann man eine bestimmte hippe Lektion nur mit herausgehobenem (dann nähert sich das Verhältnis 1:1 an) oder eingerolltem (dann verschiebt sich das Verhältnis eher in Richtung 3:1) Pferd reiten, dann ist diese nicht im Sinne des Pferdes.

Heute gibt es verschiedene Strömungen, vor allem im Dressurreiten. Die einen propagieren nach wie vor offen das erzwungen tief eingestellte Reiten in Rollkur (3:1). Ihnen gegenüber stehen Strömungen, die den Pferdekopf im krassen Gegensatz dazu sogar absichtlich nach oben ziehen (1:1) und die eine deutlich herausgehobene, ebenfalls schmerzhafte Haltung als

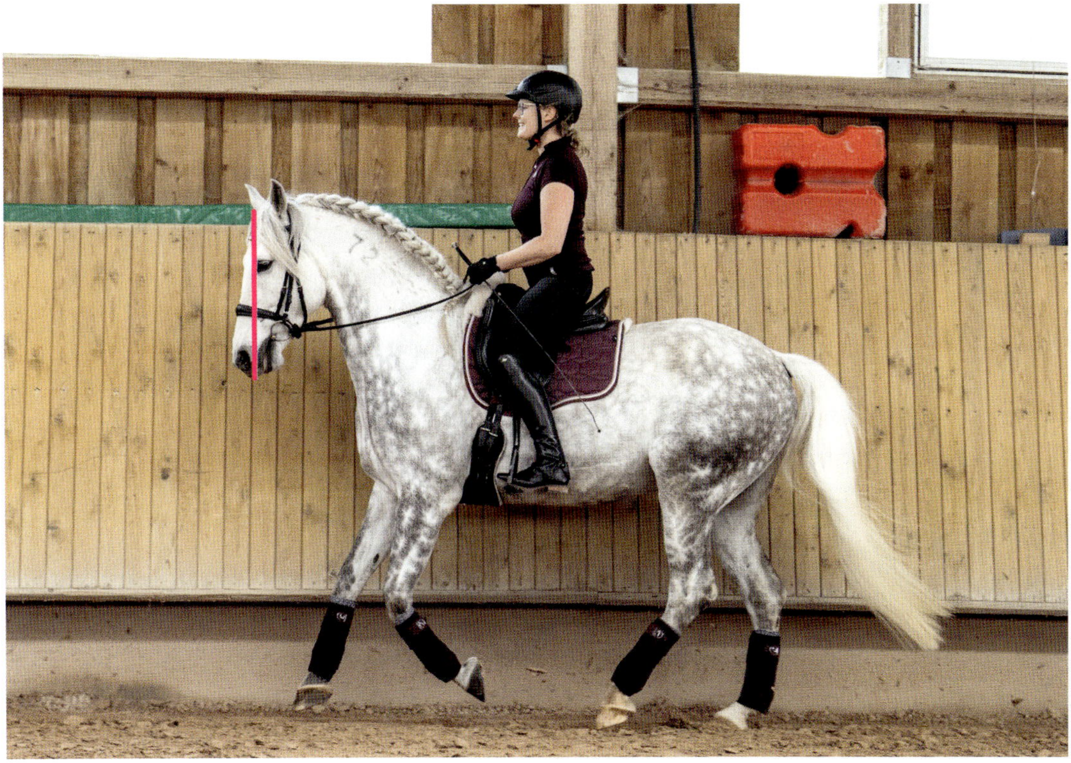

Vor der Senkrechten, mit munterem Ohrenspiel und lockerem Schweif: Hércules hat Freude am Galoppieren.

»Stolz« anpreisen und sich und ihresgleichen dadurch definieren, dass ihre Pferde den Kopf bloß nicht herunternehmen dürfen.
Beide werben mit Erfolgen (im Sinne von: die Pferde spulen schwierige und außergewöhnliche Lektionen ab) und Pferdeliebe. Aber wenn wir das tatsächlich mit den wissenschaftlich hieb- und stichfesten Kriterien für Stress und Schmerzen abgleichen (siehe Kapitel 2), dann fällt interessanterweise auf, dass besonders diejenigen Pferde wenig Anzeichen für Stress und Schmerzen haben, die in einer mittleren Kopf-Hals-Position gehen.

Der goldene Mittelweg ist weniger berühmt, denn er polarisiert so wenig. Oft wirkt es sogar so, als wären die Reiter des unspektakulären Mittelwegs keine besonders guten Reiter, denn sie tun so wenig aktiv für die Haltung ihres Pferdes. *Den Pferden hingegen scheint genau das besonders zu gefallen.*

Der Hals als Symptom für das Wohlbefinden des Pferdes

Ein psychisch wie physisch entspanntes Pferd trägt seinen Kopf beim Gehen etwa auf Widerristhöhe. In Reitersprache ausgedrückt: Ein wichtiges Zeichen für Losgelassenheit ist die sogenannte Dehnungshaltung, bei der das Pferdemaul sich auf Buggelenkshöhe befindet. Ebenfalls locker möglich ist die sogenannte Gebrauchshaltung, bei der sich das Maul des Pferdes etwa auf Hüftgelenkshöhe befindet. Auch hier geht es nicht um Abweichungen von wenigen Zentimetern, sondern ums große Ganze. Das vegetative Nervensystem des Pferdes hat sehr viel mit seiner Körperhaltung zu tun. Der Parasympathikus steht für Ruhe, Entspannung und Regeneration. Ist er aktiv, kann ein Pferd seine Oberlinie entspannen, und zwar so sehr, wie es zur aktuellen Geschwindigkeit passt. In einem langsamen Schlenderschritt oder einem ganz gemütlichen Joggingtrab wird ein wirklich entspanntes Pferd seinen Hals noch etwas tiefer tragen, im Galopp oder einem flotteren Trab ein wenig höher. Solange es nicht gestresst ist, wird die Oberlinie aber wie bereits gesagt immer etwa doppelt so lang wirken wie die Unterhalslinie.

Unter Stress und der damit verbundenen Aktivität des Sympathikus verkürzt sich die Oberlinie des Pferdes. Das geschieht unwillkürlich, ist also keine bewusste Entscheidung des Pferdes, sondern liegt in seiner Natur. Bei Stress geht der Kopf hoch und die Oberlinie wird kürzer. Dabei kann es sich um körperlichen Stress handeln, etwa weil ein Pferd Schmerzen bei der aktuellen Reitlektion hat oder auch um psychischen Stress, weil es beispielsweise Angst vor der Umgebung hat oder auch die Hilfengebung des Reiters nicht versteht.

Besonders problematisch wird es, wenn mehrere Stressfaktoren zusammenkommen: Das Pferd ängstigt sich vielleicht vage vor einer Mülltonne am Wegesrand oder der Umgrenzung des Dressurvierecks (Stressfaktor 1). Daraufhin wird der Reiter mit seiner Hilfengebung ungewohnt energisch und zieht, um die Kontrolle zu behalten, mehr am Zügel als er sollte, sodass ein Schmerz am Maul dazukommt (Stressfaktor 2). Wenn unser hypothetisches Pferd nun seinen Kopf deutlich hebt, aber beispielsweise eine Erkrankung an der Halswirbelsäule vorliegt, dann führt nun just auch noch diese herausgehobene Kopf-Hals-Position zu weiteren Schmerzen (Stressfaktor 3), die das Pferd mit langer Oberlinie gar nicht hätte. Ein Teufelskreis, der dazu führt, dass dieses Pferd mit verspannter Oberlinie und zu hohem Kopf läuft.

Warum wird zu eng geritten?

Spinnen wir diese Situation einmal weiter: Das unerfahrene Pferd ist zum Beispiel auf dem Turnierplatz gestresst von der Situation und möchte sich herausheben und schauen, vielleicht sogar stehen bleiben, umdrehen und flüchten. All das würde seiner Natur entsprechen, ist aber reiterlich nicht erwünscht und in der menschlichen Welt auch oft schlicht unöglich.

Auch unabhängig von Pferdesportveranstaltungen ist es in unserer Welt oft eng und laut. Es fahren Fahrzeuge und es gibt viele Dinge, die Pferde potenziell erschrecken können. Wir können unsere Pferde aber natürlich nicht einfach über die Straße rennen lassen, weil da ein LKW kommt, vor dem es Angst hat. Wir können es nicht bockend durchgehen lassen, weil es damit den Reiter, andere Beteiligte und nicht zuletzt sich selbst verletzen würde. Wir können nicht erlauben, dass der junge Hengst sich ungebremst mit einem anderen Pferd auf dem Reitplatz anlegt. Oftmals würden sich noch viel stressigere oder noch viel schmerzhaftere Situationen ergeben, wenn wir Pferde einfach ungehindert machen lassen würden.

Und ein (von uns nicht empfohlener) Weg, ein Pferd unter Kontrolle zu behalten, ist es, seinen Hals zu rollen. Je enger und tiefer eingestellt der Pferdehals ist, desto weniger sieht das Pferd die möglichen Schreckgespenster aus der Umwelt und die anderen Pferde. Je enger und je tiefer der Pferdekopf ist, desto besser kann man ein Pferd bremsen. Und ist der Pferdekopf einmal eng und tief genug, hat das Pferd quasi keine Möglichkeit mehr, ihn doch noch zu heben – auch nicht unter immer größerem Stress. Die Rollkur ist ein probates Mittel, um Pferde hilflos zu machen. Das ist nicht Reiten wie es Pferde lieben, aber es ist ein Reiten, was »funktioniert«. Mittels engen Reitens kann man Pferde durch Situationen drücken, die sie freiwillig vermeiden würden. Mittels Rollkur kann man den Bewegungsdrang eines Pferdes aus schlechter (Boxen-)Haltung unter Kontrolle behalten. Mittels Rollkur kann man ängstliche, unerfahrene, zu wenig darauf vorbereitete Pferde ohne Probleme dennoch auf großen Pferdesportveranstaltungen reiten.

Kontrollverlust versus Beizäumungszwang

Die Technik ist historisch gewachsen: Mittels deutlicher Beizäumung konnte man Pferde auch in den Krieg reiten. Je fixierter der Kopf, desto besser sind Pferde auch von schlechteren Reitern in schwierigen Situationen bedienbar. Der Krieg steckt noch immer in vielen unserer reiterlichen Traditionen, unter anderem eben im sogenannten »Beizäumungszwang«: Ein Pferd, was in zu freier Kopf-Hals-Haltung läuft, stellt eine potenzielle Gefahr dar. Es ist zwar nachweislich glücklicher, aber schwerer zu kontrollieren. Und vom blinden Funktionieren eines Pferdes hing eben auch der Ausgang von Schlachten und der Verlauf der Weltgeschichte ab.

Dazu möchte ich Ihnen ein Beispiel geben, das die Reiterwelt noch heute stark beeinflusst: Kaiser Wilhelm II. konnte aufgrund einer Behinderung schlecht reiten, musste dies aber aus repräsentativen Gründen natürlich häufig tun und durfte sich keine Blöße geben. Deswegen war es unabdingbar, sein Pferd zu absolutem Gehorsam zu erziehen. Diese Aufgabe fiel Paul Plinzner zu, dessen System sich über verschiedene berühmte Schüler über Generationen bis heute gehalten hat. Ob bewusst oder unbewusst, viele Menschen bilden noch heute auf Grundlage seiner Schriften Pferde aus.
Plinzner gilt salopp gesagt heute als »Erfinder der Rollkur«, denn er propagierte und verbreitete die unbedingte Beizäumung: ein durch Zügel und Sporeneinsatz gewaltsam herbeigeführtes Rollen des Halses.
Perfiderweise ergibt sich, sobald das Pferd wie erwünscht reagiert und sich übermäßig beizäumt, dann ein »leichtes« Gefühl in der Zügelverbindung. Wenn das Pferd in zusammenge-zogener Kopf-Hals-Position »hinter die Hand« geht, hängen die Zügel sogar nahezu wieder durch. Und hat es erst durch den bisweilen blutigen Sporeneinsatz (Zitat Plinzner) gelernt, dass der Kopf dort zu bleiben hat und endgültig aufgegeben, noch einmal eine natürliche Kopf-Hals-Position einnehmen zu wollen, ist es fertig gefügig und ganz angenehm zu reiten oder vielmehr ganz leicht zu kontrollieren.

Ob bewusst oder unbewusst, können sehr viele Reiter nur das »durchs Genick gerittene«, also beigezäumte Pferd, ertragen. Viele, auch erfahrene Reiter bekommen Kontrollverlustangst, wenn sie die Zügel lang lassen sollen oder das Pferd unter ihnen den Kopf hebt.

Möglicherweise hat diese Angst ihren Ursprung in real erlebten Kontrollverlusterfahrungen, denn in vielen konventionellen Reitschulen werden sowohl junge Schüler als auch gestresste Pferde oft systematisch überfordert, was zu haarsträubenden Unfällen führt, die in der entsprechenden Szene aber als völlig normal gelten.
Da fallen Schüler wochenlang in jeder Reitstunde mehrfach vom Pferd, bis sie »es endlich können«. Da geht die ganze Gruppe beim Ausritt im Herbst unkontrolliert durch, aber »das gehört einfach dazu« und in der Pause bekommt jeder Reiter über 11 erst mal einen Schnaps, um das nervlich auszuhalten.
Das müsste nicht sein!

In guten Reitschulkonzepten mit artgerecht gehaltenen, schmerzfreien Pferden und sinnvollen Unterrichts-Settings würden weitaus weniger traumatische Erfahrungen kreiert werden, sodass der gefühlte Bedarf an Kontrolle über durchgehende oder sich wehrende Pferde weitaus weniger gegeben wäre.

Wir reiten heute doch nicht mehr in den Krieg! Wenn wir im Reitunterricht das Hauptaugenmerk weg von der imaginären Beherrschung des Pferdes hin zur didaktisch sinnvoll aufgebauten Sitzschulung legen würden, bekämen wir ausbalancierte, geschmeidige, bewegungskompetente Reiter, die viel weniger Gefahr laufen vom Pferd zu stürzen und sich so auch zutrauen würden, die Zügel lang und das Pferd in natürlicher Haltung gehen zu lassen.

Wer sein Pferd beizäumen kann, kann reiten

Eine Wahrheit, die in vielen Reitern tief verankert ist: Wessen Pferd »durchs Genick geht«, also den Kopf richtig beigezäumt hält, kann gut reiten. In gewisser Hinsicht würden wir dem sogar zustimmen, denn wer wirklich gut in der Bewegung sitzt und dem Pferd das Gerittenwerden so angenehm macht, dass es entspannt seinen Hals fallen lassen möchte und ihm dabei einen weichen, feinen Zügelkontakt anbietet, dessen Pferd geht auch klassisch durchs Genick, nimmt also die »richtige«, dressurmäßig erwünschte Kopf-Hals-Position ein.

Nicht jeder Hund ist jedoch auch ein Dackel: Wer die vermeintlich richtige Kopfposition des Pferdes durch scharfen Zügelzug, Riegeln, Flexen, womöglich sogar über Hebelgebisse und Hilfszügel, Sporeneinsatz und scharfe Korrekturen erwirkt, der kann aus Sicht des Pferdes nicht gut reiten!
Die nett anzusehende, dressurmäßig erwünschte Kopf-Hals-Position ist nur dann ein Kompliment für den Reitstil, wenn das Pferd sie freiwillig einnimmt, sich dabei wohlfühlt und sie flexibel wechseln darf. Je nach Ausbildungs- und Trainingszustand, je nach Exterieur, je nach Gangart, Übung oder Untergrund kann es sehr viel pferdefreundlicher sein, ein Pferd nicht beigezäumt, sondern in freiem Rahmen

mit langen Zügeln zu reiten – und zwar in jeder Reitweise. Die langen Zügel obliegen nicht einer bestimmten Reitweise, sondern wären zumindest zwischenzeitlich sinnvoll für jedes Pferd.
In vielen Reiterköpfen kursieren bewusst oder unbewusst viele Glaubenssätze, die unseren Lernweg blockieren.
»Mit langen Zügeln reiten nur Westernreiter, ich reite doch Dressur!« ist genauso falsch wie »Wenn das Pferd so auseinandergefallen herumläuft, ist das nicht gut für den Rücken!«. Oft sind das Halbwahrheiten oder aber überlieferte, implizite, weitergegebene Traditionen, die oft keine wirkliche Begründung haben.
»Man macht das halt so, das geht so«.
Viele von uns müssen regelrecht umlernen, dass Pferde nicht von Natur aus mit gerolltem Hals gehen. Und dass und wie es möglich ist, Pferde ohne fixierten Hals dennoch reiten zu können.

Warum Manipulation der Kopf-Hals-Position dem Pferd nicht hilft

Beim Reiten wie es Pferde lieben sollten wir idealerweise den Pferdehals nicht aktiv beeinflussen (müssen). Genau das sagt auch die klassische Reitlehre, nach der ja offiziell eigentlich ausgebildet und bewertet werden sollte: *»Das Pferd sucht die Anlehnung* (= gleichmäßige, weich federnde Verbindung zwischen Reiterhand und Pferdemaul), *der Reiter gestattet sie« und »die Beizäumung des Pferdes* (= wie eng der Genickwinkel ist) *ergibt sich aus dem Versammlungsgrad«.*

Für viele Reiter ein Mysterium, denn viele Pferde gehen leider nicht einfach so von sich aus richtig, suchen die Anlehnung und treten selbstverständlich locker durchs Genick, wie es im Buch steht und wie es ideal wäre.

Deswegen boomt der Markt für diverse Hilfszügelkonstrukte, die dem Pferd die erwünschte Kopf-Hals-Haltung beibringen sollen, indem ihnen der Kopf mittels Lederriemen in der richtigen Haltung an den Sattelgurt gebunden wird.

Das Problem daran: Oft führt die Verwendung dieser Hilfszügel zu weiterem Stress, denn die Hilfszügel behindern das Pferd oft in ihrer Wahrnehmung der Umwelt und ziehen schmerzhaft am Maul, sodass dabei sogar weitere Stressfaktoren hinzukommen, wegen denen ein Pferd sich noch viel dringender unwillkürlich herausheben muss und noch viel weniger entspannt den Hals fallen lassen und auf natürlichem Wege die Anlehnung suchen kann.

Viele Pferde kämpfen permanent mit sich und gegen die Hilfszügel, und selbst wenn damit einer optisch korrekte Kopf-Hals-Position zu erreichen ist, hat das mit dem Reiten wie es Pferde lieben noch nichts zu tun.

Wenn ein Pferd ohne Hilfszügel herausgehoben herumläuft, weil es ein Schmerzproblem hat, dann löst es nicht das Problem, wenn wir das Pferd dazu zwingen, den Kopf herunterzunehmen. Für einen Laien mag es aussehen, als wäre zumindest das Symptom verschwunden, wenn das Pferd dann »am Zügel geht« anstatt wie eine Giraffe zu laufen. Ein wirklicher Experte wird jedoch erkennen, dass das Problem sich nur verlagert und das Pferd seinen Schmerz dann an anderen Stellen zeigt (genau erklärt im Kapitel 2). Ein losgelassenes, schmerzfreies und ungestresstes Pferd dagegen braucht keine Hilfszügel, weil es seinen Hals von selbst physiologisch trägt.

Die Argumentation für die Verwendung vor allem im Reitunterricht ist oft, dass die Reiter eben noch nicht gut genug reiten und das Pferd deswegen die Hilfszügel braucht. Da würden wir energisch dagegenhalten und können aus eigener jahrelanger Tätigkeit in eigener Reitschule sagen, dass unser Ziel sein kann und muss die Reitstunden so zu gestalten und den Schülern das pferdefreundliche Reiten so beizubringen, dass die Pferde eben nicht vor lauter Stress und Schmerzen wie die Giraffen laufen.

Es ist möglich, auch und gerade im Reitunterricht, den Hals des Pferdes in Ruhe zu lassen und sogar explizit als Anzeiger dafür zu nehmen, ob Sitz und Hilfengebung des lernenden Reiters sich dahingehend entwickeln, dass das Pferd unter ihm wirklich entspannt in einer dem Ausbildungsstand angemessenen Haltung locker laufen kann.
Was anderes könnte das erste Ziel echter Pferdefreunde sein?

Dem Pferd die richtige Kopfhaltung beibringen?

Andere Menschen haben sich statt der mechanischen Kopf-Fixierung durch Lederriemen vermeintlich pferdefreundlichere Trainingssysteme ausgedacht, in denen den Pferden die richtige Haltung über operante Konditionierung beigebracht werden soll.

Dabei wird den Pferden der Kopf also nicht statisch fixiert, sondern sie sollen kognitiv verstehen, dass sie ihn selbst richtig hinhalten sollen. Konkret heißt das, dass diese Pferde beim Einnehmen der erwünschten Kopf-Hals-Position ein Markersignal beziehungsweise eine Belohnung erhalten. Wird dieses Training richtig aufgebaut, führt es dazu, dass die Pferde immer öfter und immer länger ihren Kopf wie gewünscht halten, bevor sie die nächste Belohnung erhalten (positive Verstärkung).
Oder den Pferden wird via negativer Verstärkung beigebracht, auf einen Zügelanzug hin »im Genick nachzugeben«, also die gewünschte Kopf-Hals-Position einzunehmen, woraufhin der potenziell unangenehme Zügelzug sofort verschwindet und die Zügel auch so lange locker bleiben, wie das Pferd diese Kopfhaltung beibehält. Verlässt es die gewünschte Haltung, wird wieder gezogen, bis es die angestrebte Kopfposition wieder einnimmt und der Zügelzug hört auf.

Das Problem von jeder dieser Methoden (und sei sie an sich auch noch so gut gemeint und dem Pferd noch so freundlich verständlich gemacht) ist, dass sie ein Symptom verschleiern, nicht die Ursache beheben.
Ja, es ist möglich, Pferden anzukonditionieren, ihren Kopf genau in einer bestimmten Position zu tragen. Aber das ist im Sinne des Pferdes nicht wirklich erstrebenswert, denn wie bereits erläutert ist eine immer gleiche Kopf-Hals-Haltung nicht physiologisch.

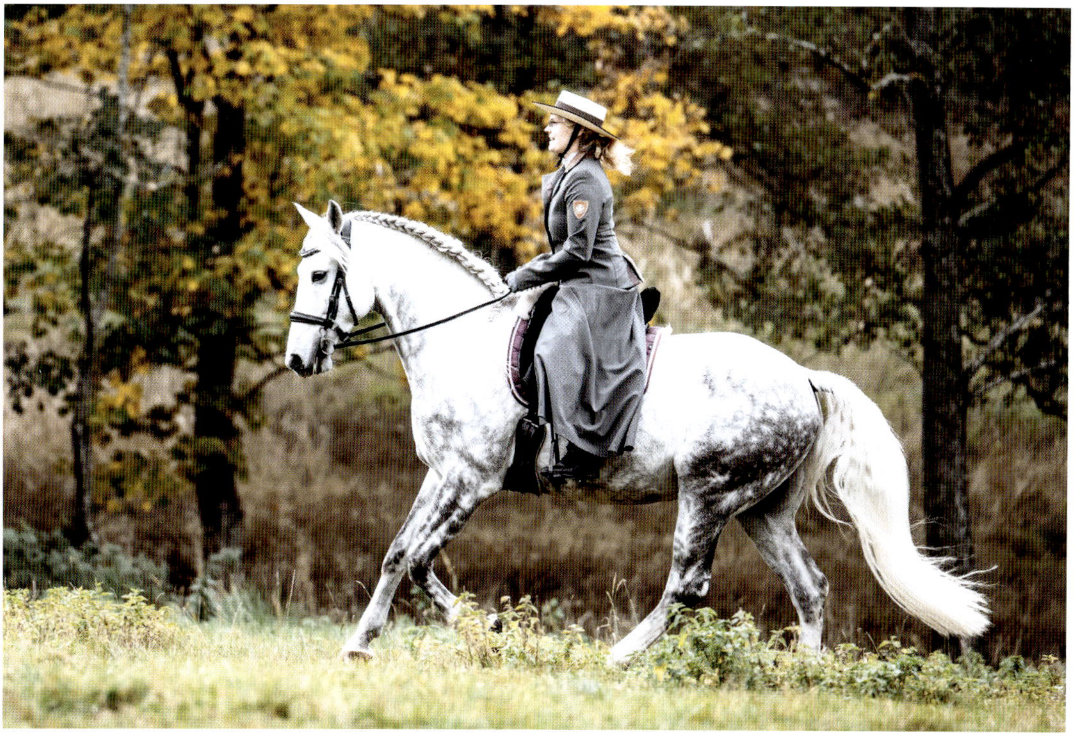

Besonders im Gelände muss das Pferd die Möglichkeit haben, frei zu atmen und die Umgebung zu erfassen – das geht nicht, wenn es hinter der Senkrechten geritten wird.

Auch das Ideal der klassischen Reitlehre: Genick höchster Punkt und Nase an oder vor der Senkrechten ist keine statische Sache: Das Genick ist physiologisch in der Versammlung der höchste Punkt, nicht aber in der Pause, da kann auch der Widerrist der höchste Punkt sein. Die Stirn-Nasen-Linie kann senkrecht richtig sein, aber je nach Gangmaß wäre senkrecht auch schon wieder falsch, denn manchmal gehört sie ja auch vor die Senkrechte. Es gibt keine eine richtige Haltung, sondern diese muss fließend wechseln dürfen und steht von Natur aus in Relation zur Versammlung, zur Geschwindigkeit, zur Sprunghöhe und vor allem auch zur Bodenbeschaffenheit.
Sie steht in Relation zum Exterieur des Pferdes (also zu seinen körperlichen Voraussetzungen), seinem Alter, seinem Ausbildungsstand.

Außerdem hängt die individuell richtige Haltung auch davon ab, was als Nächstes passieren wird, also auf welche Bewegung das Pferd sich gerade vorbereitet und was rund um das Pferd herum gerade los ist.

Weil es so wichtig ist, wiederholen wir einmal folgenden Gedanken:
Damit Pferde sich wirklich wohl und sicher fühlen, brauchen sie die Möglichkeit, ihren Hals sowohl zum Ausbalancieren zu nutzen als auch ihre Umgebung mit Augen, Ohren und Geruchsinn wahrnehmen zu dürfen. Je wohler und sicherer sie sich fühlen, weil sie Herr über ihren eigenen Körper sind, desto eher können sie die von uns reiterlich erwünschte, »richtige« Kopf-Hals-Haltung auf natürlichem Wege freiwillig einnehmen.

die Schwerkraft und das auf ihm lastende Reitergewicht stabilisiert, sind im vorderen Teil die Rumpfträger und im hinteren Teil die Bauchmuskeln. Gut trainierte und in der Bewegung losgelassen arbeitende Bauchmuskeln sind der gesundheitlich relevante Faktor gegen die gefürchteten Kissing Spines. Und die Bauchmuskeln genau wie den Rumpftrageapparat des Pferdes kann man explizit auch in freier Kopf-Hals-Position trainieren (etwa durch einen schönen Reisegalopp am langen Zügel, oder auch an der Kappzaumlonge ohne Ausbinder). Dafür muss der Kopf nicht fixiert werden.

Viel entscheidender ist, dass das Pferd im Training zwanglos läuft und sich in der Folge reell loslassen kann. Nur dann können wir überhaupt von einem sinnvollen Muskelaufbau ausgehen. Ein Pferd, dem der Kopf heruntergeriegelt oder festgebunden wird, ist oft viel weiter von richtig und gesund entfernt als ein Pferd, das am langen Zügel vermeintlich auseinanderfallen gehen darf.

Beim entspannt auseinandergefallenen (also zwanglosen) Reiten geht erstens nichts kaputt und zweitens hat man mit einem so gerittenen Pferd die ideale Grundlage, um Pferd und Reiter durch lösende Lektionen und die immer weiter geführte Sitzschulung auf natürlichem Wege auch weiter auszubilden.

Die dressurmäßig erwünschte Kopfhaltung ist dabei eher ein Nebenprodukt. Machen wir es fälschlich zum Ziel der Sache, wird geschraubt, gezogen und geriegelt und das führt dann zu einem Reitstil, den Pferde definitiv nicht lieben.

»Die Dressur ist für das Pferd da«

Müssen wir Pferde gymnastizieren?
Heute gehört es zumindest in Deutschland unter interessierten, Pferde liebenden Besitzern quasi zum guten Ton, dass sie meinen, ihr Pferd »gymnastizierend Dressur reiten« zu müssen.
Für manche Menschen mag das richtig sein, und zwar genau für diejenigen, die gerne Dressurreiten möchten. Wer Traversalen reiten möchte, weil er das ästhetisch findet, der darf das (das Einverständnis des Pferdes vorausgesetzt) natürlich sehr gerne tun. Und wenn man das möchte, dann braucht es dafür auch ein gewisses Maß an Versammlung und Geraderichtung. Hat der Reiter also diese klassischen Lektionen zum Ziel, dann muss er entsprechend etwas dafür tun.

Möchte man jedoch nicht Dressur reiten (egal ob klassisch oder im Sport), dann muss man sein Pferd auch nicht in diesem Maße dafür ausbilden. Der Satz »Nicht das Pferd ist für die Dressur da, sondern die Dressur für das Pferd« wird aus unserer Sicht oft viel zu weit aufgeblasen. Es stimmt: Durch gutes Dressurreiten werden Pferde gerader, fitter, »schöner« bemuskelt und ausbalanciert und erlangen ein besseres Körpergefühl. Das werden sie jedoch durch gutes Geländereiten auch. Ach ja, und durch gutes Springreiten natürlich. Auch durch gutes Longieren ist das möglich.

»Die Dressur ist für das Pferd da« bedeutet, dass man mit jedem Pferd im Rahmen seiner Möglichkeiten Dressur reiten kann, nicht dass man es muss!

Es bedeutet, dass man kein spezielles Sportpferd mit generationenlanger Dressurabstammung braucht, sondern eben auch durch gutes Reiten mit seinem Wald-und-Wiesen-Mischling fein und elegant reiten und sicher auch so manche Lektion erreichen kann, wenn man das möchte.

In aller Deutlichkeit: Pferde brauchen immer genau so viel gymnastizierendes Dressurtraining, wie sie es für die angestrebte Tätigkeit eben brauchen. Das Springpferd muss um die Kurve kommen und sich vor den Hindernissen durchlässig aufnehmen lassen, nicht piaffieren. Das Distanzpferd muss ungehindert raumgreifend durchschwingend traben können, keine Pirouetten. Das Freizeit-Ausreitpferd muss entspannt ausreiten können, und dazu braucht es kein Schulterherein zu trainieren.

Falls Sie als Leserin nun Schnappatmung bekommen: Natürlich können Sie, wenn Sie und Ihr Pferd Lust dazu haben, auch Ihr Fahrpferd in Renverspirouetten reiten oder Ihrem Therapiepferd Serienwechsel beibringen. Es ist möglich, aber nicht nötig.

Das fitteste Pferd, was ich je gesehen habe, war ein Distanzpferd (das nie »Dressur« geritten oder »gymnastiziert« wurde, dafür gab es nicht nur keinen Reitplatz, sondern auch weder Bedarf noch Interesse des Besitzers). Das geradegerichteste Pferd, was ich je gesehen habe, war ein

Der Spanische Schritt macht vielen Pferden Freude – der gymnastizierende Effekt ist zwar vorhanden, aber nicht notwendig, um ein Pferd gesund reiten zu können.

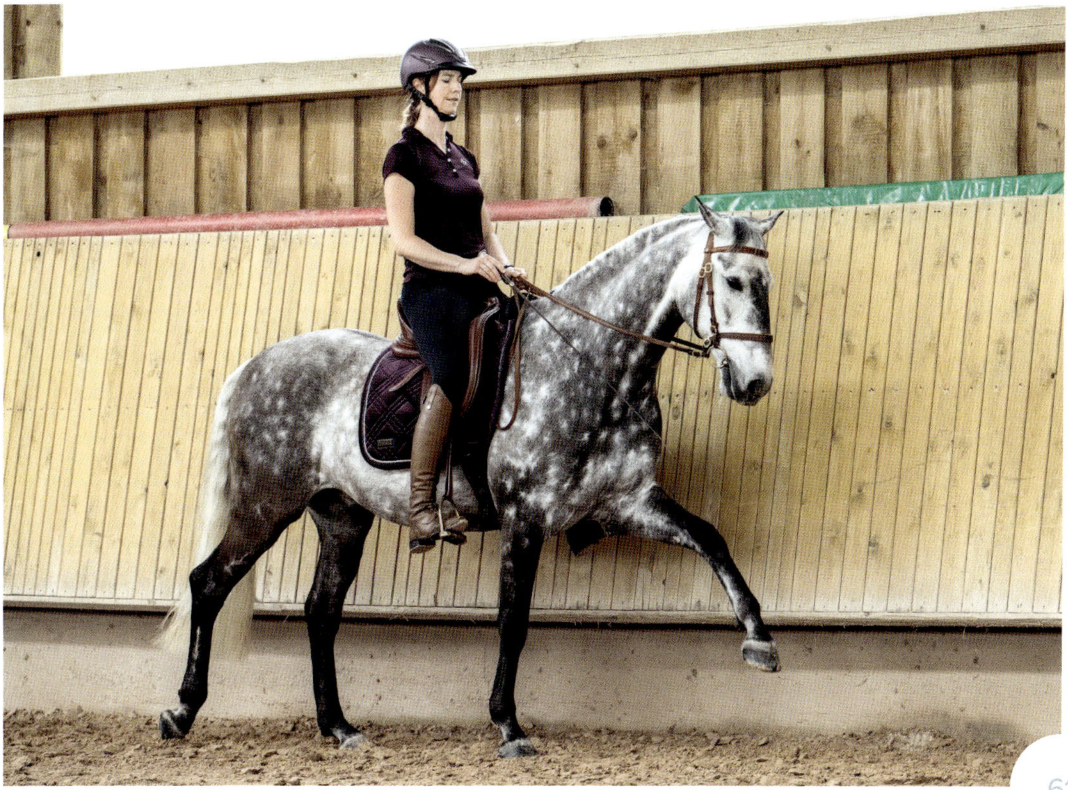

»0815-Freizeitpferd« von einem älteren Herrn, der einfach gerne zweckfrei ausreiten ging. Das lustigste und stolzeste Pferd, was ich kenne, ist ein Buschpferd. Es geht selten in Haltung und oft ziemlich ungymnastiziert ab durch die Mitte, was seinen Besitzer überhaupt nicht stört. Früher hat mich das manchmal gewundert, wenn ich als überregional tätige Reitlehrerin quer durchs Land zu Wochenendkursen unterwegs war und dort beobachten konnte, dass viele der fortgeschrittenen Dressurpferde mit ambitionierten Dressurreiterinnen im Sattel schiefer, unglücklicher und weniger losgelassen waren als die eher alternativen Kursteilnehmer, die sich mit Worten wie »Eigentlich reite ich gar keine Dressur, also sorry wenn ich nicht alle Begriffe kenne, ich reite eigentlich nur ins Gelände« vorgestellt haben.

Damit möchte ich keinesfalls abfällig über das Dressurreiten sprechen, im Gegenteil: Ich selbst liebe die klassische Dressur und lebe als professionelle Reitlehrerin gewissermaßen sogar davon. Ich möchte Sie jedoch einladen, den Gedanken zuzulassen, dass wir Dressur für uns selbst reiten, weil (wenn!) es uns Spaß macht und weil wir die Lektionen anmutig finden. Aus Pferdesicht bräuchte es kein Dressurtraining in diesem Sinne.

Für viele Reiter klingt das heute noch unvorstellbar: Müssen wir unsere Pferde etwa nicht gymnastizieren? Müssen wir sie nicht dazu ausbilden, wirklich tragfähig zu sein, sich in gesunder Haltung zu bewegen und vor allem: Müssen wir sie nicht geraderichten? Gehen Pferde etwa nicht davon kaputt, wenn sie nicht geradegerichtet und dennoch geritten werden?

Trainingsziel Geraderichtung neu gedacht

Wenn Pferde deutlich schief sind, laufen sie nicht gesund. Anstatt nun aber die Schiefe mit ausgeklügelten Seitengangs-Orgien zu bekämpfen, würden wir empfehlen, als Erstes die Frage zu stellen, warum das individuelle Pferd denn so auffallend schief ist.

Was als natürliche Schiefe bezeichnet wird, ist in der Realität leider oft ein Lahmheitszeichen. In Reitersprache sind Pferde »schief«, wenn sie auf drei Hufschlaglinien gehen, eine deutlich ausgeprägte hohle Seite haben, über eine Schulter in die Wendung driften, sich im Genick verwerfen und so weiter. Dieselben Kriterien sind allerdings auch Kennzeichen von Schmerzen und orthopädischen Problemen.

Eigentlich logisch: Oft ist der Hintergrund einer Schiefe, dass dem Pferd eine bestimmte Bewegung wehtut, weswegen es (oft seitlich) ausweicht. Oder eines der Hinterbeine ist deutlich schmächtiger, also schlechter bemuskelt, weil es dem Pferd eben bereits im Alltag subtil wehtut und es das Bein deswegen weniger belastet und weniger nutzt.
Manche Schmerzen treten nur in einer Rechts- oder eben nur in einer Linkswendung auf, weswegen die Pferde dann diese Biegung vermeiden wollen und so weiter.

Unser Erfahrung nach sind Pferde, mit denen im Training besonders intensiv an ihrer »natürlichen Schiefe« gearbeitet wird oder wurde, in Wirklichkeit subtil lahm. Wie wir leider wissen, werden subtile, wechselnde oder mehrere

Beine betreffende Lahmheiten noch viel zu selten als solche erkannt, weswegen die Pferde dann oft trotz handfester orthopädischer Befunde manchmal jahrelang weiter trainiert und geritten werden. Wie das trotz bester Absichten passieren kann, ist nachvollziehbar. Dennoch sollten wir unter dem Aspekt des Tierwohls noch sehr viel genauer hinschauen und nicht unter der Idee der Geraderichtung Pferde dazu bringen wollen, schmerzende Bereiche bitte einfach trotzdem genauso zu benutzen, als hätten sie kein Problem.

Wer meint, aufgrund von einer Schiefe besonders exzessiv trainieren zu müssen, läuft Gefahr, sein Pferd genau mit der gut gemeinten Geraderichtung weiter zu schädigen und es in den Schmerz zu reiten.

Interessanterweise funktioniert das geraderichtende Training in dem Fall nämlich auch nicht! Ein gesundes, schmerzfreies Pferde müsste binnen acht bis zwölf Wochen sichtbar auf das Training angesprochen haben. Gibt es allerdings körperliche Gründe für die Schiefe, dann wird das Pferd vom gut gemeinten Dressurtraining nicht wirklich gerader, sondern häufig sogar noch schiefer oder zumindest »anders schief«. Probleme verschwinden dann nicht, sondern verlagern sich höchstens.

Wenn Sie also jahrelang an der Schiefe Ihres Pferdes herumtrainieren, dann ist die Wahrscheinlichkeit groß, dass Sie eben nicht zu schlecht reiten und noch mehr Reitstunden brauchen, sondern dass Ihr Pferd ein Thema hat und möglicherweise eine Trainingspause und einen Tierarzt braucht.

Die psychische Komponente der Geraderichtung

Stress macht schief. Diese Tatsache ist gut erforscht und in dem sehr empfehlenswerten Buch »Lateralität bei Pferden« (siehe Literaturhinweise und Kapitel zur LATERALITÄT) auch sehr gut aufbereitet. Wenn wir diesen Zusammenhang bedenken, kann uns klar werden, warum viele Pferde, deren Reiter sie ohne speziellen Ehrgeiz gemütlich und einvernehmlich ins Gelände reiten, besonders wenig schief sind. Haben die Pferde dabei nämlich keinen besonderen Stress, sondern dürfen sich unter einem angenehm sitzenden und freundlich einwirkenden Reiter selbstständig ausbalancieren, dann wirkt alleine das Gehen über unterschiedliche Untergründe und das Wahrnehmen der Umgebung ganz von selbst geraderichtend im Hinblick auf die sensorische und motorische Lateralität.

Richtig gelesen: Entspanntes Ausreiten wirkt mindestens genauso gut geraderichtend wie gezielte Dressur. Wenn Sie und Ihr Pferd also keine Dressurambitionen haben, dann müssen Sie sich nicht um der Geraderichtung willen dazu zwingen.

Auch für den Fall, dass Sie Ihr Pferd gezielt Dressur oder in anderen Sportarten reiten möchten, bedenken Sie, dass Stress Pferde immer schiefer macht, auch kurzfristig!

Wenn wir also in dem Bestreben, eine an sich geraderichtende Lektion zu trainieren unser Pferd damit über ein gewisses Maß hinaus stressen, dann wird diese Lektion eben genau nicht geraderichtend wirken, sondern unser Pferd in Wirklichkeit noch schiefer machen. Nicht selten geraten gerade fortgeschrittene und ambitionierte Reiter so in einen Teufelskreis, denn sie wollen ihr schiefes Pferd nun natürlich noch dringender geraderichten. Je energischer, krampfhafter und für das Pferd stressiger der Versuch, desto weniger klappt es. Andere Reiter dagegen machen sich über die Schiefe überhaupt keine Gedanken und ihre Pferde laufen trotzdem, oder gerade deswegen gerader ...

Die Nachteile der Dressur

Ich sehe ein Problem in der Darstellung, dass es jedem Pferd guttun würde, wenn es in möglichst hohen klassischen Dressurlektionen geritten wird. Erfahrungsgemäß ist das eben nicht für jedes Pferd der Fall. Nicht nur körperlich, sondern auch auf Beziehungsebene ist es für viele Pferd-Reiter-Kombinationen befreiend zu hören, dass sie nicht zwingend Seitengänge und Co. trainieren müssen. Bei allen Vorteilen einer guten Ausbildung ist nämlich zu bedenken, dass auch das Dressurreiten für Pferde belastend sein kann.

Durch moderne Diagnosemethoden wissen wir heute, wie viele Pferde beispielsweise von pathologischen Veränderungen der Halswirbelsäule betroffen sind. Sie können sich schlicht nicht wie gewünscht biegen oder aufgerichtet in Dressurhaltung gehen. Auch viele kleinere und größere Zipperlein an den Pferdebeinen (an Sehnen, Fesselträgern, dem Hufrollenapparat und sämtlichen Gelenken) führen dazu, dass enge Wendungen, dynamische Verstärkungen und Seitengänge für diese Pferde nicht nur schmerzhaft sein können, sondern bisweilen ihre körperlichen Probleme sogar weiter befeuern können.

Deswegen sollte man sich auch beim grundsätzlich guten, theoretisch natürlich gymnastisch wertvollen Dressurreiten immer die Frage stellen:
Wie gut gefällt das denn wirklich dem individuellen Pferd? Nicht wie gut tut es Pferden theoretisch oder wie gut könnte es diesem Pferd irgendwann tun, also wenn es irgendwann endlich richtig klappen würde. Sondern wie gut tut es ihm in diesem Augenblick?

Pferde zeigen Schmerzen und Unwohlsein deutlich an, wir müssen nur lernen, die Zeichen zu lesen und ernst zu nehmen!

Und dann ist die interessante Frage, in welchen Lektionen, in welcher Haltung, in welchen Bewegungen die Schmerzzeichen auftreten und in welchen nicht. Manche Pferde, die in Volten und Seitengängen Probleme haben, haben sie auf großen Linien oder am längeren Zügel nicht. Dann kann man darauf Rücksicht nehmen, indem man schlicht nur die Übungen ins Programm nimmt, bei denen das Pferd ohne Schmerzzeichen geht.

Wer einmal die Entscheidung trifft, nur das zu reiten, was auch seinem Pferd gefällt, hat damit einen guten Fahrplan an der Hand, was aktuell für das Pferd möglich ist. Grenzen lassen sich sicherlich verschieben, aber bitte nicht überschreiten.

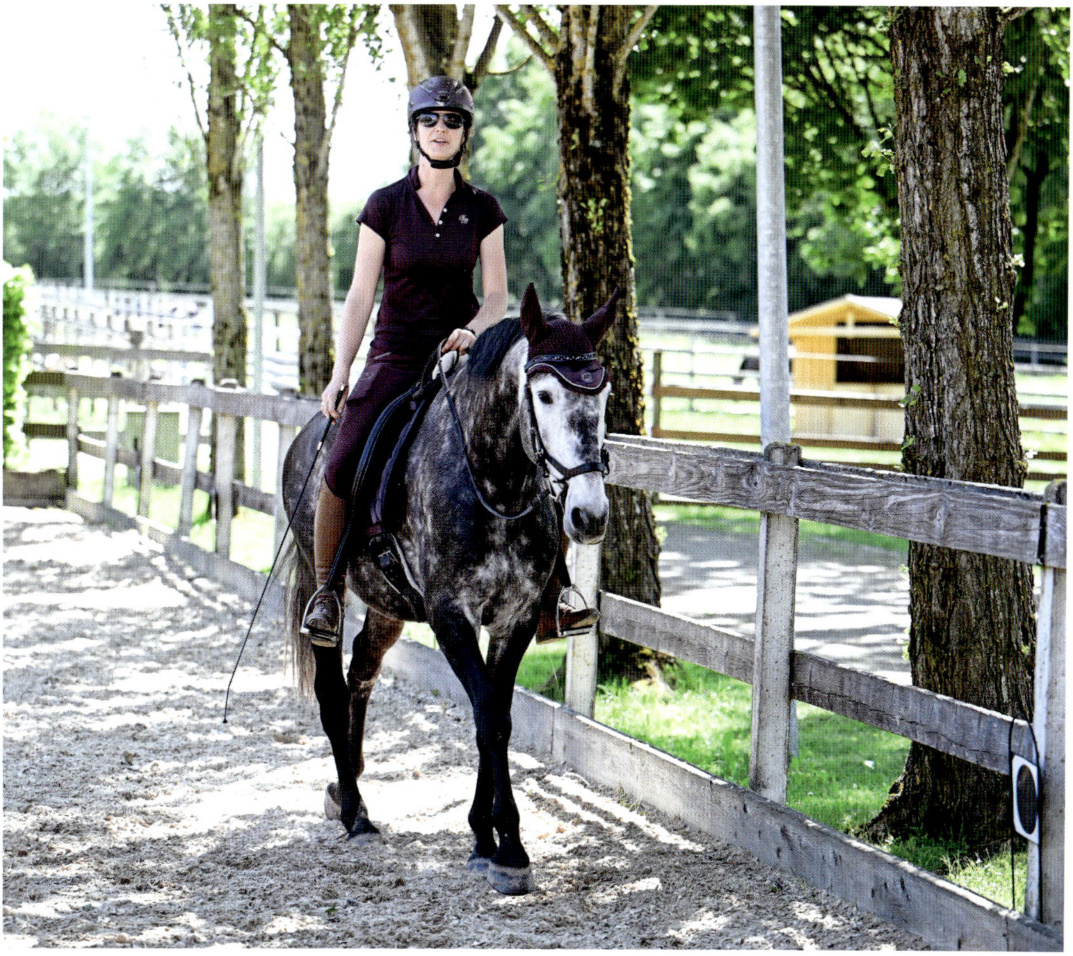

Zwanglosigkeit ist Voraussetzung für Losgelassenheit – auch wenn sie heute oft zu Unrecht in Verruf geraten ist.

Was wirklich sein muss: Grundausbildung zur Losgelassenheit

Wie viel Ausbildung und Training Pferd und Reiter wirklich brauchen, hängt also davon ab, was die beiden zusammen machen möchten. Für die Gesunderhaltung, den gemeinsamen Spaß und die Sicherheit von beiden Beteiligten wirklich notwendig ist das losgelassene Reiten in Grundgangarten – zumindest in denen, die das Team auch tatsächlich praktizieren kann und möchte.

Dr. Sue Dyson, verschiedene Verhaltensforscher und die klassische deutsche Reitlehre sind sich in einem Punkt sehr einig: Es ist ein ganz hervorragendes Zeichen, wenn ein gerittenes Pferd alle Zeichen von Losgelassenheit zeigt. Man kann dann davon ausgehen, dass es angst- und schmerzfrei ist, keinen nennenswerten Stress hat, seine Aufgabe versteht und den Reiter im aktuellen Augenblick weitestgehend mühelos tragen kann, ohne dass es verschleißend wäre. »Äußere Losgelassenheit« kann man nie ohne »innere Losgelassenheit«, also einen entspannt-aufmerksamen mentalen Zustand erreichen.

Ein losgelassenes Pferd:

- »geht über den Rücken«, weil der Rücken im Rhythmus der Bewegung auf und ab schwingt. Der Muskeltonus ist der Bewegung angepasst und weder zu hoch noch zu niedrig.
- geht im Takt in der jeweiligen Gangart und ist jederzeit ausbildungsstandsgemäß in der Lage Schritte, Tritte und Sprünge etwas zu verkürzen oder zu verlängern, ohne dass der Takt verloren geht.
- ist dehnungsbereit. Ein losgelassenes Pferd kaut freiwillig die Zügel aus der Hand oder senkt Kopf und Hals bei sich öffnendem Genickwinkel, wenn das Zügelmaß es erlaubt. Es verkürzt aber auch den Rahmen, ohne gegen die Hand zu gehen oder sich hinter dem Zügel einzurollen, wenn die Lektion beziehungsweise ein erhöhter Versammlungsgrad es erfordert.
- schnaubt ab. Ein Pferd, das nie abschnaubt, ist sehr wahrscheinlich nicht losgelassen. Es gibt im Unterschied dazu ein Schnorcheln oder ein »gestresstes Abschnauben« (eher kurz und laut), das Pferde unter erhöhter Anspannung zeigen.
- bewegt leicht das Gebiss im geschlossenen Maul. Kauen mit offenem Maul und Zähne oder Zunge zeigen sind Punkte im Schmerzethogramm von Sue Dyson und können darüber hinaus auf Stress hindeuten. Es ist schlicht falsch, übermäßiges Kauen zum guten Stil zu erklären.
- zeigt einen im Takt der Bewegung pendelnden Schweif (im Schritt und Trab).
- hat einen recht zufriedenen bis leicht konzentrierten Gesichtsausdruck mit offenen, runden Augen, regelmäßigem (alle fünf Sekunden Minimum) Ohrenspiel und entspannter Maulpartie ohne übermäßigen weiß-schaumigen Speichelfluss.
- bewegt sich recht leise und wirkt einfach zufrieden und harmonisch.

Losgelassenheit wirkt per se schon geraderichtend (siehe LATERALITÄT) und fördert gesund erhaltendes Reiten, das Pferde wenn nicht gar lieben, doch zumindest MÖGEN.
Losgelassenheit ist der angenehme Zustand zwischen Entspannung, Konzentration und leichter sportlicher Anstrengung, in dem Flow-Erlebnisse möglich sind: Der Fokus auf das gemeinsame Tun steht über allem, Umweltreize werden unwichtiger und das Pferd ist ganz in seine Tätigkeit versunken.
Es macht Freude, ein losgelassenes Pferd zu reiten! Dann ist Reiten leicht, harmonisch und fein.

Wer ein losgelassenes Pferd reitet, praktiziert »Reiten wie Pferde lieben« bereits. Dabei ist es völlig egal, ob er auf E- oder S-Niveau ist, Western reitet oder sowieso »nur« ins Gelände geht.

Theoretisch ist Losgelassenheit nach dem Takt Punkt 2 auf der Skala der Ausbildung – ganz so, als wäre sie leicht zu erreichen. Oft wird sie aber eigentlich gar nicht erreicht – etwa weil sehr viele Pferde aus körperlichen Gründen nicht reell reitbar sind, weil sie in ihrer Haltungsform Stress erleben, der Reiter für das Pferd zu schwer ist oder weil es an Wissen und reiterlichem Können fehlt. Und so versucht man oft, sie von außen »nachzustellen«: Das ruhige Maul wird durch zu enge Nasenriemen erreicht oder die sich beim losgelassenen Pferd natürlich ergebende Kopfposition wird herbeimanipuliert. Bei genauem Hinsehen wird aber klar, wenn ein Pferd nicht reell losgelassen ist, weil es immer Zeichen von Losgelassenheit gibt, die es nicht zeigt.

Hilfe, mein Pferd ist unzufrieden!

Was tun wir nun aber, wenn unser Pferd mit dem Schweif schlägt, doch gegen das Gebiss geht oder »die Giraffe macht«, sobald ein Radfahrer vorbeifährt?

Zunächst: Als Status quo annehmen. Das Pferd ist JETZT aktuell nicht losgelassen. Es ist sehr wichtig, das wahrzunehmen, aber kein Grund zur Panik. Zwei oder drei Ethogrammpunkte beobachtet man auch bei gesunden Pferden und kein Pferd ist 45 Minuten am Stück permanent losgelassen. Vielleicht ist es gestresst von einem Außenreiz (Fahrradfahrer), wird gerade von einer Bremse genervt (Schweifschlagen) oder wir standen in der ganzen Parade wider besseres Wissen doch im Bügel und haben am Zügel gezogen, sodass es völlig normal ist, wenn das Pferd dagegen geht. Letztlich sagt uns nicht losgelassenes Gehen immer nur, dass es aktuell einen Störfaktor gibt.

Potenzielle Störfaktoren gibt es viele:

- Schmerzen am Bewegungsapparat oder viszerale Schmerzen
- mentaler Stress (Pferd versteht Hilfengebung nicht, erwartet Strafe, klebt an einem Stallkollegen, der gerade ausgeritten wird, permanenter Stress in der Haltung usw.)
- gravierende Sitzfehler des Reiters
- Aufgabe entspricht nicht dem Ausbildungsstand/kratzt an Leistungsgrenze
- für das Pferd unverständliche, ungenaue Hilfengebung
- in Relation zum Pferd zu hohes Reitergewicht
- Stress durch Außenreize (Insekten, Regen, ungewohnte optische oder akustische Reize, die das Pferd verunsichern)
- unpassendes Equipment

Ob man selbst der aktuelle Störfaktor ist, lässt sich ziemlich schnell herausfinden – vielleicht ist es unsere Tagesform oder der aktuelle emotionale Zustand. Dann sollte das Pferd sich ja an einem anderen Tag loslassen können. Ist das nicht so, könnte man sich als Reiter als Störfaktor ausschließen, indem man einen anderen, idealerweise sehr guten Reiter bittet, das Pferd zu reiten. Läuft es mit dem »Fremdreiter« losgelassener, empfehlen sich ein gutes Sitzschulungsprogramm und Reitunterricht. Wir sind hier absolut überzeugt vom Masterkey-Programm, weil es leicht anzuwenden ist, ganz schnell zu Fortschritten führt und eine tolle Selbstüberprüfung für jedes Niveau ist.

Läuft das Pferd unter keinem Reiter (auch nicht unter dem Trainer) losgelassen, ist von körperlichen Themen oder einem Equipmentproblem auszugehen. Letzteres ist auch schnell überprüft: Pferde mit unpassendem Sattel laufen mit Sattelpad oder einem anderen, passenden Sattel sofort wesentlich besser. Ist das nicht der Fall, ist umfassende tierärztliche Diagnostik definitiv sinnvoll.

Oft ist es auch so, dass die Losgelassenheit immer erst dann verloren geht, wenn der Reiter »mehr will« – ob nun Seitengänge, Fliegende Wechsel oder Passage. Hier ist es sehr sinnvoll zu schauen, inwiefern die Aufgabe dem Ausbildungsstand des Pferdes beziehungsweise dem des Reiters entspricht und welche Fähigkeiten noch nötig sind, um dasselbe Niveau losgelassener zu bewältigen.

Bei manchen Pferden (aber auch bei manchen Reitern) gibt es einfach Leistungsgrenzen, die man nicht in jedem Fall verschieben kann: Vielleicht kann ein Pferd prima L-Dressuren laufen und sogar gewinnen, die fliegenden Galoppwechsel für die nächsthöhere Klasse M klappen aber nie stressfrei, weil das Pferd ein ganz dezentes Knieproblem hat, das bei Übungen der Klasse L nicht weiter stört, bei fliegenden Wechseln aber getriggert wird.

Oder ein anderes Pferd fliegt freudig über A-Sprünge, wird auf L-Höhe aber plötzlich hektisch und verweigert zunehmend, weil der Fesselträger vorn links bei einem Unfall in der Aufzucht einen unbemerkten kleinen Schaden genommen hat und höhere Sprünge einfach nicht aushält.

Anders betrachtet kann ein Reiter vielleicht toll im leichten Sitz reiten und leichttraben, aufgrund eines Rückenproblems aber ehrlicherweise den Trab seines Hannoveraners nicht gut aussitzen – klar, dass beide dann im ausgesessenen Trab nicht unbedingt losgelassene Flow-Erlebnisse haben.

Gut reiten kann man auf jedem Niveau!

Wir möchten auch nicht unerwähnt lassen, dass viele Reiter eigentlich am liebsten »losgelassen auf E-Niveau« oder nur ins Gelände reiten würden, aber von außen gesagt bekommen, dass ihr Pferd ohne Seitengänge und Versammlung kaputtgehe. Wie wir in diesem Kapitel gesehen haben, stimmt das so nicht. Im Gegenteil: Wenn Reiter mit Stress und unsystematischer Reitausbildung versuchen, Traversalen und Piaffen zu reiten, wo sie an Schenkelweichen oder Trabvolten scheitern würden, tun sie dem Pferd damit keinen Gefallen.

Losgelassenes Reiten auf E-Niveau würden die meisten Pferde sicherlich angespanntem Reiten auf vermeintlichem S-Niveau jederzeit vorziehen. Ein guter Reiter in den Augen eines Pferdes können Sie auch sein, wenn Sie es auf niedrigem Niveau ohne spektakuläre Lektionen, dafür aber partnerschaftlich und losgelassen reiten, denn das hält Pferde gesünder und gerader als falsch verstandener Ehrgeiz.
Das heißt nun nicht, dass jede Ambition verschwinden soll – aber alles zu seiner Zeit. Gute Vorbereitung und viel Zeit in der entspannten Basisarbeit sind der Schlüssel für jeden Fortschritt.

»You will know your path by the fun of it.«
(Esther Hicks)

Dieses Zitat bringt es auf den Punkt:
Macht Reiten Ihnen keine Freude, macht es Ihrem Pferd sehr wahrscheinlich auch keine Freude. Und wenn es keine Freude macht, ist es höchste Zeit, etwas zu ändern!

Reset

Mir (Claudia) persönlich halfen in solchen Phasen, in denen das Reiten irgendwie wenig Freude gemacht hat, immer eine oder mehrere Reset-Einheiten, in denen ich nur geritten bin, was mein Pferd sicher stressfrei macht und was mich selbst zu einhundert Prozent nicht aufregt. Ich habe also gar nicht mehr »das Problem« bearbeitet, sondern mich zu Spaß verpflichtet: Was meinen Lusitano Noé betrifft, ist es das Halsringreiten, was Vince betrifft das Reiten ohne Bügel und allerhand Sitzübungen, die mich möglichst zum Lachen bringen (im Damensitz reiten, bäuchlings aufs Pferd legen und so weiter). Vince entspannt sofort, wenn ich auf ihm herumturne, Noé entspannt sofort, wenn ich wirklich komplett über den Sitz reiten muss.

Und wenn wir alle entspannt sind, platzen plötzlich hundert Knoten auf einmal! Funktionierte für mich jedes Mal – erst muss der Frust weg, dann kommt die Lösung.

Für viele unserer Schüler kamen die Aha-Erlebnisse mit den Masterkey-Übungen oder mit buntem Kringeln durch Stangen wie beim Stangenflow – für andere war es die erleichternde Erkenntnis, dass das Pferd eigentlich subtil lahmt und aktuell für eine Weile gar nicht geritten werden sollte, sondern Quality Time mit uns am Boden verbringen darf.

Zwanglosigkeit – die fast vergessene kleine Schwester der Losgelassenheit

Der Losgelassenheit liegt immer die Zwanglosigkeit zugrunde. Das Pferd bewegt sich dann zwanglos unter dem Reiter, wenn es auch mit hingegebenem Zügel so ökonomisch-relaxt läuft, als wäre es gerade gemütlich auf der Weide unterwegs. Es ist ehrlich reell entspannt. Der Zustand der Zwanglosigkeit ist immer die Voraussetzung dafür, Losgelassenheit zu erreichen. Und sie benötigt vor allem eins: Zeit.

Zwanglosigkeit lässt sich nicht mit noch so viel Geschick erzwingen oder »erarbeiten«. Sie ist eine Frage des Vertrauens des Pferdes in den Reiter (und des Reiters in das Pferd) und in die Umgebung. Nur ein Pferd, das sich sicher fühlt und keinen Stress hat, ist zwanglos.

Leider werden zwanglos unter dem Reiter oder an der Longe gehende Pferde oft als »auseinandergefallen« bezeichnet oder es wird als »herumlatschen« bezeichnet, wenn ein Pferd mit eher tiefem Hals ökonomisch und entspannt läuft – dabei wird vergessen, dass Zwanglosigkeit nicht das Endziel ist, aber der unumgängliche Anfang!

Die Angst davor, keinen »Spannungsbogen« zu erzeugen oder den Weg zur Versammlung für immer zu versperren, ist irrational groß. Keinem Pferd schadet zwangloses Gehen, ganz im Gegenteil. Stressfreies Laufen ist zwar auch kein intensives Training, letztlich wirkt es aber (siehe Kapitel zur Lateralität) sogar geraderichtend, sorgt dafür, dass das Pferd sich nicht gegen den Reiter festhält und verspannt und ist praktizierte psychische Ausgeglichenheit –

Gehen im Parasympathikus eben, vergleichbar mit einem netten Schlendern durch den Stadtpark. Ist die Zwanglosigkeit – und zwar idealerweise in allen Gangarten – jederzeit wieder herzustellen (etwa wenn man die Zügel hingibt) – ist ehrliche Losgelassenheit, ehrliches Gehen über den Rücken eben Reiten wie es Pferde lieben möglich!

Oft werden Jungpferde schon mit kurzen Zügeln in übereiltem Tempo angeritten und dann »runtergefummelt«, ohne dass sie je lernen durften, mit langem Hals stressfrei unter dem Reiter zu laufen. Ist Reiten aber nur Stress und Schwerstarbeit, kann das Pferd es nicht lieben lernen.

Junge Pferde brauchen je nach Typ möglicherweise zwei, fünf oder auch dreißig entspannte Einheiten in der neuen Halle, um ehrlich zwanglos darin herumzuschlendern. Lasse ich ein Pferd in der Halle vom Strick und es wiehert und regt sich auf und läuft ruhelos herum, brauche ich nicht damit zu rechnen, dass es im Training zwanglos oder gar losgelassen sein wird. Vielen Pferden tut es gut, wenn der Mensch dann einfach so lange Zeit mit ihnen verbringt, sie lediglich krault oder sogar ihr Kraftfutter am späteren Arbeitsort fressen lässt, bis sie wirklich absolut entspannen können.

Dasselbe gilt fürs Gelände: Wir würden niemals mit einem Pferd ausreiten, das nicht zwanglos mit uns spazieren geht! Dann braucht es eben zig Spaziergänge oder Ausflüge als Handpferd mit einem souveränen, entspannten Menschen und gern einem ruhigen Begleitpferd, bis das für das Pferd kein stressiges Event mehr ist. Das heißt nicht, dass das Pferd nie eine flotte Vielseitigkeits-Geländestrecke absolvieren soll und nur noch zwanglos gehen darf.

Es ist nur die Frage:
Wäre es möglich, die Zügel hinzugeben? Würde mein Pferd sich entspannen? Oder ginge es vielmehr ab durch die Mitte? Ist es NICHT möglich, manage ich gerade mithilfe von reiterlicher Technik mehr oder weniger geschickt den Stress des Pferdes. Ist das der Dauerzustand, sollte es unbedingt das oberste Ziel sein, Zwanglosigkeit zu erreichen – denn Stress macht schief und auf Dauer krank.

Ist das Pferd meist sofort zwanglos, wenn ich den Zügel hingebe außer in manchen Situationen, ist das völlig normal. Vielleicht hat das Pferd Angst auf dem Turnier oder vor dem Traktor auf dem Feld nebenan und es ist wirklich nötig, es kurz mit den Reiterhilfen vermehrt »einzurahmen«, um niemanden zu gefährden. Temporär eine stressige Situation zu erleben, gehört zum Leben dazu. Schlecht ist nur, wenn der Stress anhält oder gar immer vorhanden ist, sobald jemand im Sattel sitzt oder sobald man trabt oder galoppiert. Ist das Pferd grundsätzlich zwanglos, kann man selbstständig auch die Zügel aufnehmen und zum Beispiel Dressurlektionen reiten – idealerweise kaut das Pferd dann in den Pausen mit der Nase vor der Senkrechten die Zügel aus der Hand und nimmt die Pausen als Pausen wahr.

Wichtig: Ein zwangloses Pferd erfordert einen zwanglosen Reiter, der sich jederzeit auf seinen Sitz verlassen kann. Habe ich berechtigte Angst, dass ich herunterfalle, wenn das Pferd mal einen unkontrollierten Tritt macht, werde ich die Zügel ungern hingeben oder zumindest ein komisches Gefühl haben, was mein Pferd natürlich sofort registriert. Hier sind Sitzübungen, die Sicherheit geben und wichtige propriozeptive Kompetenzen des Reiters schulen, Gold wert!

Ein sicherer Reiter kann auch bei einem anfangs etwas aufgeregteren Pferd in der leeren Reithalle im Trab die Zügel hingeben und einfach einige Minuten im leichten Sitz oder je nach Pferd mit wechselnden Sitzformen traben, bis das Pferd die Erfahrung macht, dass es nicht im Maul gezogen wird und der Reiter es einfach geschmeidig in seiner Bewegung begleitet. Je nach Pferdetyp wird es bald ausprobieren, den Hals sinken zu lassen und zu fragen, ob es nicht auch zum Schritt durchparieren könnte – das ist der Moment, in dem der Reiter zum Treiben kommen könnte und dazu führen wird, dass das Pferd immer früher zwanglos traben kann. Meist dauert diese Prozedur keine zehn Minuten und kann ein Pferdeleben und das gesamte Reiterlebnis für beide komplett verändern. Vom zwanglosen Traben ausgehend lässt das Pferd sich dann sehr bald viel williger zunächst für kurze Sequenzen aufnehmen, die Tritte verlängern, sich biegen und so weiter.

»You will know your path by the fun of it.« – Der Weg stimmt, wenn Reiter und Pferd Freude haben.

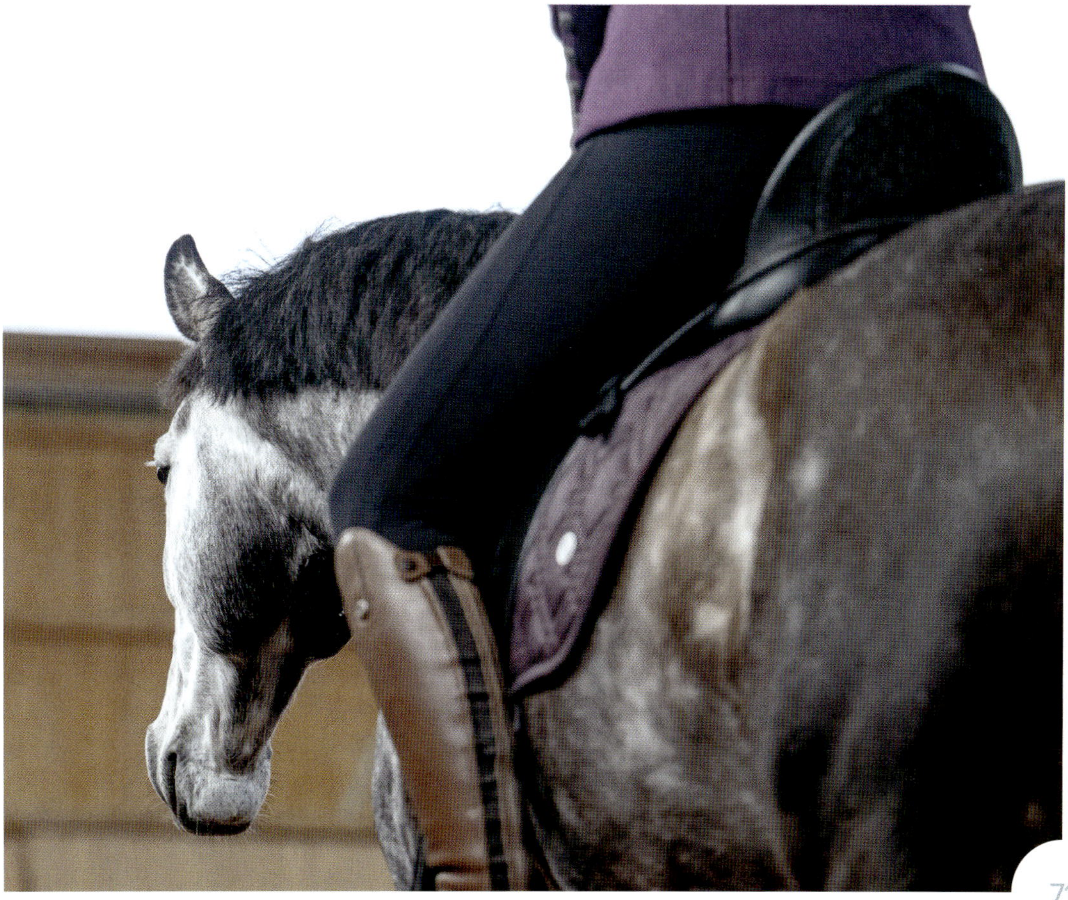

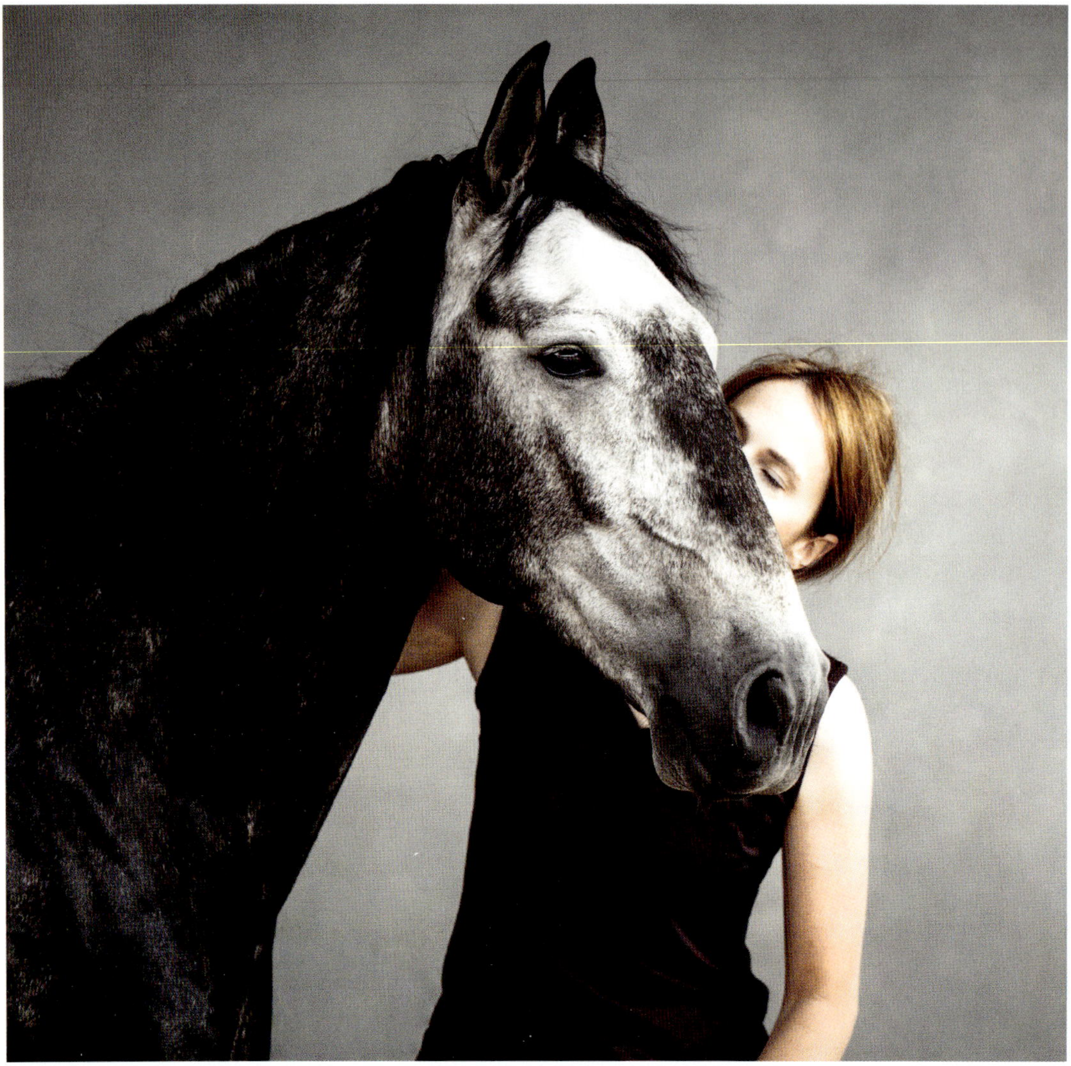

Vernunft versus Intuition? Tatsächlich ist die Intuition oft viel klüger als wir glauben.

5. Kann man das Pferd fragen?

Vom Tierautomaten zum emotional intelligenten Partner

»Und bist du nicht willig, so brauch ich Gewalt.« – die Zeile aus Goethes »Erlkönig« findet nicht nur auf Turnierplätzen Anwendung.
Ob im Kinderreitunterricht, beim Wanderritt oder beim Führen auf die Koppel – es ist noch immer gang und gäbe, dass Menschen meinen, Pferde durch Schreie, Schläge und grobe Einwirkung zu etwas zwingen zu müssen, was sie nicht verstehen, nicht wollen oder nicht können.

Warum ist das so?

Einer von vielen möglichen Erklärungsansätzen ist, dass Pferden – bewusst oder unbewusst – Emotionen noch immer abgesprochen werden. Sie schreien oder jaulen nicht, wenn sie Schmerzen haben und sie schnurren auch nicht, wenn sie sich wohlfühlen. Außerdem gingen viele Menschen, auch Wissenschaftler, noch vor einigen Jahren davon aus, dass Tiere keine Gefühle haben oder zumindest keine Emotionen wie Angst oder Freude empfinden. Dies zu glauben, wurde für vermenschlichend gehalten.

Etwas vor der Zeit des bis heute berühmten Reitmeisters De La Gueriniére (1688–1751) verbreitete sich die »Tierethik« des berühmten Philosophen René Descartes (1596–1650) in den Köpfen. Descartes proklamierte, dass Tiere instinktgesteuerte Automaten ohne eigenes Gefühlsleben und ohne Seele sind. Auch was Menschen betrifft, hielt er nicht viel von Gefühlen. Geist und Körper trennte er scharf und »auf den Körper zu hören«, was wir im 21. Jahrhundert alle wieder mühsam zu lernen versuchen, hätte er sicher als große Schwäche verlacht.

Ein Blick auf die Lehrpläne der heutigen Schüler zeigt, dass diese Gedanken noch sehr präsent sind: »Vernunft« und Verstand stehen weit im Vordergrund. Gefühlt wird sich bitte zu Hause, allzu viel Emotion wird als störend erlebt und uns häufig aberzogen.
Kein Wunder, dass viele Menschen keinen guten Zugang zu ihren eigenen Gefühlen haben – Empathie ist aber davon abhängig, dass wir eine Idee davon haben, wie der andere, also zum Beispiel das Pferd, sich fühlt. Und das wissen wir nur, wenn wir uns selbst erlauben, diese Gefühle zu fühlen.

Heute weiß man übrigens, dass Gefühle und Vernunft sich nicht gegenseitig ausschließen, sondern dass unsere »Vernunft« sogar von unserer Fähigkeit abhängt, Gefühle zu empfinden.

Menschen, die aufgrund von Hirnverletzungen keine Gefühle empfinden können, treffen, obwohl »die Ratio« noch hervorragend funktioniert, die messbare Intelligenz völlig normal ist und die Argumente absolut schlüssig sind, völlig sinnbefreite Entscheidungen, die sie zum Beispiel beruflich ruinieren. Interessant hierzu ist die Forschung von Antonio Damasio (Universität Iowa) und unterhaltsam beschrieben wird es vom Wissenschaftsjournalisten Bas Kast in seinem Buch »*Wie der Bauch dem Kopf beim Denken hilft*«.
Vernunft und Emotion hängen zusammen – auch und gerade in der Arbeit mit Tieren gehört emotionslose Automatendressur hoffentlich tief in die Schubladen längst überholter Philosophien.

Pferde fühlen!

Es war Ihnen natürlich nicht neu, aber wir sagen es trotzdem noch mal deutlich: Natürlich empfinden Tiere Emotionen. Was Pferde betrifft, ist sogar eine ziemliche Bandbreite an Empfindungen bekannt und erforscht. Pferdemimik ist für ungeübte Menschen allerdings nicht so leicht zu entschlüsseln. Dazu kommt, dass so viele Bilder offensichtlich gestresster oder unter Schmerzen leidender Pferde als »gut« verbreitet werden, dass Reitern die Interpretation sogar noch schwerer fallen kann als Laien. Werfen wir an dieser Stelle einen wissenschaftlichen Blick auf Emotionen, Mimik und soziale Kompetenz der Pferde.

Ein paar spannende wissenschaftliche Fakten vorab, die zeigen, wie faszinierend klug und empathisch Pferde eigentlich sind – und dass man hier und da durchaus Fähigkeiten entdeckt hat, die wir für allein »menschlich« gehalten haben:

- Pferde erkennen ihre Artgenossen persönlich (Tylor 1972) und sie erkennen sich selbst im Spiegel (Baragli et al. 2021). Sie haben quasi ein »Ich-Bewusstsein«.
- Besonders Stuten zeigen Zeichen von Eifersucht, indem sie zum Beispiel das Fellkraulen einer ihnen verbundenen Stute mit einer anderen Stute unterbrechen (Schneider und Krueger 2012)
- Pferde lassen sich von Emotionen anderer Pferde »anstecken«. In einer Studie von Trösch 2020 wurden Pferden Videosequenzen von Pferden in positiven oder negativen Interaktionen mit Menschen gezeigt. Beobachteten die Pferde in der Studie Pferde, die geputzt wurden und ein Putzgesicht machten, sank ihre Herzfrequenz und sie zeigten ebenfalls ein Putzgesicht. Sahen sie Szenen eines angsterfüllten Pferdes beim Tierarzt, empfanden sie ebenfalls Angst (Herzfrequenz steigt, Mimik ändert sich). Pferde sind demzufolge empathisch mit Artgenossen.
- Auch die menschlichen Emotionen können Pferde gut erkennen (Nakamura et al. 2018, Smith et al. 2016). Sie wenden Bildern aggressiver Menschen das linke Auge zu (was dann in die rechte Hirnhälfte gelangt, die starke Emotionen verarbeitet, siehe LATERALITÄT) und sind verunsichert, wenn die Stimme nicht zur Mimik des Menschen passt (Nakamura).
- Pferdemimik ist sehr fein und sehr reichhaltig. Sie zeigen sogenannte micro impressions (Tomberg et al. 2023), kurze Mimik-Impressionen von unter 500 Millisekunden, die man bisher nur bei Menschen beobachtet hat.
- Manche Pferde leiden, wie Menschen auch, unter Depressionen. (Carole Fureix et al. 2016). Depressive Pferde zeigen sich teilnahmslos, uninteressiert und zurückgezogen – aber sie reagieren auf ungewohnte Reize auch weniger gelassen als normale Pferde. Ein ruhiges Pferd, das »plötzlich austickt«, kann ein depressives Pferd sein.
- Jardat et al. 2023 fanden heraus, dass Pferde Trauer und Freude beim Menschen feststellen können – was zeigt, dass Pferde diese Emotionen von sich selbst kennen.
- Pferde haben kein Lampenfieber: Beim Auftritt vor Publikum stiegen zwar die Herzfrequenz und der Kortisolspiegel des Reiters, aber nicht der des Pferdes. (Becker-Birk et al., 2012)

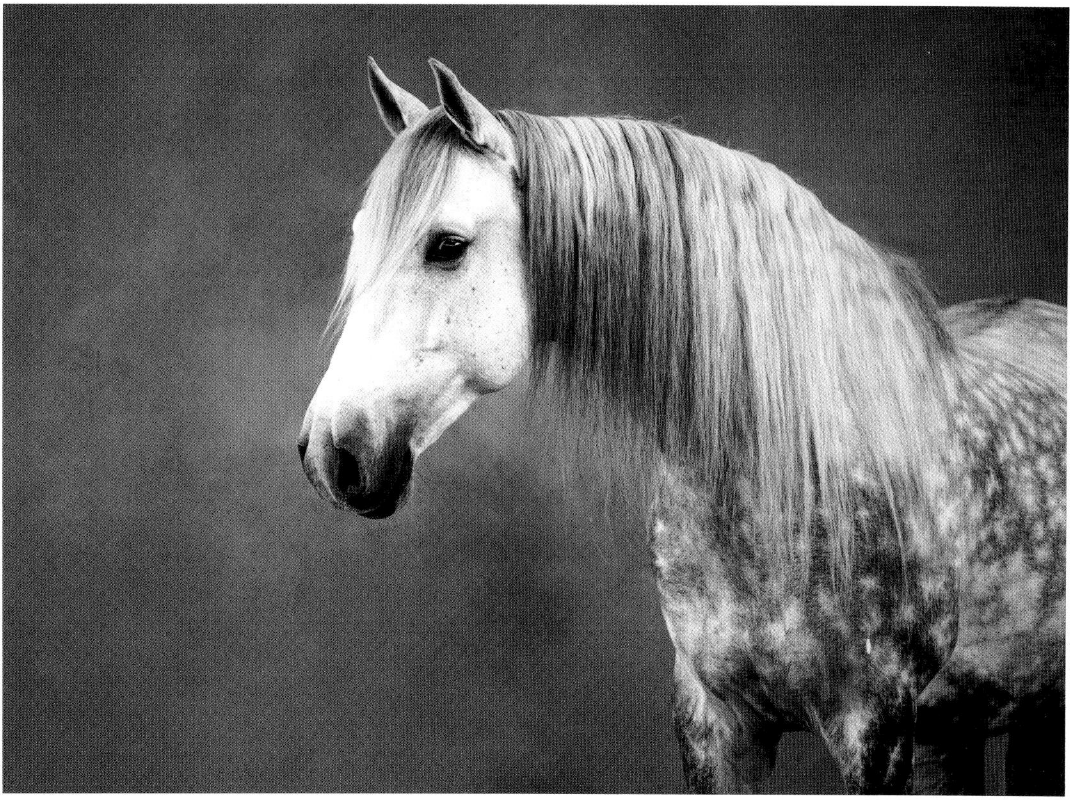

Hércules schaut aufmerksam, aber leicht skeptisch mit einer gewissen Aufregung in die Kamera.

- Pferde erkennen Menschen wieder (Sankey 2010), bleiben Menschen, mit denen sie in der Vergangenheit positive Begegnungen hatten, auch später loyal, erinnern sich an Menschen auch nach langen Trennungen und verstehen Sprachbefehle besser als erwartet. Laut Sankey erkennen sie Wörter sogar besser als Hunde.

Wie fühlst du dich?

Pferde haben also nicht nur selbst ein breites Gefühlsspektrum, sie sind auch sehr empathisch. Pferde wissen genau, wie wir uns fühlen. Es ist an uns, ihre Emotionen mindestens so gut lesen und interpretieren zu lernen wie sie unsere!

Interessanterweise fällt es Laien oft leichter, Verhalten und Mimik von Pferden zu deuten als langjährigen Reitern. Ich kenne keine Studie dazu, aber beobachte dieses Phänomen häufiger. Jüngstes Beispiel: Ich (Claudia) zeigte zwei Kindern unter zehn Jahren zwei Pferdeporträts gerittener Pferde, die auf Social Media von verschiedenen Menschen gepostet worden waren. Auf dem einen sah man ein intensives Starren, ein aufgerissenes Maul, nach hinten gelegte Ohren und deutlich zusammengezogene Nüstern (mögliche Zeichen für Schmerzen und Unwohlsein). Auf dem anderen ein Pferd mit den Ohren vorn, einer entspannten Maulpartie und einem offenen, ruhigen Auge. Die Kinder waren sich sofort einig, welches Pferd in diesem Moment glücklich war und welches nicht und sie lagen absolut richtig. Mehr Likes bekommen hatte das gestresste Pferd und einige Kommentatoren lobten den »Ausdruck«. Wie kann das sein?

Wer viel in einer Reitsport- und Dressurszene unterwegs ist, in der »viel Ausdruck«, also viel Spannung, mit guten Noten oder Anerkennung belohnt wird, empfindet logischerweise irgendwann Bilder als gut, die eigentlich Schmerzmimik zeigen. Was unsere »Wahrheit« ist, hängt immer davon ab, was wir denken. Und das ist stark vom Ideal und der Meinung unseres Umfeldes abhängig. Was wir ästhetisch finden, ist oft kulturell bedingt. Glauben Sie nicht? Dann googeln Sie mal »Schönheitsideale« vergangener Jahrhunderte oder an verschiedenen Orten der Welt. Vom Magerwahn in der westlichen Welt bis hin zu seltsamem Kult um verkrüppelte Füße in China oder künstlich durch Metallreifen lang gedrückte Hälse in Südostasien findet man da eine ganze Menge Dinge, die sicherlich mit gesundheitlichen Problemen der »Schönheiten« einhergehen. Das beweist nur eins: Unser ästhetisches Empfinden kann definitiv ungesund für das betrachtete Objekt sein und ist kein verlässliches Barometer ...

Wie aber können wir das Pferd »fragen«, wie es ihm tatsächlich geht? Zum Glück liefert die Wissenschaft uns gute Anhaltspunkte.

Schmerzen

Es ist nicht nur im Pferdesport so, dass Stress und Schmerz eines anderen Lebewesens als »schön« gelten. Über Geschmack lässt sich sicher nicht streiten, über Tierschutz allerdings schon. Da es nicht erlaubt ist, Pferden »ohne vernünftigen Grund« Schmerzen, Leid oder Schaden zuzufügen und das sicherlich unseren Lesern aus moralischen Gründen ohnehin fern liegt, sollte man Schmerzen treffsicher erkennen können. Eine gut erforschte Leitlinie bei gerittenen Pferden stellt hier das Ethogramm von Dr. Sue Dyson dar (Kapitel 2). Zur Wiederholung: Treten acht oder mehr der von Sue Dyson beschriebenen Verhaltensweisen auf, ist von Schmerzen beim Gerittenwerden auszugehen.

Zum Erkennen von Schmerzen anhand der Mimik liefert zum Beispiel die Horse Grimace Scale gute Anhaltspunkte. Eine Forschungsgruppe um Dr. Michela Minero hat 2014 bei frisch kastrierten, also unter akuten Schmerzen leidenden Wallachen ein Beurteilungssystem erstellt, das einzelne Gesichtsbereiche beurteilt. Bei jedem der sechs Parameter wird zwischen nicht gezeigt (0 Punkte), moderat gezeigt (1 Punkt) und ausgeprägt gezeigt (2 Punkte) unterschieden und die Punktzahl (höchstens 12) eingetragen. So erhält man eine Idee von der Schmerzstärke. Wer es gern übertreibt und zur Überbesorgtheit neigt: Nicht jedes geschlossene Auge oder zurückgelegte Ohr ist ein Schmerzzeichen!

Ein Gesamtscore von 1 oder 2 kann auch bei schmerzfreien Pferden auftreten und muss noch nicht auf leichte Schmerzen hindeuten. Je höher der Score, desto größer ist aber (wahrscheinlich) der Schmerz – was natürlich auch immens wichtig ist, um akute gesundheitliche Probleme wie eine Kolik möglichst früh zu erkennen.

Am meisten Sinn macht der HGS, wenn man die Zeichen am Pferd tatsächlich live beobachtet. Fotos allein können trügerisch sein.

Horse Grimace Scale (HGS) Die sechs Parameter: ➔

A: Nicht gezeigt = 0 Punkte | **B**: Moderat gezeigt = 1 Punkt | **C**: Ausgeprägt gezeigt = 2 Punkte

1. Ohren steif nach hinten gehalten

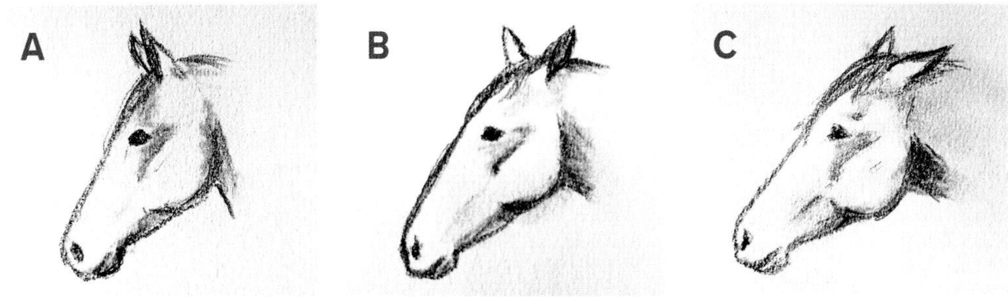

2. Verengung des Auges

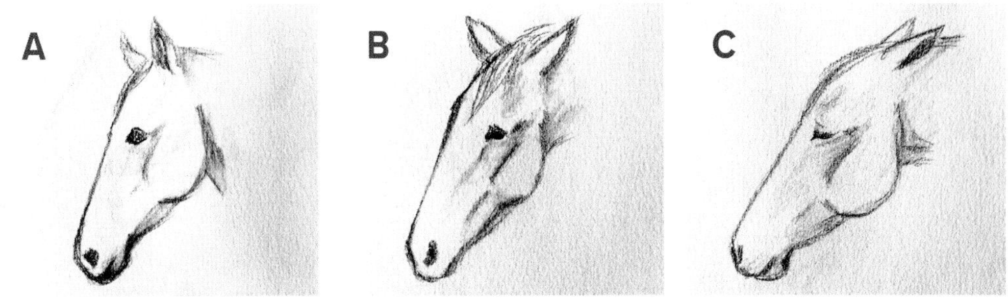

3. Anspannung der Region über den Augen

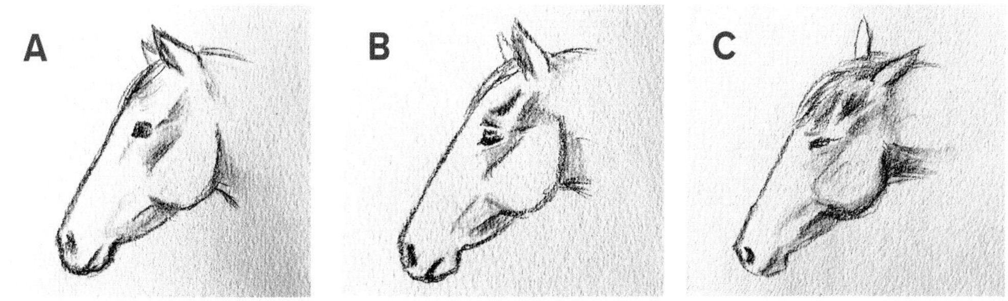

4. Prominent hervortretende, angespannte Kaumuskeln

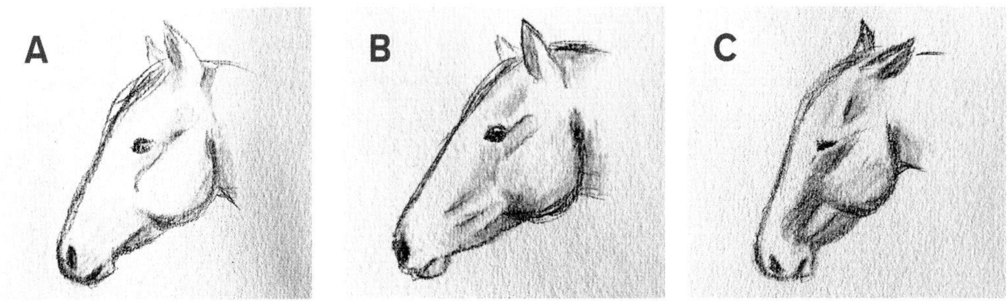

5. Verflachung des Profils der Nase und angespannte Nüstern

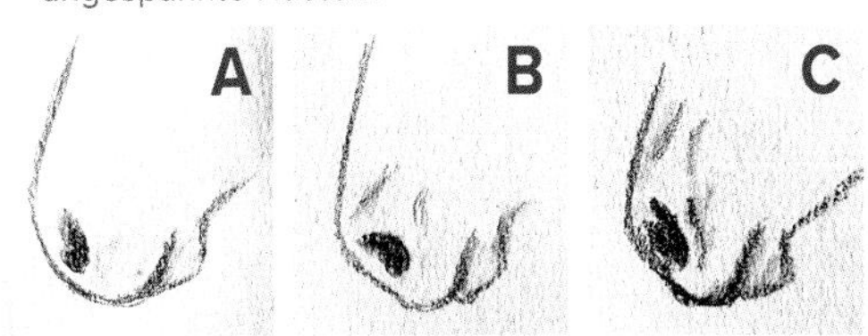

6. Festgehaltenes Maul und angespanntes, deutlich sichtbares Kinn

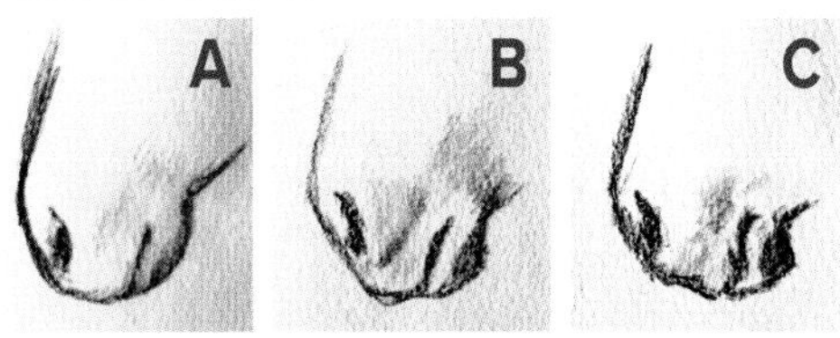

Frustration und Enttäuschung

Frustrierte Pferde zeigen folgende Mimik: Sie verwerfen sich nach links, man sieht das Augenweiß und häufig macht ein frustriertes Pferd eine Kopfbewegung in die Richtung des Frustauslösers – im Experiment war das ein leerer Futterautomat. Untersucht wurde dieses Verhalten von Claire Ricci-Bonot und Daniel Simon Mills, die Arbeit erschien 2023.

Zur Fütterungszeit kann man dieses Verhalten in vielen Ställen beobachten, wenn die Nachbarn früher ihren Hafer bekommen. Auch im Training, besonders in der (für das Pferd offenbar nicht so toll erarbeiteten) Freiheitsdressur oder in einem für das Pferd (noch) nicht durchschaubaren Training mit Futterlob, beobachtet man die »Frust-Mimik« häufiger.

Enttäuschung (zum Beispiel, wenn das erwartete Futter gar nicht in der Schüssel ist) erkennt man daran, dass Pferde die Nüstern hochziehen, oft in Kombination mit Lecken und Kauen und interessanterweise vor allem bei Stuten an einem häufigeren Blinzeln.

Depression

Depressive Pferde nehmen eine starre Haltung ein. Sie stehen minutenlang komplett unbeweglich bei horizontal nach vorn gestrecktem, unterhalb des Widerrists getragenem Hals. Die Augen sind offen, die Ohren werden nicht bewegt. Häufig stehen sie mit dem Gesicht zur Wand und blenden die Umgebung aus (vgl. die Forschungsarbeiten von Carole Fureix, Universität Rennes in Frankreich).

Bevor ein Pferd eine Depression entwickelt, hatte es oft über einen langen Zeitraum chronischen Stress und befindet sich in einem Zustand der erlernten Hilflosigkeit – jeder Antrieb, etwas an der eigenen Situation ändern zu können, wurde aufgegeben.

Augenfalten

Pferdebesitzer achten häufig sehr genau auf »Falten über dem Auge«. Aber was sagen die Mimikfältchen über dem Pferdeauge eigentlich wirklich aus? Aus wissenschaftlicher Sicht nicht so viel.

Es gibt einen einzigen statistisch relevanten Indikator, um auf den emotionalen Zustand eines Pferdes zu schließen – und das ist der Winkel zwischen der obersten Augenfalte und der Horizontalen durch den Augapfel: Dieser Winkel nahm in einer Studie von Sara Hintze et al. (erschienen im Journal PLoS ONE 2016) beim Putzen (= emotional positive Situation) ab, er wurde also kleiner. Bei der Fütterung des Nachbarpferdes (= emotional negative Situation) wurde der Winkel größer – das Pferd zog die oberste Augenfalte sozusagen höher. Die Anzahl oder Form der Falten war nicht relevant und individuell unterschiedlich.

Stress

Stresszeichen sind recht individuell und vom Pferdetyp abhängig. Ein extrovertierter Stresstyp reißt vielleicht die Augen auf und zeigt die Sklera, hebt den Schweif, schlägt mit dem Schweif, hebt den Kopf hoch, spannt sich an oder tänzelt auf der Stelle.

Dieses Verhalten ist oft bei Pferden mit höherem »Blutanteil« zu beobachten. Introvertierte Typen erstarren eher, werden langsamer, frieren in der Mimik eher ein. Bei vielen Ponys und Kaltblütern ist das so. Fälschlicherweise werden diese Pferdetypen als faul oder stur bezeichnet, weil sie nach außen hin weniger Drama machen als zum Beispiel ein Vollblutaraber. Misst man die Herzfrequenz, ist man dann oft ziemlich überrascht, wie hoch der Stresspegel eigentlich ist – und stresst man diese Pferde lange genug, können sie scheinbar »aus heiterem Himmel« extrem heftig reagieren.

Gemeinsam ist gestressten Pferden ein festgehaltener oder schlagender Schweif (im Gegensatz zum locker pendelnden Schweif), ein übermäßiges Anspannen der Muskulatur (im Gegensatz zum lockeren An- und Abspannen der Muskulatur eines losgelassen gehenden Pferdes), ein vermindertes Ohrenspiel und – mithilfe von Pulsgurten oder einem Finger leicht messbar – eine erhöhte Herzfrequenz.

Auch ein starkes Schwitzen oder Schäumen am Maul kann sich zeigen. In diesem Zusammenhang sei erwähnt, dass »Schaum vorm Maul« kein Zeichen guten Reitens ist, sondern lediglich von einer hohen Aktivität des Sympathikus, also des Teils des vegetativen Nervensystems, das für Stress und Leistung (Flucht, Kampf oder Erstarren) verantwortlich ist. Weiß-schaumiger Speichel ist immer Sympathikus-Speichel, weil dieser mehr Schleimstoff, sogenanntes Mucin, enthält.

Wie Pferde lächeln

Jetzt haben wir uns ziemlich viel mit den unangenehmen Dingen beschäftigt. Das liegt daran, dass es dazu sehr viel Forschung gibt.
Wir Menschen sind evolutionsbedingt Fehlersucher. Vor vielen Tausenden von Jahren war das ja auch extrem hilfreich. Wer den Fokus eher auf Sonnenschein und Gänseblümchen legte und das beunruhigend frisch niedergetretene Gras und den Geruch nach Säbelzahntiger ignorierte, wurde sehr wahrscheinlich gefressen ... Dass sich sehr viel Forschung mit Schmerzzeichen und Problemverhalten beim Pferd beschäftigt, ist deshalb sehr menschlich. Selbstverständlich ist es aber mindestens genauso wichtig zu wissen, wie ein Pferd aussieht, das sich wohlfühlt. Wissenschaftlich des Themas angenommen hat sich Dr. Léa Lansade vom INRAE 2018.

Ein »lächelndes« Pferd sieht man zum Beispiel, wenn man das Pferd an einer besonders tollen Stelle krault: Genießt das Pferd das Kraulen, hat es den Hals mäßig angehoben, die Augen halb geschlossen, die Oberlippen vorgestreckt und entweder unbeweglich oder zuckend, die Ohren nach hinten gerichtet waren, fast auf einer Linie mit der Nase. Moment. Zurückgerichtete Ohren und halb geschlossene Augen sind auch Schmerzzeichen auf dem HGS? Ja. Deshalb ist es so wichtig, den Gesamtkontext und das ganze Gesicht zu beachten. Die »Tapirnase« des Putzgesichts zeigt ein Pferd, das sich aktuell gut fühlt. Es wirkt tatsächlich wie ein »Lächeln«, das sehr anders aussieht als die angespannte Maulpartie beim Schmerzgesicht. Auch heben oder neigen Pferde mit Schmerzen den Hals eher nicht, Pferde mit »Putzgesicht« aber schon.

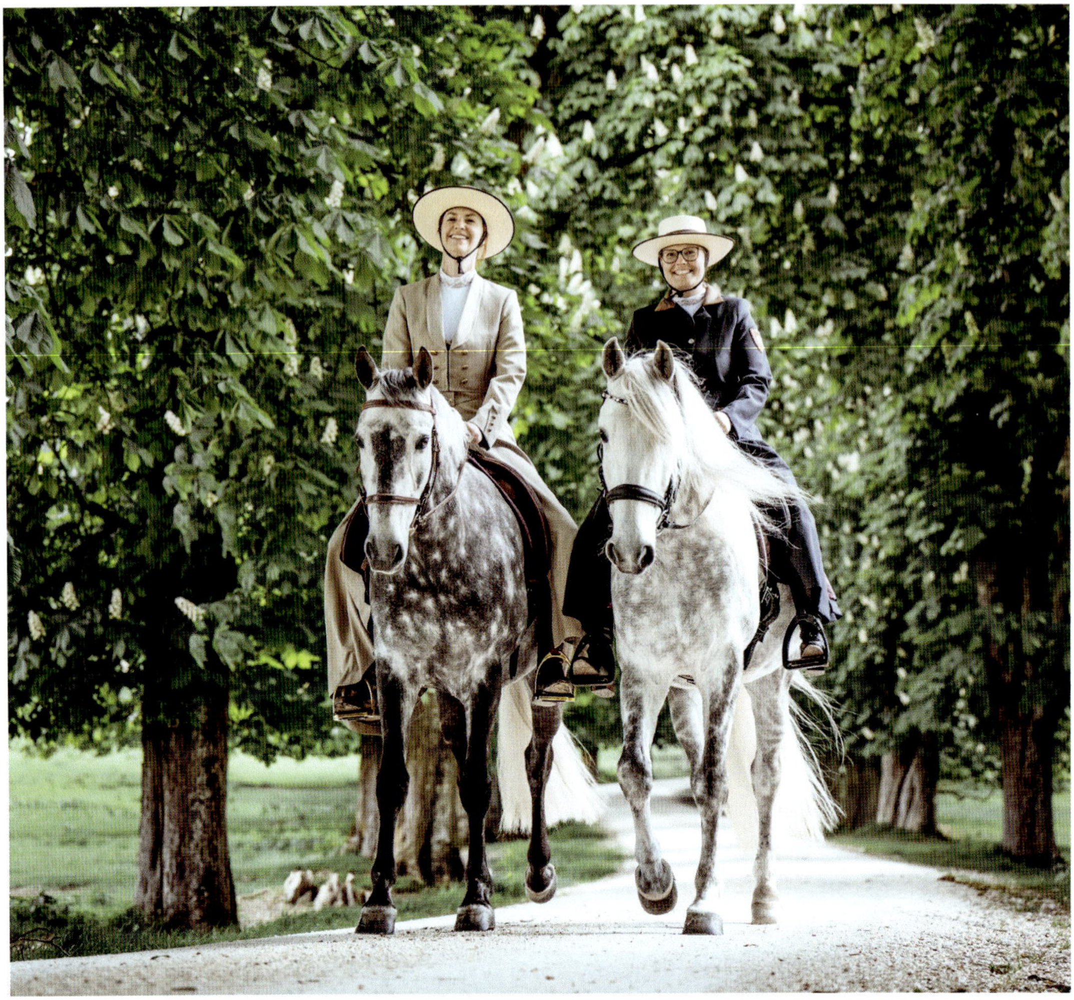

Die neueste Forschung zur Lateralität zeigt einen klaren Zusammenhang zwischen Geraderichtung und Entspannung.

Lateralität – nur ein fancy Wort für Schiefe?

Pferde müssen geradegerichtet werden, sonst gehen sie kaputt – das ist die vorherrschende Meinung, gerade unter besonders bemühten und verantwortungsbewussten Pferdebesitzern. Im Namen der Schiefe gehen Pferde dann je nach Konzept besonders oft bestimmte Seitengänge in der immer gleichen Biegungsrichtung oder werden rundenlang stark gebogen, um angeblich verkürzte Muskeln zu dehnen. Ganze Theorien und Konzepte ranken sich um die Therapie der mysteriösen natürlichen Schiefe.

Wie es immer ist, wenn Konzepte sich teilweise stark widersprechen: DIE Wahrheit wurde offensichtlich noch nicht gefunden.
Jeder hat ein bisschen recht, denn manches funktioniert bei manchen Pferden gut – bei anderen in keinster Weise. Nichts Genaues weiß man nicht.

Woran liegt das?

»Die Schiefe« ist viel komplexer als viele von uns bisher dachten. Es reicht nicht, »Schiefe« rein körperlich erfassen zu wollen. Das Bild des rechts hohlen und links steifen Pferdes, das man sich wie eine gekrümmte Banane vorstellen soll, ist nur ein Teil der Wahrheit und in vielen Fällen schlicht falsch.

Was stimmt stattdessen? Zunächst ist es wichtig zu verstehen, dass die von Reitern gefühlte und beobachtete Schiefe nicht nur die körperliche Asymmetrie des Pferdes beschreibt. Diese ist nur ein Teil der Wahrheit.
Es ist vollkommen richtig, dass kein Körper ganz symmetrisch ist. Diese Asymmetrie lässt sich allerdings nicht einfach so wegtrainieren, egal wie toll das Konzept ist: Die Fellwirbel drehen je nach Individuum in eine Richtung, ein Auge ist vielleicht leicht größer als das andere, das Herz befindet sich eher links, der Blinddarm, die riesige, rund 60 Kilo schwere, Gärkammer des Pferdedarms (äußerst wichtig für die Verdauung) befindet sich rechts und so weiter.

Für das Training tatsächlich interessant sind dagegen die sogenannte motorische und die sensorische Lateralität – aber anders, als viele Reiter bisher dachten. Sie sind viel mehr als Indikator für Stress geeignet als dafür, ob man genügend »geraderichtende« Lektionen geritten ist. Motorische Lateralität bedeutet, dass Pferde ihre Gliedmaßen unterschiedlich geschickt nutzen und sie Vorlieben für das rechte oder linke Vorderbein entwickeln. Was genutzt wird, wird kräftiger und letztlich mehr belastet – und gibt es hier starke Präferenzen, kann das natürlich durchaus zu Verschleiß und Problemen führen. Das präferierte Bein wird beim Weideschritt eher vorangestellt und beim Losgehen zuerst nach vorn bewegt. Ist die Vorliebe stark ausgeprägt, wird der Huf des vorangestellten Beins flacher, der des hinten stehenden Beins steiler – eine Erklärung für das High-Low-Syndrom, das Hufpfleger und Schmiede häufig feststellen. Um das treffsicher zu beobachten, gibt es genaue Anleitungen im sehr empfehlenswerten Buch »Lateralität bei Pferden« (Konstanze Krüger, Isabell Marr, Kate Farmer), das das Thema aus wissenschaftlicher Sicht beleuchtet.
Wirklich bahnbrechend finden wir die Erkenntnis, dass Stress dafür sorgt, dass Pferde eher motorisch linksseitiger werden, also das linke Bein etwa in der Weideschrittstellung bevorzugt nach vorn stellen Die linke Körperhälfte wird vorwiegend von der rechten Gehirnhälfte gesteuert, die vermehrt aktiv ist bei Stress.

Herausgefunden hat man das zum Beispiel bei der Beobachtung von Jungpferden, die im Prozess des Aufstallens und Anreitens binnen einer Woche motorisch linksseitiger wurden – und größtenteils blieben. Zusammengefasst könnte man sagen: Wir machen das Pferd DURCH das Training (beziehungsweise den damit verbundenen Stress durch Haltungsumstellung und Co.) zuerst schief, um es DANN wieder geraderichten zu wollen. Und je mehr Stress wir dem Pferd dabei machen (egal ob in der Haltung oder im Training selbst), desto schiefer wird es.

Auch die sensorische Lateralität ist ein Stressindikator, der sofort funktioniert und sich noch schneller ändert als die motorische Lateralität:

Was Pferde stresst, wird vermehrt mit dem linken Auge angeschaut. Junge Pferde möchten zum Beispiel häufig nicht so gern auf der rechten Hand longiert werden oder sich von rechts führen lassen, wenn sie den Menschen an sich noch schwierig einzuschätzen finden. Das Problem erledigt sich durch ruhige Arbeit von selbst, kann aber etwa in fremder Umgebung oder an für das Pferd stressigen Tagen (Umzug, Stress in der Herde, Wetterwechsel etc.) wieder umschwenken.

Das Thema Lateralität ist also hoch spannend! Die Quintessenz für uns ist, dass eine stressarme Haltung sowie Zwanglosigkeit und später Losgelassenheit in der Ausbildung extrem wichtig sind, denn ein grundsätzlich ENTSPANNTES Pferd ist immer »gerader« als ein (vielleicht sogar chronisch) gestresstes und verschleißt auf Dauer weniger. Ohne fancy Dressurlektionen, einfach so. Auch wird jeglicher Schmerz zu Stress und damit wieder zu vermehrter »Schiefe« führen. Ein gesundes Pferd ist also auch weniger schief als ein latent lahmes.
Es gibt nicht unbedingt einen Zusammenhang zwischen »geraderichtender Arbeit« und Lateralität. Bislang ist dazu wenig bekannt, aber möglicherweise ist das »gut gymnastizierte« Dressurpferd in 22-Stunden-Boxenhaltung viel schiefer als das Freizeitpferd, das »nur« fünfmal die Woche ausreiten geht.
Vielleicht ist aber auch das chronisch leicht lahme Freizeitpferd im zu kleinen Offenstall mit dem Besitzer, der jeden Tag ein neues Trainingskonzept ausprobiert, viel gestresster und somit schiefer als das Vielseitigkeitspferd in der Paddockbox mit zehn Stunden Weidegang und vielen Kilometern im Gelände.

Die Lateralität ist jedenfalls ein Indikator, der nichts schönredet. Ein Pferd, das motorisch und sensorisch immer linksseitiger wird, hat offenbar aus irgendwelchen Gründen Stress – und hier hilft Ursachenforschung erst mal mehr als jedes Training. »Geraderichtend« wirkt hier ein genauer Blick auf die Haltung und »Druck rausnehmen« im Training. Vielleicht braucht das Pferd aktuell eher Spaziergänge, Ausritte oder empathische Freiarbeit statt mehr Seitengänge? Oder es freut sich über mehr Abwechslung statt »noch weniger« zu tun? Alles ist möglich, fragen Sie Ihr Pferd!

Das Pferd fragen via Tierkommunikation?

»Könnte ich ihn doch fragen, was ihm wehtut!« Welcher Pferdebesitzer hat sich nicht schon ab und an gewünscht, mit seinem Pferd reden zu können wie mit der besten Freundin? Einige Menschen bieten genau das an: Mit dem Pferd via Tierkommunikation Gespräche zu führen. Was vor einigen Jahren noch als absolute Spinnerei abgetan wurde und tief in die nach Patchouli riechende Esoterik-Schublade geschoben wurde, ist in der Mitte der Pferdewelt angekommen: Es gibt in großen Fachverlagen sich sehr gut verkaufende Bücher über Tierkommunikation (von Catherin Seib beispielsweise), Seminare werden angeboten und es wird in vielen Kreisen immer normaler, das Pferd tatsächlich zu fragen.

Moment mal. Erst schreiben wir ewig über Wissenschaft und jetzt plötzlich über Tierkommunikation? Ja, denn das Thema ist brandheiß

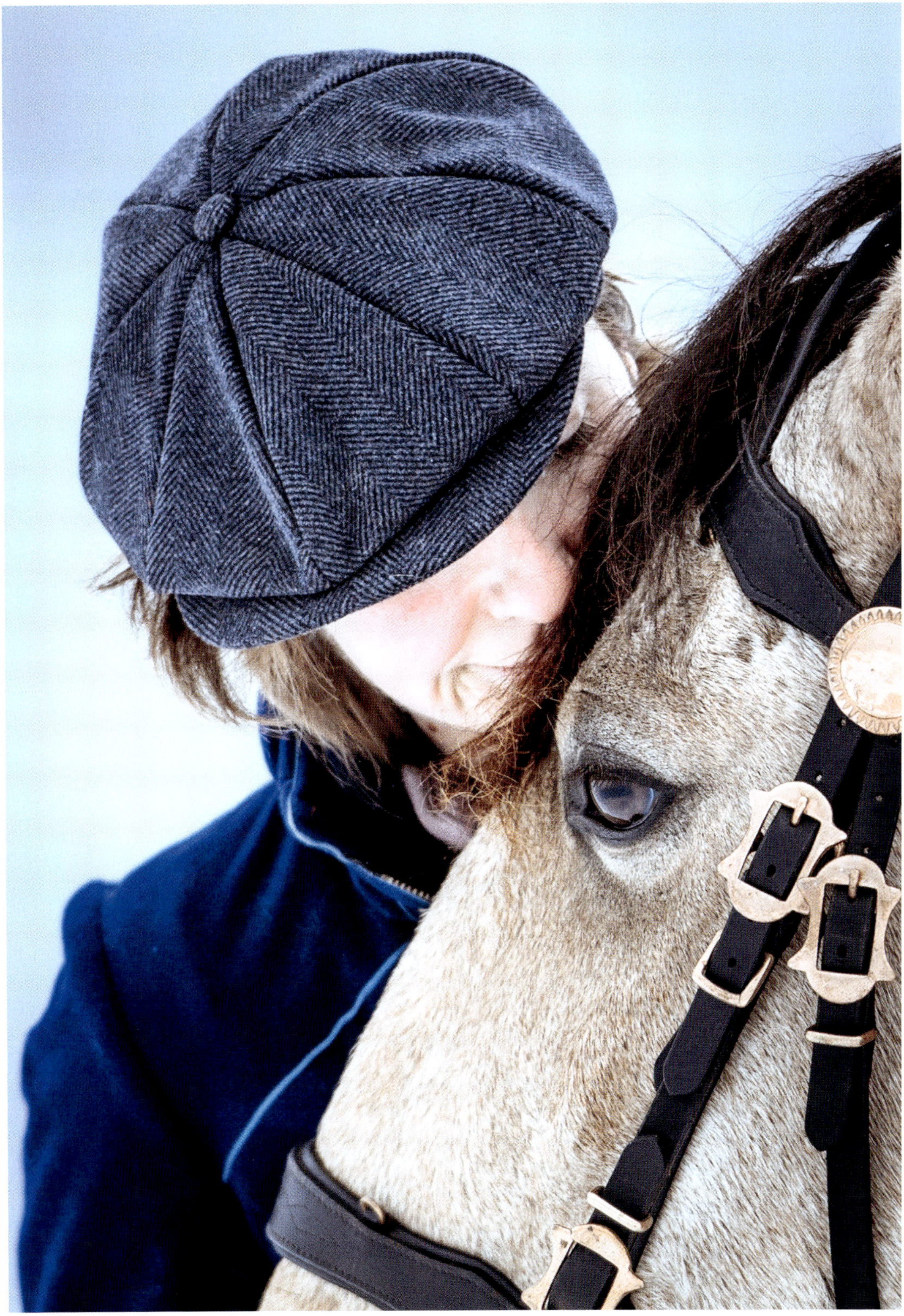

Tierkommunikation bekommt einen immer größeren Stellenwert.

und wichtig und es eröffnet uns vielleicht neue Blickwinkel und Chancen.
Natürlich ist Tierkommunikation nicht wissenschaftlich abgesichert. Vor einem Jahrzehnt glaubten Wissenschaftler allerdings auch, es sei vermenschlichend, Pferden Gefühle wie Angst oder Freude zu unterstellen. Heute weiß man, dass Pferde eine ganze Bandbreite an Emotionen fühlen können, die wir für rein menschlich gehalten haben. Die Wissenschaft entwickelt sich stetig weiter und alles, was noch nicht bewiesen ist, gilt erst mal nicht als unmöglich, sondern schlicht als nicht erwiesen.
Es ist völlig richtig, dass Pferde sich nonverbal verständigen. Ihr Gehirn ist nicht in der Lage, Sätze zu formen. Wenn da etwas in ganzen Sätzen »zu uns spricht«, ist es ziemlich sicher nicht das Pferd. Trotzdem betreibe ich, Claudia, die auf Latein träumt und wie ich finde unter menschlichen Gesichtspunkten sehr vernünftig denken kann, Tierkommunikation – obwohl ich Patchouligeruch nicht ausstehen kann.

Wie passt das zusammen? Vielleicht passt es gar nicht zusammen und funktioniert trotzdem. Schubladendenken ist ziemlich 20. Jahrhundert und zweitens habe ich eine mögliche wissenschaftliche Erklärung in diesem Kapitel versteckt. Sie dürfen also gespannt sein.
Meine Initialzündung war ein Pferd, das ich osteopathisch behandelte. Nennen wir es Lord. Für mich war das Erlernen der craniosakralen Osteopathie vor vielen Jahren sehr aufwühlend. Ich lernte extrem feine Bewegungen zu spüren – das komplette Gegenteil von »Knochenbrecher«-Hauruck. Die Pferde reagierten durchweg so positiv, dass ich immer häufiger craniosakral behandelte.
Dabei steht man ziemlich bewegungslos, seine feinst möglichen Antennen auf Empfang mit einer Hand am Pferd und spürt Mikrobewegungen nach.
So stand ich auch bei Lord, eine Hand auf seinem Sakrum, und spürte. Lord war 19 und Pseudonarkoleptiker. Das heißt, Lord litt unter Tiefschlafmangel, weil er nicht im Liegen schlief und den damit verbundenen Kollapsen.
Mehrfach in der Nacht stürzte er, sodass seine Vorderbeine auf Höhe der Fessel- und Karpalgelenke vernarbt und teilweise offen waren. Die Besitzerin hatte ihn recht frisch erworben und war ziemlich ratlos, wie sich sein Problem lösen ließ. Die Tierärztin machte ihr wenig Hoffnung.
So stand ich eine Weile und formulierte in dem halb meditativen und voll aufs Pferd fokussierten Zustand, den ich für die craniosakrale Arbeit brauchte, die Frage »Was kann ich für dich tun?«. Lord schnaubte und kaute und ich ließ meine Hand noch eine ganze Weile liegen.
Und plötzlich hatte ich so etwas wie einen Tagtraum: Lord, wie er in tiefer Stroh-Späne-Einstreu scharrte und sich dann hinlegte.
Das Bild wirkte so real, dass ich die Besitzerin darauf ansprach, welche Einstreu Lord hatte. Aktuell stand er auf einer dicken, sauber gemisteten Strohschicht in seiner großen Paddockbox. Ich schlug ihr vor, Stroh und Späne zu kombinieren und sich zu melden, wenn sie irgendeine Besserung oder Verschlechterung seines Zustandes beobachtete. Zwei Tage später bekam ich ein Foto, auf dem Lord in seiner Stroh-Späne-Box auf der Seite liegend schlief!

War das Tierkommunikation?
Vielleicht.

Vielleicht habe ich auch durch den meditativen Zustand mein Vernunft-Ich abgeschaltet und Dinge wahrgenommen, die ich »im Vollbesitz meiner geistigen Kapazität« übersehen hätte. Uns Menschen entgehen Details nämlich sehr häufig und wir werden blind für Dinge, auf die wir uns nicht absichtlich fokussieren. Das trifft auch sehr intelligente Menschen und man nennt das »Unaufmerksamkeitsblindheit«.

Kennen Sie das Gorilla-Video? In einer Studie (Chabris, Simons 1999) wurden die Teilnehmer gebeten, die Ballwechsel einer Basketballmannschaft zu zählen. Dass sich für fünf volle Sekunden ein Mensch im Gorillakostüm unter die Spieler mischte, nahmen die meisten Probanden nicht wahr!

Es übersteigt die Kapazität des menschlichen Gehirns, die Aufmerksamkeit auf mehrere Dinge zu richten und so entgehen uns mitunter wichtige Details – egal, wie offensichtlich sie sind.

Warten wir auf eine »Antwort« in der Tierkommunikation und sind in einem meditativen Wachzustand, hat unser Gehirn die Möglichkeit, uns mit Dingen zu überraschen, die wir zwar unterbewusst wahrgenommen haben, die aber nicht in unser Bewusstsein vorgedrungen sind. Es wird sozusagen kreativer und addiert periphere Hinweise, die wir gar nicht unbedingt auf dem Schirm gehabt hätten. Da unser Gehirn mit uns spricht, funktioniert das auch verbal.

Mittlerweile »spreche« ich viel mit Pferden. Konzentriere ich mich auf ein Pferd und formuliere ich eine Frage, kommt oft auch eine wörtliche Antwort.

Kürzlich sagte ein sechsjähriges Pferd, es wolle endlich seine Beine wieder spüren. Keine Ahnung, wieso ich das dachte und wieso mein Gehirn diesen Satz in Bezug auf dieses Pferd an mein Bewusstsein geschickt hat. Mein Menschenverstand interpretierte dann zunächst, dass das Pferd (das nicht uns gehörte) nicht mehr in der 23-stündigen-Boxenhaltung leben und unterschiedliche Böden spüren wollte. Sicher stimmte das auch.
Da das Pferd aber wenige Wochen nach dem »Gespräch« neurologisch auffällig wurde und in der Tierklinik gravierende Nervenprobleme im Halsbereich diagnostiziert wurden, bekommt das Ganze eine unangenehm reale Bedeutung. Ataktische Pferde spüren ihre Beine schlecht, das Pferd war – damals noch unerkannt – ataktisch.
Ich weiß nicht genau, ob die Pferde mit mir sprechen oder ob mein Gehirn mir Dinge über die Pferde erzählt, die ich sonst nicht bewusst hätte formulieren können.

Das ist eigentlich auch vollkommen egal:
Ob das die Stimme meiner Intuition ist, die einfach mehr Hinweise zusammenzählt als mein Vernunft-Ich oder ob das Pferd mich wirklich »anfunkt«. So oder so ist beides ziemlich nützlich, weil es andere Blickwinkel schafft.

Wichtig ist, dieser inneren Stimme mit Offenheit zu lauschen und nicht zu bewerten. Dann kann sie uns definitiv zu einer viel besseren Beziehung zu unserem Pferd verhelfen,
Probleme frühzeitig aufdecken und uns vor allem zeigen, wann wir aus Vernunftgründen gegen unsere eigentlich viel klügere Intuition handeln!

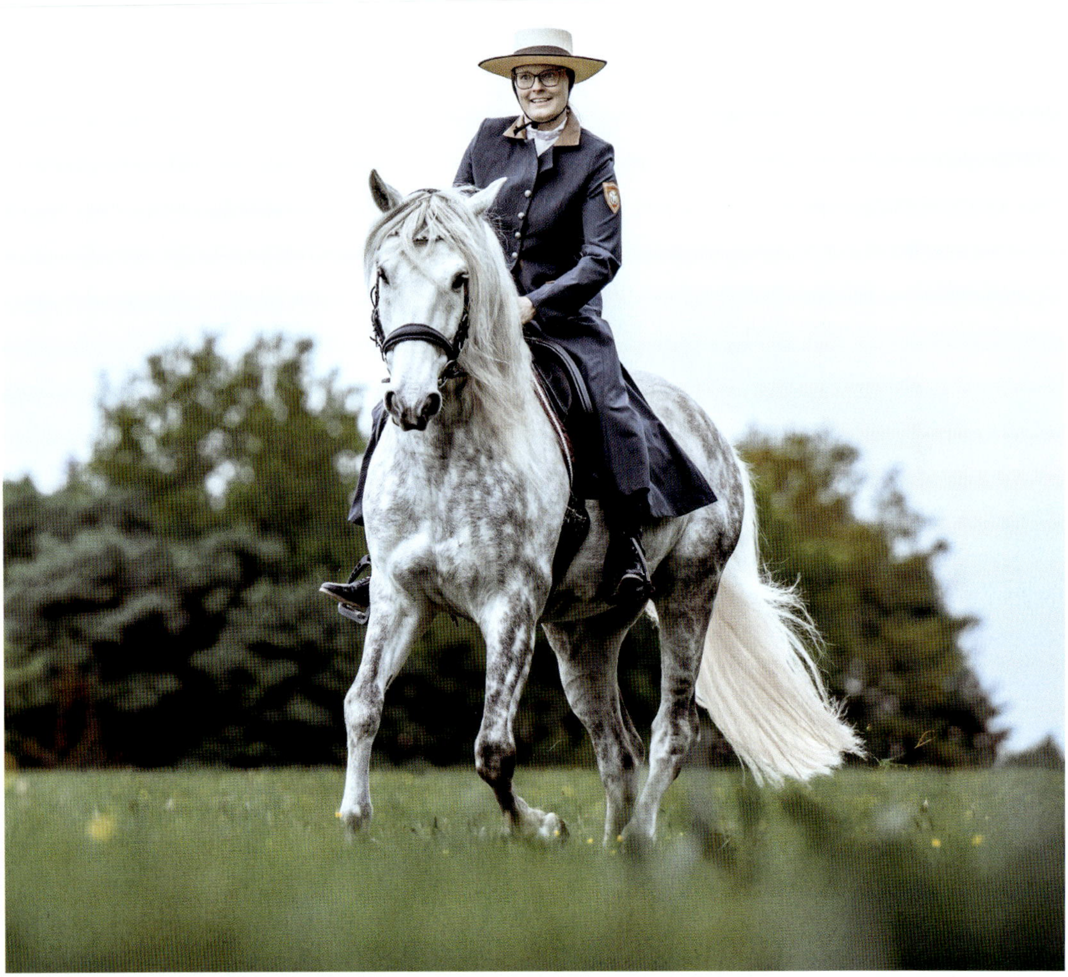

Sitz und Hilfengebung haben direkten Einfluss auf das Wohlbefinden des Pferdes.

6. Pferde lieben gutes Reiten – aber was heißt das überhaupt?

Den direktesten Einfluss auf das Wohlbefinden des Pferdes beim Gerittenwerden haben wir neben dem, was wir mit einem Pferd reiten vor allem dadurch, wie wir reiten. Damit meine ich konkret, wie der Reiter sich auf dem Pferd bewegt und wie er über Gewicht, Schenkel, Zügel, Gerte und so weiter auf das Pferd einwirkt.

Das ist eigentlich logisch, aber doch noch viel zu selten wirklich im Fokus der reiterlichen Bemühungen und Ausbildung. Bei allem, was wir auf dem Pferd tun, sollten wir uns fragen, wie sich das konkret in dem Moment für das Pferd anfühlt und nicht nur, was unsere Aktionen im Sattel potenziell bringen sollen, wozu sie führen sollen, wie sie vom Richter oder den Stallkollegen bewertet werden.

So manche reiterliche Einwirkung mag »effizient« sein, also das Pferd zum erwünschten Verhalten bringen oder auf dem Turnier erfolgreich machen, fühlt sich aber für das Pferd nicht gut an. Das Ganze geht allerdings auch andersherum: So manche »nett gemeinte« Einwirkung besonders wohlmeinender Reiter klingt zwar theoretisch pferdefreundlich, fühlt sich aber für das Pferd auch nicht unbedingt so an.

Dieses Kapitel kann Ihnen natürlich nicht das Reiten beibringen, guten Unterricht ersetzen oder exakt vorhersehen, was Ihr individuelles Pferd konkret an Ihrem Reitstil schätzt oder verbessern wollen würde. Bevor jeder von uns konkrete Schritte unternehmen oder die passenden Übungen für sich herausfinden kann, ist als Erstes die mentale Ausrichtung entscheidend: Die Richtung, in die wir uns reiterlich entwickeln wollen und die Ziele, die wir uns reiterlich setzen, sollen dahin führen, dass unsere Anwesenheit auf dem Pferd es eben nicht stört, nervt, in seinen Bewegungen einschränkt oder in seiner Persönlichkeit klein hält, sondern im Gegenteil: Versuchen wir unseren Reitstil immer weiter in die Richtung zu entwickeln, dass das Pferd unter uns sich gut fühlt, Spaß an der gemeinsamen Bewegung hat, sich in den Übungen gefördert und unterstützt fühlt, eigene Ideen in den Bewegungsdialog einbringen und auch mit uns an Bord so richtig es selbst sein kann. Die besten Komplimente, die ich (Katharina) persönlich von Pferden bekommen habe, waren: »Du kannst mich gern stundenlang reiten, ich merk dich gar nicht, das macht doch Spaß« und von einem anderen Pferd: »Mit dir laufen ist einfacher als ohne dich laufen«. Ob Sie an Tierkommunikation in dem Sinne glauben oder nicht – schauen wir uns mal ein paar der typischen Themen an.

Sitzen, wie es Pferde lieben

Fakt ist, wir beeinflussen das Bewegungsgefühl des Pferdes allein durch unsere bloße Anwesenheit entscheidend. Egal nach welcher Reitweise wir reiten oder was wir konkret auf dem Pferd tun, selbst wenn wir uns völlig passiv verhalten.

Mit einem Menschen auf dem Rücken läuft es sich anders als ohne Menschen auf dem Rücken. Und je nachdem, wie dieser Mensch sitzt, schränkt er die physiologische Bewegung des Pferdes mehr oder weniger ein und stört sein natürliches Gleichgewicht mehr oder weniger. Je besser der Reiter sitzt, desto besser kann das Pferd sich loslassen, entsprechend kann es dadurch auch besser seinen Hals fallen lassen, in einer feinen Anlehnung gehen, Schwung entwickeln, sich geraderichten und ganz natürlich versammeln.

Wann immer mir die Haltung oder Bewegungsweise meines Pferdes nicht gefällt, sollte der erste Schritt sein, nicht die Haltung des Pferdes zu korrigieren oder mehr Bewegungen herauszudrücken, sondern meinen eigenen Sitz zu verbessern, sodass das Pferd entspannt in eine bessere Haltung finden und sich ungehindert besser bewegen kann.

Seitliches Gleichgewicht

Einer der größten Stressfaktoren für ein Pferd ist die sogenannte Schwerkraftunsicherheit. Fällt es hin, bekommt es als Flucht- und Beutetier existenzielle Probleme, das möchte es also unbedingt vermeiden. Das größte sogenannte Balanceproblem, was ein Pferd haben kann, ist nicht etwa seine natürliche Schiefe oder seine Vorhandlastigkeit, sondern sein Reiter!

Balanciert der sich nicht wirklich mittig über dem Pferd aus, sondern hängt oder rutscht zu einer Seite, dann läuft das Pferd theoretisch Gefahr zu rutschen und zu stürzen.

Bei passendem Größenverhältnis und guter Bodenbeschaffenheit passiert es zwar selten tatsächlich, dass ein Reiter sein Pferd umwirft, aber das verdanken wir eben auch dem Bestreben des Pferdes, sich gegen einen seitlich ausbalancierten Reiter zu stabilisieren und diesen auszugleichen. Da es sich um eine bisweilen recht dynamische Bewegungssportart handelt, muss das gemeinsame Gleichgewicht ja ständig neu austariert und in Übereinstimmung gebracht werden.

Der erste Tipp, damit das Pferd sich also wirklich unter Ihnen entspannen und das Gerittenwerden lieben kann ist: Sitzen Sie mittig! Spüren Sie beide Gesäßknochen und beide Steigbügel, lassen Sie beide Beine lang, blicken Sie mit aufrechtem Oberkörper mittig zwischen den Pferdeohren hindurch auf den Weg, den Sie reiten. Unsere Augen helfen dann mit dem sogenannten Horizontabgleich unserem eigenen Gleichgewicht, sodass wir uns eben auch selbst dynamisch ausbalancieren und nicht in der Kurve oder in Seitengängen durch die Zentrifugalkraft zur Seite driften. Wenn Sie auf einen Spiegel zu reiten oder sich fotografieren lassen, dann sollte Ihr Oberkörper senkrecht über dem Pferd erscheinen. Am besten sieht man das etwa am Reißverschluss einer Jacke oder Weste. Beide Reiterohren sollten gleich hoch aussehen.
Je energischere Manöver wir reiten (etwa in der Rinderarbeit oder in einem Springparcours), desto schwierig ist es, dieses gemeinsame Gleichgewicht ständig aufrechtzuerhalten oder zumindest schnell wieder herzustellen. Es gelingt vor allem durch Übung und natürlich wenn Sie Ihren Fokus überhaupt darauf richten. Eine

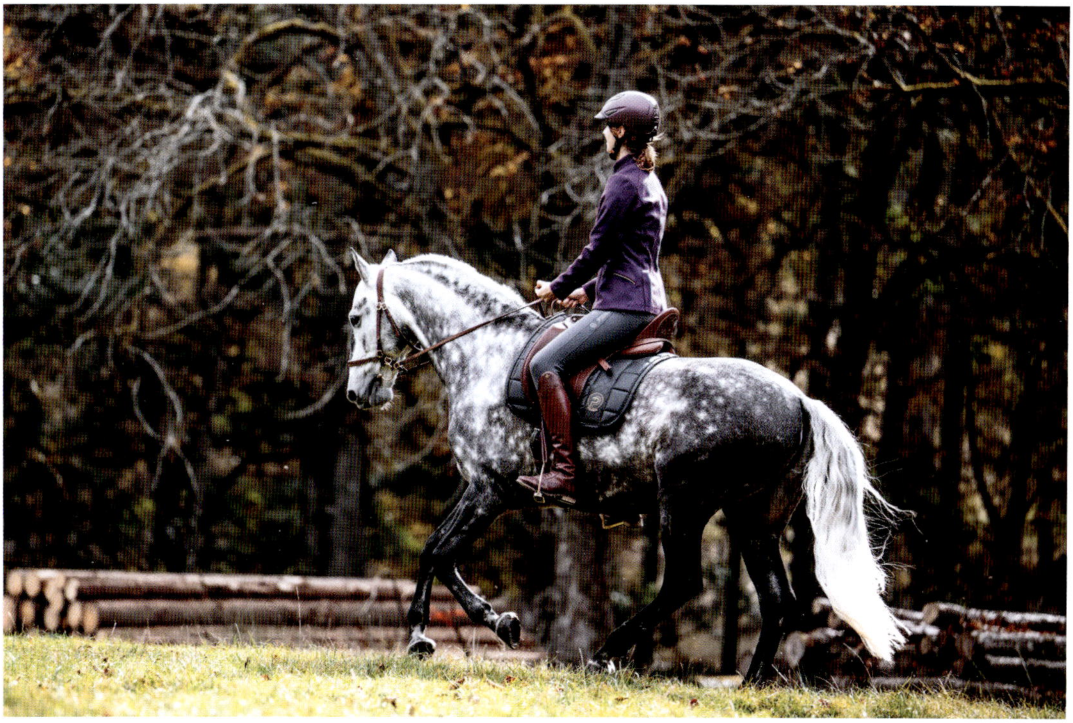

Wenn der Reiter nicht stört, kann das Pferd sich gut ausbalancieren – auch im Gelände.

enge oder flotte Wendung, eine Pirouette oder ein Seitengang fühlt sich für das Pferd um Welten anders an, wenn es seinen Reiter dabei regelmäßig knapp verliert oder gefühlt nur knapp nicht von ihm zur Seite gekippt wird und es damit rechnen muss, dass der Reiter obendrauf unvermittelt zur Seite rutschen wird.

Ganz im Gegensatz dazu kann das Pferd im Vollbesitz seiner Kräfte um die Ecke fegen oder den komplizierten Seitengang ausführen, wenn es sich sicher ist, dass sein Reiter mittig im Gleichgewicht bleibt und sich so nahezu schwerelos anfühlt. Der mentale oder wirklich körperliche Stress der Schwerkraftunsicherheit fällt für das Pferd dann deutlich geringer aus, als wenn wir Menschen obendrauf wackeln, driften oder auch überhaupt große Eigenbewegungen machen.

Auch die reiterlichen Armbewegungen sind für das Gleichgewicht des Pferdes interessant. Wir sollen nicht nur wegen dem potenziell schmerzhaften Zügelzug am Pferdemaul (oder der Pferdenase bei gebisslosen Zäumungen) nicht ausladend mit den Armen gestikulieren, sondern auch, weil unsere Arme ein Eigengewicht haben und zudem auf unsere eigene Balance und unseren Oberkörper einen Einfluss haben. Ziehen wir etwa beide Hände, im schlimmsten Fall sogar noch plötzlich und unvermittelt, auf eine Seite des Pferdehalses, verursachen wir automatisch eine nicht unerhebliche seitliche Gewichtsverlagerung.
In manchen Fällen kann eine solche Gewichtsverlagerung reiterliche Absicht sein (darüber reden wir später im Kapitel zu den Hilfen), aber erfahrungsgemäß schießen viele Reiter über das Ziel hinaus. Das Pferd wäre in der Lage, ein

deutlich kleineres Signal wahrzunehmen und wird das Signal zu groß gegeben, wirft es das Pferd stattdessen wieder aus der Balance und damit aus seiner Entspannung. Selbiges gilt auch für das Konzept des Bügeltrittes und des Drehsitzes und trifft auf sämtliche Reitweisen zu. Meistens ist weniger mehr.

Vor und hinter der Bewegung

Was Pferde ebenfalls permanent an ihrer physiologischen und entspannten Bewegung hindern kann, ist ein Reiter, der in Reitersprache ausgedrückt vor oder hinter der Bewegung sitzt. Auch dieses Thema betrifft alle Reitweisen und ist auf jedem Niveau zu beobachten. Nicht nur Anfänger geraten bisweilen hinter die Bewegung oder fallen nach vorne, sogar manche Olympiadressurreiter sitzen permanent hinter der Bewegung und haben damit sogar Erfolg, obwohl diese Sitzfehler absolut nichts für das Wohlergehen des Pferdes tun.

Um das Thema zu verstehen, schauen wir uns zunächst an, wo genau der Pferderücken überhaupt am tragfähigsten ist, und zwar handelt es sich dabei um einen begrenzten Bereich der Brustwirbelsäule (etwa 12. bis 16. Brustwirbel). Über diesem Bereich sollten wir als Reiter unseren Körperschwerpunkt platzieren, damit das Pferd unter uns wirklich »über den Rücken gehen« kann, also damit es sich tatsächlich physiologisch bewegen kann. Hier befindet sich im klassisch korrekten Sitz der gesamte Oberkörper des Reiters, und zwar ist das sowohl beim Dressursitz mit senkrechtem Oberkörper als auch im leichten Sitz der Fall.

In der Bewegung sitzen erfordert viel Übung – und erleichtert Pferden enorm das Gerittenwerden.

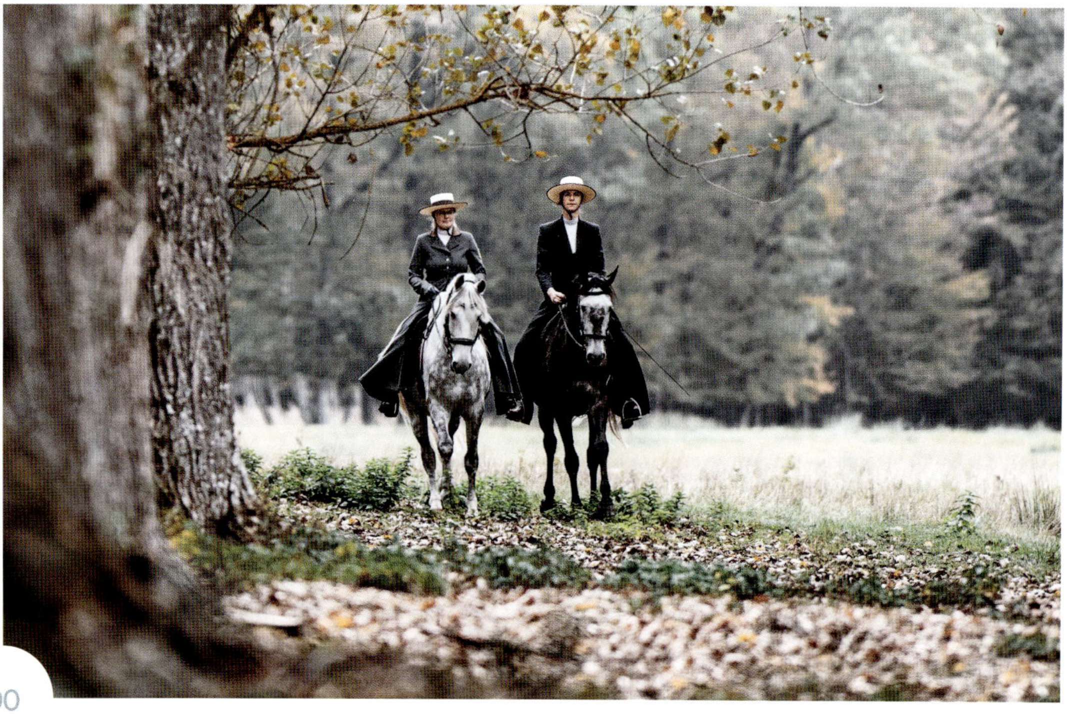

Schauen wir uns zunächst den Dressursitz an: Dabei ist es wichtig, die Sitzbeine des Reiters möglichst dicht hinter dem Widerrist in dem tragfähigen Bereich zu platzieren und dann den Oberkörper quasi senkrecht darüber zu stapeln. Sitzen Reiter »hinter der Bewegung« passiert das meist dadurch, dass sie den Oberkörper deutlich hinter die Senkrechte neigen. Im sogenannten »Schiebeliegesitz« lassen sich zwar spektakuläre Trabtritte aus dem Pferd pressen, das losgelassene über den Rücken Gehen ist bei dieser Belastung aber nicht mehr vollständig möglich. Viele Reiter betrifft das auch im Leichttraben: Steht man dabei zu gewollt senkrecht auf, während das Pferd sich vorwärts bewegt, gerät der Oberkörper dadurch hinter die Bewegung und nicht selten trifft man dann beim Einsitzen auch zu weit hinten wieder in den Sattel. So kann man den Takt stören und dem Pferd das Vorwärtsgehen regelrecht verleiden.

Betroffene Pferde reagieren oft durch Triebigkeit, denn wenn das Laufen vom Reiteroberkörper ausgebremst wird, werden sie immer langsamer. Anstatt nun Sporen anzulegen und dem Pferd richtig Beine zu machen, macht es im Sinne des Reitens wie es Pferde lieben viel mehr Sinn, wirklich in die Vorwärtsbewegung zu sitzen, sodass das Pferd freiwillig schwungvoller vorwärts laufen kann, ohne angeschoben werden zu müssen. Dabei helfen Sitzübungen wie etwa die Galionsfigur und das Leichtraben in wechselnden Trabtakten aus dem Masterkey-Programm (www.osteodressage.college/s/OsteoDressage/Masterkey).

Auch im leichten Sitz müssen wir zusehen, uns über demselben Bereich auszubalancieren. Dabei werden zwar einige Kilos durch die weiter vorne getragenen Arme, Kopf und Schultergürtel weiter nach vorne verlegt, die bei korrekter Ausführung jedoch dadurch ausgeglichen werden, dass einige Kilos durch den Beckengürtel zurückgenommen werden. Das ist deswegen möglich, weil im leichten Sitz kein nennenswertes Gewicht auf den Sitzbeinen ruht, sondern der Reiterkörper über die Steigbügelaufhängung und die Beine (»das Fundament des leichten Sitzes«) getragen wird.

Das Reiten im leichten Sitz (auch ganz unabhängig vom Springreiten) ist für viele Menschen ein echter Gamechanger, denn man lernt selten so viel über das eigene Gleichgewicht, den Zusammenhang mit der Schenkellage und das passende Maß an Rumpfstabilität.

Spätestens jetzt wird übrigens klar, dass das Sitzen wie es Pferde lieben auch davon abhängt, dass der Schwerpunkt des Sattels und die Position der Steigbügel sich im richtigen Bereich befinden.

Gegen einen zu weit hinten liegenden Sitzschwerpunkt des Sattels zu reiten ist immens anstrengend bis unmöglich.

Das ungehinderte Mitschwingen in der Bewegung

Bewegt sich das Pferd unter uns physiologisch über den Rücken, kommt dabei ganz schön viel dreidimensionale Bewegung beim Reiter an, die der Reiter gewissermaßen »mitmachen«, also auch in seinem Körper verwinden können muss.

Je dynamischer und an sich gesünder ein Pferd wirklich »durch den Körper« geht, desto dynamischer wird auch der Reiter bewegt. Ein optisch still sitzender und auch ein gefühlt still sitzender Reiter ist in Wirklichkeit ein bewegter Reiter, der im Gleichtakt und der gleichen Amplitude mit dem Pferd schwingt.

Dafür braucht es das passende Maß zwischen Mobilität und Stabilität, beispielsweise in den Hüftgelenken, im Bereich des Beckens, des unteren Rückens und in der Rumpfmuskulatur. Das hat nicht nur etwas mit dem Wunsch zu tun gut zu reiten, sondern auch mit den eigenen körperlichen Grundvoraussetzungen vor allem im Bereich der sogenannten Mittelpositur und es erfordert nicht selten ein gezieltes Training, bei dem Strukturen gedehnt oder gezielt gekräftigt werden dürfen.

Reiten ist Sport – völlig unabhängig davon, ob wir uns in sportlichen Wettbewerben auf dem Pferd mit anderen messen oder »nur« ausreiten gehen wollen.
Wenn wir als Menschen unsere Bewegungseinschränkungen und unsere eigene Schiefe mit in den Sattel bringen, dann werden diese immer dazu führen, dass das Pferd unter uns seine eigenen Rumpfbewegungen daran anpassen wird. Mehr dreidimensionale Bewegung als ich sitzen kann bekomme ich nicht vom Pferd, zumindest nicht freiwillig und nicht wirklich physiologisch über den Rücken. Lässt der Reiter – ob bewusst oder unbewusst – in seinem Sitz nicht die komplette Amplitude des Pferdes zu, verändert sich die Amplitude des Pferdes. Anstatt also durch Einwirkung auf das Pferd dafür sorgen zu wollen, dass es sich bitte endlich besser über den Rücken bewegt, macht es meistens mehr Sinn, am »Bremsklotz im Rücken«, also an unserer eigenen Fähigkeit mitzuschwingen zu arbeiten.

Dafür eigenen sich beispielsweise die Masterkey-Übungen »Der Angeschossene« und »Twist« sowie das gesamte »Hipteam-Programm«.

Hier finden Sie eine kostenlose Übung:

Federnde, lockere Beine

Wenn der Rumpf des Reiters ausbalanciert mitschwingt, schauen wir uns nun die Extremitäten an. Für das Gerittenwerden-Gefühl des Pferdes ist es ebenfalls entscheidend, was die Reiterbeine tun oder nicht tun. Dabei geht es nicht nur darum, was der Reiter aktiv und willentlich mit seinen Beinen macht (also beispielsweise nicht mit den Füßen in den Pferdebauch boxt, um zu treiben), sondern es geht bereits darum, wie die Beine überhaupt am Pferdebauch liegen.
Das größte Problem liegt aus Sicht des Pferdes in klemmenden Beinen: wenn diese nicht locker am Pferdebauch nur anliegen und dabei in der Bewegung des Rumpfes federnd mitschwingen, sondern stattdessen Dauerdruck zwischen Reiterbein und Pferdebauch besteht. Oder noch schlimmer, wenn der Reiter die Fersen hochzieht und mit den Absätzen seiner Stiefel oder gar Sporen den Pferdebauch rasiert.

Oft handelt es sich dabei um gut gemeintes, aber falsch gemachtes Treiben. Viele Reiter klemmen dabei nämlich, ob bewusst oder unbewusst, mit den Oberschenkeln. Das kann Henne oder Ei sein: Klemmende Oberschenkel sorgen körperlich dafür, dass Pferde immer langsamer werden. Möchte man mehr Vorwärts haben, führt das wiederum oft zu klemmenden Reiteroberschenkeln. Klemmende Reiterbeine führen zu »klemmenden« Pferden.

Warum ist das so? Eine mögliche Erklärung:
Eine der Strukturen im Pferdekörper, die durch die klemmenden Oberschenkel eines zu stark treibenden oder generell in der Hüfte zu unbeweglichen Reiters dauerhaft gereizt werden, sind die breiten Rückenmuskeln *(M. latissimus dorsi)*. Dieser Muskel hat seinen Ursprungsort in der Rückenlendenbinde. Wird er durch Dauerdruck gereizt und kann dadurch nicht locker taktmäßig an- und abspannen, erschwert das dem Pferd damit massiv die losgelassene Bewegung »über den Rücken« und dadurch insgesamt das losgelassene Vorwärtsgehen. Die Bewegungen werden schwerfälliger und stumpfer, aus Pferdesicht anstrengender oder sogar regelrecht schmerzhaft.

Darüber hinaus handelt es sich beim *M. latissimus dorsi* ganz direkt um einen Rückführer des Pferdeoberarms. Ist er aktiv, zieht er also das Pferdebein nach hinten unter den Körper des Pferdes zurück.
Damit das Pferd das Bein vorschwingen kann, muss dieser Muskel sich dagegen entspannen. Kann er das nicht, ist nicht nur die Vorwärtsbewegung in dem Moment deutlich eingeschränkt, sondern dann zieht ein hypertoner (also verspannter) breiter Rückenmuskel das Pferdebein langfristig in die Rückständigkeit, was das Risiko für Sehnen- und Fesselträgerprobleme deutlich erhöht.

Den Teufelskreis kennen viele Reiter und Pferde leider aus der Praxis: Sie treiben, damit ihr Pferd vorwärts reagiert und stattdessen bremst es auf den Schenkeldruck hin sogar erst recht. Kommt man dann mit der Gerte, während die »Oberschenkelbremse« angezogen ist, hüpft allenfalls die Kruppe nach oben. Das wird ganz schnell und unbeabsichtigt zu einem Reiten wie es Pferde nicht lieben!

Ein wichtiger Schritt aus dem Triebigkeitskreislauf ist es, den Druck vom Oberschenkel wegzubekommen, sodass der Pferderumpf wirklich frei schwingen und das Pferd eben auch entspannt die Vorderbeine nach vorne bewegen kann anstatt seinen Rumpf angestrengt über das rückständige Vorderbein zu ziehen.

Die Übung zur Lösung des Problems nennt sich *Schenkelerneuern*:
Heben Sie dazu für einen kurzen Moment Ihr gesamtes Bein (also eben explizit auch die Oberschenkel) vom Pferdeleib ab, sodass für einen oder mehrere Schritte oder Trabtritte »Luft« zwischen Ihr gesamtes Bein und den Sattel strömt. Achten Sie darauf, dass in diesem Moment, in dem Sie die unbewusste »Oberschenkelbremse« lösen, auch die Hand wirklich locker nach vorne fühlt und die Zügel lang genug sind, sodass auch die »Handbremse« zeitgleich definitiv offen ist. Nun können Sie über Stimmhilfe und eventuell auch sanftes

Touchieren des Pferdeoberschenkels mit der Gerte die Vorwärtsbewegung verstärken, wobei das Pferd im selben Moment die Bewegungserfahrung macht, dass die Energie jetzt wirklich völlig ungehindert »von hinten nach vorne« durchlaufen kann.

Lassen Sie dann Ihre Beine wieder ganz locker und möglichst passiv in die normale Sitzposition gleiten und strecken Ihr Bein dabei sogar noch etwas schöner durch als es vorher war. Deswegen heißt die Übung »Schenkelerneuern«: Von null Kontakt gehen wir in den optimalen, sanften, weichen Beinkontakt mit flacher entspannter Wade am Pferd. Die Fersen berühren den Pferdebauch dabei nicht.
Um diese korrekte Beinposition einnehmen zu können, ist ebenfalls wieder das Hüftgelenk mit seinen umgebenden Strukturen sowie die Bemuskelung des Oberschenkels interessant.

Auch dafür lohnen sich oft gezielte Übungen auf dem Pferd (im Masterkey-Programm wäre das die Übung »Der Angeschossene«) oder auf der Gymnastikmatte (»Hipteam«).

Zusammenfassend kann man sagen, dass Reiten wie es Pferde lieben ganz konkret damit anfängt, dass wir vor jeder aktiven Beeinflussung des Pferdes zunächst einmal dafür sorgen, dass wir grundsätzlich ein angenehmes, bequem zu tragendes Gewicht und ein schwingender Bewegungspartner für unser Pferd werden. Die dahingehende Sitzschulung sollte theoretisch einen großen Teil der reiterlichen Ausbildung ausmachen, was in der Praxis aber viel zu selten auch nur ansatzweise genügend durchgeführt wird.

Der typische, aus Pferdesicht ungünstige Lernweg beginnender Reiter sieht leider häufig so aus, dass diese nach viel zu kurzer und oft auch noch suboptimal durchgeführter Sitzschulung gleich alleinverantwortlich reiten müssen und in Situationen gebracht werden, die ohne krampfhaftes Festhalten nicht zu bewältigen wären. Während sie eigentlich selbst unabsichtlich das einschränkende Element auf dem Pferderücken darstellen, werden sie leider auch noch dazu angehalten werden, permanent am Pferd herumzukritteln. So ergibt sich natürlich weder ein Flow-Erleben, noch führt das zu einem Reiten wie es Pferde lieben. Meiner Erfahrung nach muss das nicht sein! Würde im Reitunterricht der Fokus auf eben jene Sitzschulung gelenkt, würde das Reiten und Gerittenwerden auch bereits im Einsteigerbereich zu deutlich mehr Freude und gesunder gemeinsamer Bewegung führen.

Je besser der Sitz, desto weniger Angst

Je geschmeidiger wir als Reiter verschiedenen Pferdebewegungen folgen können, je flexibler wir uns selbst anpassen und stabilisieren können, je besser wir uns auf dem sich bewegenden Pferd ausbalancieren können, desto weniger laufen wir Gefahr, vom Pferd zu fallen. Ein in diesem Sinne guter, funktionaler, anpassungsfähiger Sitz im Gleichgewicht hat nicht nur den direkten Vorteil, dass wir seltener stürzen und uns weniger verletzen, sondern er hat im Zusammenhang damit noch viele weitere positive Folgen für unseren Reitstil und damit für das Wohlbefinden des Pferdes.

Je souveräner der Sitz, desto entspannter der Reiter.

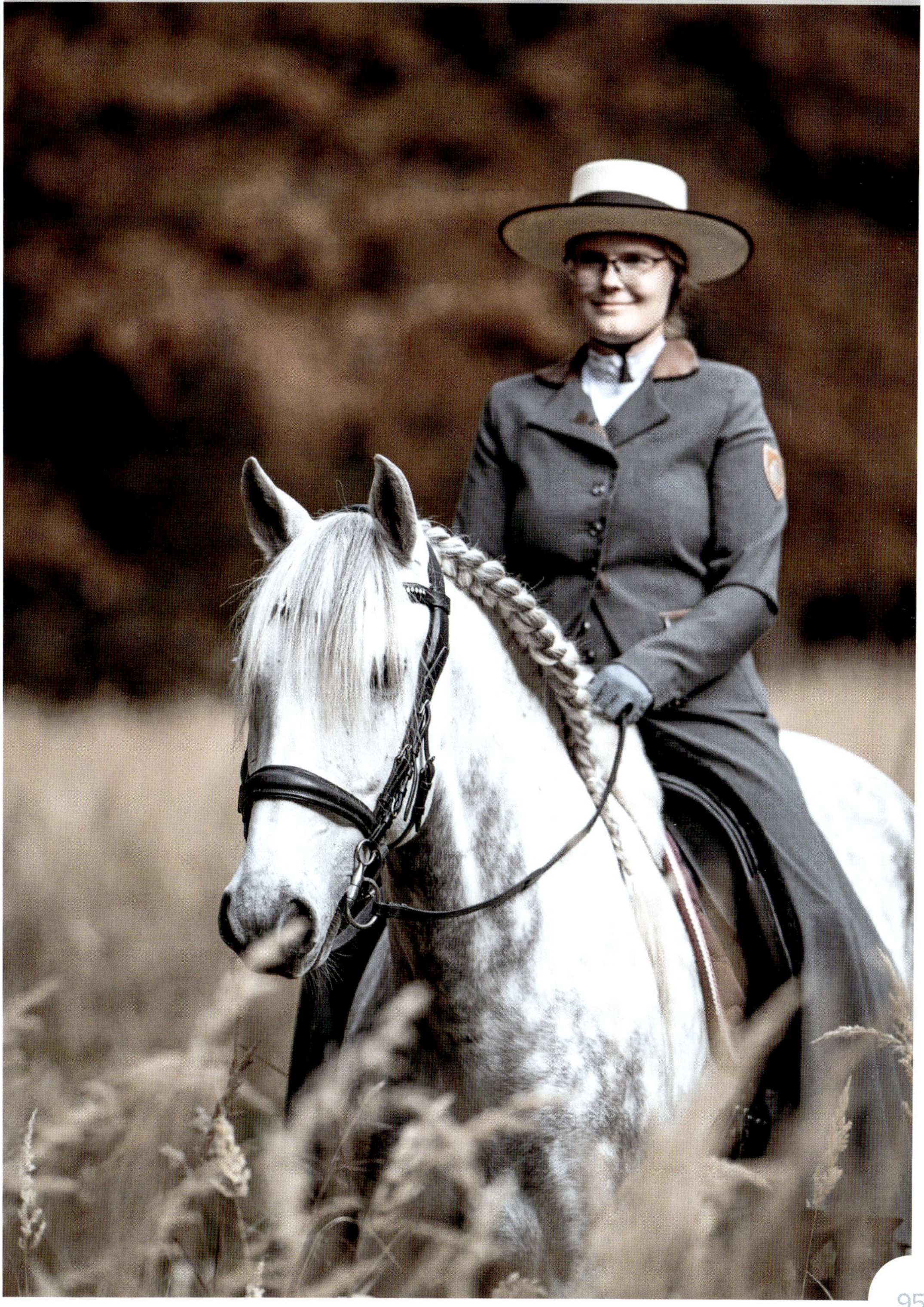

Je sicherer wir sitzen, desto weniger Angst brauchen wir beim Reiten zu haben. Je öfter wir im Rahmen der Sitzschulung die Erfahrung machen, dass und wie wir uns eigenverantwortlich und locker auf dem Pferd halten können, und je weiter wir diese Erfahrung durch vielfältige, spielerische Übungen mit einem sinnvoll gesteigerten Schwierigkeitsgrad ausbauen, desto lockerer fühlt sich natürlich auch für uns Menschen das Reiterlebnis an.

Selbst wenn ein Pferd mal einen Freudenhüpfer macht, ausrutscht oder sich kurz erschreckt, kann das einen guten Sitz nicht erschüttern, und nur dann sind wir Menschen auch in der Lage, solch typisches Pferdeverhalten einfach wegzulächeln. Nur dann können wir Bewegungsangebote des Pferdes wirklich entspannt annehmen und bei kleinen Irritationen einfach locker weiterreiten, ohne das sprichwörtliche Fass aufzumachen. Dann verliert keiner von beiden das Gesicht, wenn ein Reh aus dem Wald springt, die Hallentür unvermittelt aufgeht oder ein Traktor vorbeifährt.
Geraten wir dagegen aufgrund unzureichender Sitzschulung in Wohnungsnot, wenn das Pferd unter uns mal kurz eine Fliege abschüttelt oder auch vor lauter Spaß mal ein paar Tritte flotter trabt, dann setzt für uns Menschen dabei logischerweise Stress ein, denn wir möchten den Kontrollverlust vom Pferd zu fliegen sicher nicht freiwillig erleben.
Geraten wir Reiter in Stress, weil wir merken, dass wir es eben nicht sitzen können, wenn das Pferd etwas Unvermitteltes tut, dann beginnen wir unwillkürlich mit den Beinen zu klammern oder uns an den Zügeln festzuhalten, was wiederum den Stress des Pferdes verstärkt und die Wahrscheinlichkeit, dass es aus der Haut fährt, tatsächlich weiter erhöht. Wenn Pferd und Reiter gefühlt ständig voreinander und vor der Umwelt auf der Hut sein müssen, kann eigentlich keiner die gemeinsame Zeit genießen. Anstatt allerdings nun in Sitzschulung unter entspannten Rahmenbedingungen zu investieren, wird das Problem häufig darüber zu lösen versucht, dass man sich immer ausgefeiltere Techniken überlegt, wie man das Pferd besser unter Kontrolle behalten kann.

Aus unserer Sicht sind nahezu alle Hilfszügel, schärferen Gebisse und sehr viele Reit- und Bodenarbeitskonzepte mit dem Ziel entstanden, junge und wenig ausgebildete Pferde kontrollierbar zu machen, und zwar explizit auch für unerfahrene oder körperlich unfitte oder beeinträchtigte, also um ehrlich zu sein schlechte Reiter. Anstatt bessere Reiter zu werden und uns und unsere Pferde nachhaltig auszubilden, greifen viele lieber auf Hilfsmittel oder auch erzieherische Taktiken zurück, um die natürlichen Pferdebewegungen genau genommen einfach möglichst effizient bremsen zu können – auf dass das Pferd sich einfach nicht mehr verhalten kann wie ein Pferd und egal ob aus Freude oder Angst bloß keinen einzig flotteren Tritt mehr macht.
Der Lernweg zielt nicht etwa auf einen aus sich selbst heraus, sowohl körperlich als auch mental fitten Reiter ab, sondern darauf, dass das Pferd sich unter allen Umständen regulieren lässt und sich auf keinen Fall mehr irgendwie spontan zu bewegen traut. »Der (das Pferd) muss vor dir mehr Angst haben als vor dem Traktor«, ist einer der Sprüche, die ich gerne ersatzlos aus den Gehirnen streichen würde.

Ein Beispiel für eine Erziehungstechnik ist der sogenannte One-Rein-Stopp. Diese Maßnahme bringt vor allem eins: dem Reiter das Gefühl zu geben, jederzeit eine »Notbremse« in der Hand zu haben. Und zwar sprichwörtlich in der Hand, denn hierbei handelt es sich um eine massive Zügeleinwirkung, die dem Pferd vorher ankonditioniert wird und lernpsychologisch zur Hilflosigkeit führt: Der Pferdehals wird so krass zur Seite gebogen, dass das Pferd sich nicht mehr bewegen kann, ohne sich selbst Schmerzen zuzufügen oder, falls es sich wehren sollte, Gefahr läuft hinzufallen. Wenn Gleichgewicht und Orientierung mit dem verbogenen und vom Zügel fixierten Hals stark eingeschränkt sind, sagt einem der gesunde Pferdeverstand, dass man nun die Füße am Boden lassen muss. Deswegen führt die Technik letztlich auch unter Stress dazu, dass das Pferd auf jeden Fall anhält, sofern der Reiter moralisch dazu bereit ist, den Lernweg und die Anwendung im Ernstfall wirklich durchzuziehen. Mit Reiten wie es Pferde lieben hat das selbstredend wenig zu tun.

Kontrolle ist ein Trugschluss

Absolute Kontrolle gibt es nicht. Absolute Sicherheit ist beim Reiten wie im Leben insgesamt nicht zu erreichen. Absoluten Gehorsam kann man manchen Pferden gar nicht beibringen und anderen nur unter Zuhilfenahme von so viel Zwang, dass wir Meilen vom Reiten wie es Pferde lieben entfernt sind.

Anstatt uns immer »bessere« Zwangsmaßnahmen auszudenken, sollten wir akzeptieren lernen, dass es keine absolute Kontrolle gibt. Wir sollten, wie gesagt, sowohl in unsere körperliche als auch in unsere mentale Fitness investieren, damit wir diese Wahrheit integrieren können.

Wenn ich keine absolute Kontrolle brauche, dann ist es ja auch nicht schlimm, dass ich sie nicht ausüben kann.

Sollen wir etwa die Gefahr einfach in Kauf nehmen?

Wie man's nimmt! Was die Gefahr reduziert, sind vier Dinge: erstens, wie gesagt, der gute Sitz des Reiters, den so leicht nichts vom Pferd weht.
Zum Zweiten gilt es abzuwägen, in welche Situationen man sich mit dem jeweiligen Pferd bringt. Für den einen Reiter ist es völlig in Ordnung, in einem Jagdfeld über feste Hindernisse zu springen, während das für jemand anderen das reinste Himmelfahrtskommando wäre. Die eigenen Fähigkeiten, Stärken und Schwächen realistisch einzuschätzen beugt Unfällen am besten vor.
Drittens sollten wir uns immer die Frage stellen, ob die Grundbedürfnisse unseres Pferdes gedeckt sind. Die artgerechte Pferdehaltung und Fütterung sollen nicht Thema dieses Buches sein, aber so manches gefährliche Verhalten hat seine Ursache in Bewegungsstau durch zu eingeschränkte Haltung, durch Schlafmangel oder schlicht Hunger.
Und das Vierte ist einmal mehr die korrekte Einschätzung der gesundheitlichen Situation des Pferdes. Was Pferde dazu bringt, überproportional schreckhaft zu werden, zu scheuen, zu bocken, durchzugehen und zu steigen sind in aller Regel Schmerzen!

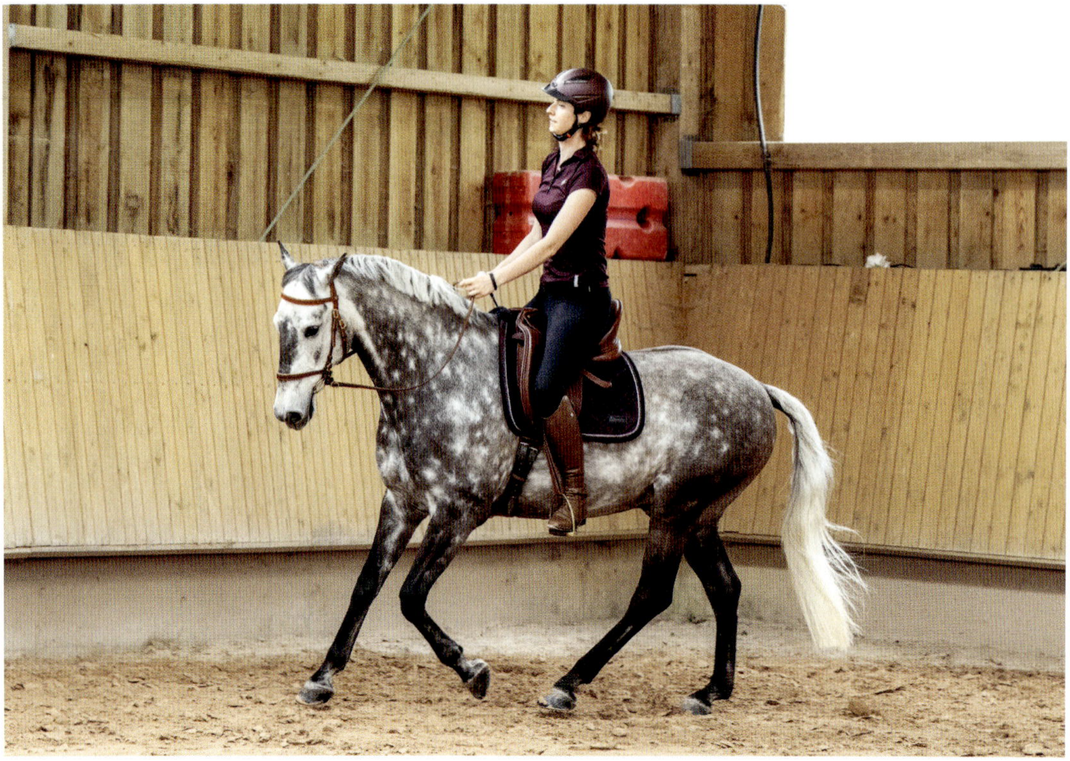

Überstreichen mit der inneren Hand im Galopp – kein Problem, wenn man keine Angst vor Kontrollverlust hat.

Manche Unfälle fallen tatsächlich in die Kategorie »shit happens«, aber viele passieren mit Ansage. Wenn wir anfangen, sogenannte Rittigkeits- oder Verhaltensprobleme unserer Pferde als Symptom für Probleme ernst zu nehmen und entsprechend zu handeln (siehe Kapitel 2), sinkt die Wahrscheinlichkeit für Verletzungen.

Steigen, bocken, blockieren, umdrehen, sich hinfallen lassen und so weiter sind keine »normalen« Pferdeverhaltensweisen mit denen es zu leben oder die es zu kontrollieren gilt. Anstatt zu versuchen, die Gegenwehr von Pferden durch Training und Hilfsmittel zu unterdrücken (bis diese Pferde irgendwann dann doch explodieren), sollten wir sie schlicht nicht ungeachtet ihrer Wehrhaftigkeit trotzdem reiten.

Hilfengebung: Woher weiß das Pferd, was der Reiter möchte?

Hilfen nennt man die Signale, die der Reiter seinem Pferd gibt, um es zu lenken, die Gangart anzusagen und die gewünschten Übungen oder Hindernisse zu reiten. Laien oder auch Menschen, die sich noch nicht besonders viel mit dem Wohlbefinden des Pferdes auseinandergesetzt haben, denken oft tatsächlich, dass man am rechten Zügel zieht für eine Rechtswendung und am linken, wenn man nach links möchte. Zum Bremsen zieht man an beiden und zum Beschleunigen klopft man mit den Beinen – oder etwa nicht?
Als Reiterin lachen Sie jetzt vielleicht, denn so simpel funktionieren Pferde praktisch nie, außerdem führt eine Hilfengebung, die aus Zügelan-

zügen und Fußtritten besteht, garantiert nicht zum Reiten wie es Pferde lieben.

Wie geht es besser?

Die wesentlichen Hilfen sowohl für die Lenkung, sämtliche Biegungen, Seitengänge und Paraden (also auch Gangartenwechsel bis hin zum Anhalten) bestehen beim pferdefreundlichen Reiten aus den Gewichtshilfen. Dabei geht es um eine unsichtbare Kommunikation des Reiters mit seinen Sitzbeinen, unsichtbare Gewichtsverlagerungen und minimale Drehungen seines Schulter- oder Beckengürtels sowie die präzise Variation der eigenen Körperspannung. Entscheidend sind dafür neben der Blickrichtung auch die eigene Atmung und selbstverständlich auch die mentale Ausrichtung, zu der wir später nochmals kommen werden.

Die Gewichtshilfen sind es, die dem Pferd vermitteln, in welche Richtung und in welcher Geschwindigkeit, teilweise auch in welcher Körperhaltung es läuft.

Dabei handelt es sich um die feinste und fairste Art der Informationsvermittlung, denn so kommt ein echter Teamsport, vergleichbar mit dem Paartanz, zustande.

Nicht nur das Pferd macht Sport, sondern der Reiter eben auch. Zwei Körper kommunizieren über ihre Schwingungen und minimale Impulse in den gemeinsamen Bewegungsdialog. Es ist ein Fühlen, ein wechselndes Agieren und Reagieren, weit weg vom mechanisierten »Knöpfedrücken« oder »Befehlegeben«.

Die Gewichtshilfen müssen in dem Sinne von Pferden nicht zwingend kognitiv erlernt werden, weil sie ganz natürlich darauf reagieren.

Es geht um die gemeinsame Balance, den gemeinsamen Muskeltonus und den Zauber der körperlichen Verständigung – und zwar auf der Ebene, auf der Pferde von Natur aus die ungekrönten Meister sind. Um ehrlich zu sein, müssen vor allem wir Menschen diese Hilfengebung lernen und üben. Pferde steigen sofort in den Bewegungsdialog ein, solange sie entspannt sind.

Was über die Gewichtshilfen allein (noch) nicht funktioniert, unterstützen die Schenkel- und am Ende die Zügelhilfen, und zwar in genau dieser Reihenfolge und Wertigkeit.

Bei den Schenkelhilfen gibt es einerseits gewisse Signale, die man Pferden in der Ausbildung beibringt, andererseits wirken auch diese zumindest in Teilen aus sich selbst heraus und unterstützen ganz natürlich das »richtige«, also von uns erwünschte Gehen des Pferdes. Diese ebenfalls nahezu unsichtbaren, fein dosierten und im richtigen Rhythmus und Bewegungsmoment eingesetzten Schenkelhilfen sind in der Lage, beispielsweise eine ganz logische, anatomisch richtige Biegung oder feinste Versammlung zu erwirken.

Die Reiterbeine beeinflussen die Bauchmuskeln und im übertragenen Sinne auch den Pferderücken und sein Becken, über die ventrale Muskelkette sogar die Halsform und Kopfhaltung – und das noch ohne jeden Zügelzug!

Die Zügelhilfen sollten als letzte der drei Kategorien sozusagen das Tüpfelchen auf dem i darstellen. Je besser wir Reiter über Gewichts- und Schenkelhilfen reiten können, desto weniger »brauchen« wir den Zügelzug überhaupt.

Eine konstante, weich federnde Anlehnung zu gut geschulten, fühlenden Reiterhänden ist bei den meisten Pferden erfahrungsgemäß sehr beliebt und bringt vielen Pferden tatsächlich mehr als gar keine Zügelverbindung. Dabei führen die Reiterhände die Zügel und damit das Zaumzeug des Pferdes jedoch weitestgehend passiv. Die Arme des Reiters machen keine groben Bewegungen, sondern kommunizieren beispielsweise über mehr oder weniger Druck des Daumens oben auf der Zügelfaust.
In unserem »Workshop Hilfengebung« haben wir mittels Federkraftmesser festgestellt, dass die Bewegung des menschlichen Daumens bei ansonsten unbewegter Hand bereits eine Spannungsänderung des Zügels im sowohl für Pferde als auch für Menschen gut spürbaren Bereich von 100 Gramm erwirkt. Grobe, kiloschwere Zügeleinwirkung ist im Notfall vielleicht legitim, aber im Alltag und zu Ausbildungszwecken unbedingt zu vermeiden.

Ziel der Ausbildung wie Pferde sie lieben, ist es, so wenig wie möglich aktiv formend oder in dem Sinne bestimmend am Pferd herumzumanipulieren, sondern immer mehr in einem möglichst partnerschaftlichen Dialog zu schwingen.

Dabei ist neben der Reihenfolge der Hilfengebung auch entscheidend, dass die Hilfen sich nicht widersprechen. Sagt beispielsweise die Gewichtshilfe unbeabsichtigt links und die Zügel ziehen nach rechts, während die Schenkel eigentlich für beide Richtungen falsch liegen, dann machen Pferde je nach Naturell entweder gar nichts oder bieten irgendetwas Chaotisches an.

Auf jeden Fall funktioniert die Kommunikation natürlich nicht, und aus Pferdesicht ist das der häufigste Grund für Missverständnisse zwischen Menschen und Pferden. Gesunde Pferde hätten oft rein gar nichts dagegen so zu laufen, wie es der Mensch beabsichtigt, sie können die Signale aufgrund von Sitz- und Hilfengebungsfehlern nur oft nicht richtig deuten.

Muss der Reiter nicht bestimmen?

Jein. Natürlich ist es schwierig oder sogar unmöglich, permanent in einer rosaroten Partnerschaft zu reiten. Wenn man beispielsweise eine bestimmte Dressuraufgabe oder über einen vorgegebenen Parcours reitet, dann bestimmt man als Reiter am Ende natürlich doch.

Die Kunst ist zum einen, dass sich das für das Pferd nicht so anfühlt. Hat man das mit dem Bewegungsdialog richtig drauf, dann fühlt sich das aus Pferdesicht so an, als wollte es quasi eh gerade in die bestimmte Richtung gehen.

Auch Lektionen ergeben sich idealerweise ganz natürlich aus der Kombination zwischen der mentalen Ausrichtung und den körperlichen Hilfen, die tatsächlich physiologisch zu bestimmten Bewegungen führen, ohne sich wie Befehle anzufühlen.

Haben Sie einmal mit einem richtig guten Partner getanzt, der sie führt, ohne dass Sie sich geschubst oder gezogen oder gar immer wieder korrigiert fühlen? Die Schritte und Bewegungsrichtung ergeben sich bei guter Führung nahezu mühelos und man kommt sich vor, als hätte man es richtig drauf und möchte ewig weitertanzen.

Zum anderen verfolgen wir beim Reiten wie es Pferde lieben die Idee, dass der Reiter in manchen Situationen sicherlich bestimmen muss. Beim Ausritt wird vor der Straßenüberquerung angehalten, und wenn das nicht ganz allein aufgrund der bestmöglichen Gewichtshilfen funktioniert, müssen, dürfen und sollen Sie selbstverständlich auch die Zügel zu Hilfe nehmen. In manchen Situationen heißt es effizient sein und dafür ist eine klare Ansage der pferdefreundlichste Weg. Die Zügelhilfen setzen sozusagen durch, was aufgrund der vorbereitenden Gewichts- oder Schenkelhilfen, je nach Reitweise und Ausbildungsstand auch der Stimmsignale, noch nicht funktioniert hat.

Aber dabei sind wir uns bewusst, dass das nicht der Idealfall ist. Über die Zügelhilfen zu bremsen ist weder erstrebenswert noch trainingsphysiologisch sinnvoll. Wenn es sein muss, muss es sein. Ein durchgehendes Pferd darf selbstverständlich nicht ungehindert auf die Autobahn rennen und in dem Moment ist eine unfeine Handeinwirkung des Reiters sicherlich das kleinste Problem des Pferdes. Aber wie oft rasen Sie denn in Ihrem reiterlichen Alltag mit Ihrem Pferd mit Vollgas in Richtung Autobahn?

Ich hoffe sehr selten, mir persönlich ist das in all den Jahren nie passiert. Uns geht es um all die anderen Situationen, um all die anderen Paraden, um all die anderen Wendungen, um all die anderen Gelegenheiten, in denen es nicht gerade ums blanke Überleben geht. Zu all diesen Tausenden Gelegenheiten können wir die feinste, freundlichste, zügelunabhängigste und partnerschaftlichste Hilfengebung üben, die möglich ist.

Hilfen konditionieren

Viele Menschen sehen Pferde noch immer als operant zu konditionierende, lebende Maschinen. Denen muss man in der Ausbildung quasi das erwünschte Programm aufspielen, die richtige Reaktion des Pferdes installieren (nach dem Motto »zweimal zupfen heißt Galopp«) und wenn das Pferd den Befehl nicht befolgt, dann wird er je nach Herangehensweise mit gesteigertem Druck durchgesetzt oder aber die Frage und die Belohnung verändert.
In Teilen ist das sicher richtig (ich selbst habe vor vielen Jahren mein erstes Buch über klassisches Reiten mithilfe moderner Lernpsychologie geschrieben), aber ankonditionierte Reaktionen sind nicht alles. Theoretisch könnte man Pferden mit richtig angewendeter Lerntheorie nahezu alles beibringen, aber selbst wenn man das belohnungsbasiert über positive Verstärkung (Clickertraining) tut, führt es eben nicht zwangsläufig zum Reiten wie es Pferde lieben. Auch wenn verschiedene Lernmethoden Pferden natürlich mehr oder weniger Spaß machen, ist die Lernmethode für viele Pferde nicht der springende Punkt, sondern *tatsächlich das körperliche Empfinden während des Laufens*. Wie sich die Tätigkeit selbst anfühlt ist mindestens so wichtig wie die (positiven oder negativen) Konsequenzen des Verhaltens.

Arbeiten Sie selbst vielleicht im Ehrenamt?
Manche Tätigkeiten sind so erfüllend, dass man keine Bezahlung braucht. Oder wenn Sie Ihre Kinder betreuen: Das ist ehrlich gesagt oft anstrengend und man bekommt nichts dafür, und dennoch tun wir es als Eltern selbstverständlich und mit aller Liebe, die wir haben.

Oder als Sie Ihren Beruf gewählt haben, ging es da nur darum, wie viel Geld Sie verdienen werden oder wie groß der soziale Status ist? Ging es nicht auch um die Tätigkeit selbst? Bleibt nicht so mancher Mensch sogar freiwillig in einer weniger gut bezahlten Anstellung, weil sie so viel Spaß macht und die Kollegen super sind oder man eben so richtig hinter dem Unternehmen steht? Mit Spaß zur Arbeit zu gehen ist für viele Menschen mindestens so wichtig wie das, was nachher auf dem Konto landet.

Gutes Reiten ist selbstbelohnend

Losgelassene Bewegung fühlt sich körperlich einfach gut an. Das beschriebene Reiten im Bewegungsdialog mit einem gut sitzenden Reiter befriedigt die Bedürfnisse des Pferdes nach physiologischer Bewegung und nach Verbindung. Unter bestimmten Voraussetzungen schaffen es Pferd und Reiter, in ein Flow-Erleben zu finden. So bezeichnet man das tiefe und reflexionsfreie Aufgehen in einer Tätigkeit bei hohem Engagement und einer ganz gelassenen, natürlichen Konzentration. Man versinkt in die Sache und die Zeit vergeht wie im Flug.

Um in den Flow zu kommen, muss die Bewegung einerseits sportlich sein, andererseits fühlt es sich an, als könnte man ewig weitermachen. Flow-Erleben braucht eine gewisse körperliche Aktivität in einem sportlichen Rhythmus, am besten mit Schwebephase. Ein losgelassener Trab oder Galopp sind am besten geeignet.

Außerdem muss die Tätigkeit uns ein wenig herausfordern: Sind die Anforderungen zu hoch (die Übung zu schwer, zu schnell, zu neu oder unverständlich) oder aber zu niedrig (zu langsam, zu leicht, zu langweilig) funktioniert es nicht. Auch wenn der Rhythmus ständig gebrochen wird (also das Pferd etwa ständig wieder gebremst wird, und sei es um ihm ein Leckerli zu geben) oder man selbst keine Kontrolle über den Tätigkeitsverlauf verspürt (weil man zu kleinschrittig korrigiert oder verbessert wird und nicht einfach mal machen darf), gibt es keinen Flow.

Das Flow-Erleben aber ist es, was die gemeinsame Bewegung selbstbelohnend macht. Haben Sie das schon einmal erlebt? Man möchte gar nicht mehr aufhören, man benötigt ausnahmsweise auch mal keinerlei Bestätigung oder Belohnung von außen, man ist sich selbst genug.

Das Reiten (oder auch Longieren) im Flow ist durchaus anstrengend; es könnte sogar leichten Muskelkater geben, aber daran denkt man in dem Moment gar nicht. Man schwingt einfach. Jeder Tritt (oder Galoppsprung) mündet in den nächsten. Diese federnde, hüpfende Bewegung mit all den kleinen Schwebephasen macht (ähnlich wie Trampolinspringen) einfach glücklich – und zwar weil und während man sie tut.

Inwiefern helfen dabei die Hilfen?

Wie bereits gesagt, haben die klassisch korrekten Hilfen beim Reiten wie es Pferde lieben die Eigenschaft, das Pferd in seinem Rhythmus zu fördern und seinen Muskeltonus zu beeinflussen. Der Reiter kann initiieren, dass das Pferd in eine Geschwindigkeit, eine Bewegungsfrequenz und eine Körperhaltung kommt, in der es sich losgelassen bewegen kann und damit das Flow-Erleben sozusagen starten.

Der Reiter kann mit seinem Sitz und seiner Einwirkung und natürlich seinem Übungsaufbau das Pferd dabei unterstützen, auf die Bewegungsideen zu kommen, die dann selbstbelohnend wirken. Manchmal braucht es dafür ein bisschen Energie von außen, bevor alles schwingt. Stellen Sie sich vor, Sie liegen gemütlich auf der Couch und überlegen gerade, sich den nächsten Snack zu holen, als Ihre beste Freundin klingelt und Sie zum Joggen oder zum Zumba abholen will. Ein bisschen Überwindung gehört schon dazu, aber wenn Sie es dann tun, war es definitiv die beste Idee des Tages und Sie fühlen sich in Ihrem Körper so viel wohler und teilen ein weiteres tolles Erlebnis mit Ihrer Freundin.

Wollen ist nicht Können

Solche Hilfen zu geben, muss der Reiter erst mal können! Ganz abgesehen von der mentalen Ausrichtung und der Entscheidung, ein solcher Reiter im Bewegungsdialog sein und immer besser und öfter in einem echten Flow mit dem Pferd reiten zu wollen, braucht es dafür

Gemeinsam etwas Erleben: Claudia mit ihrem frisch angerittenen Trakehner Jungpferd Sycardo.

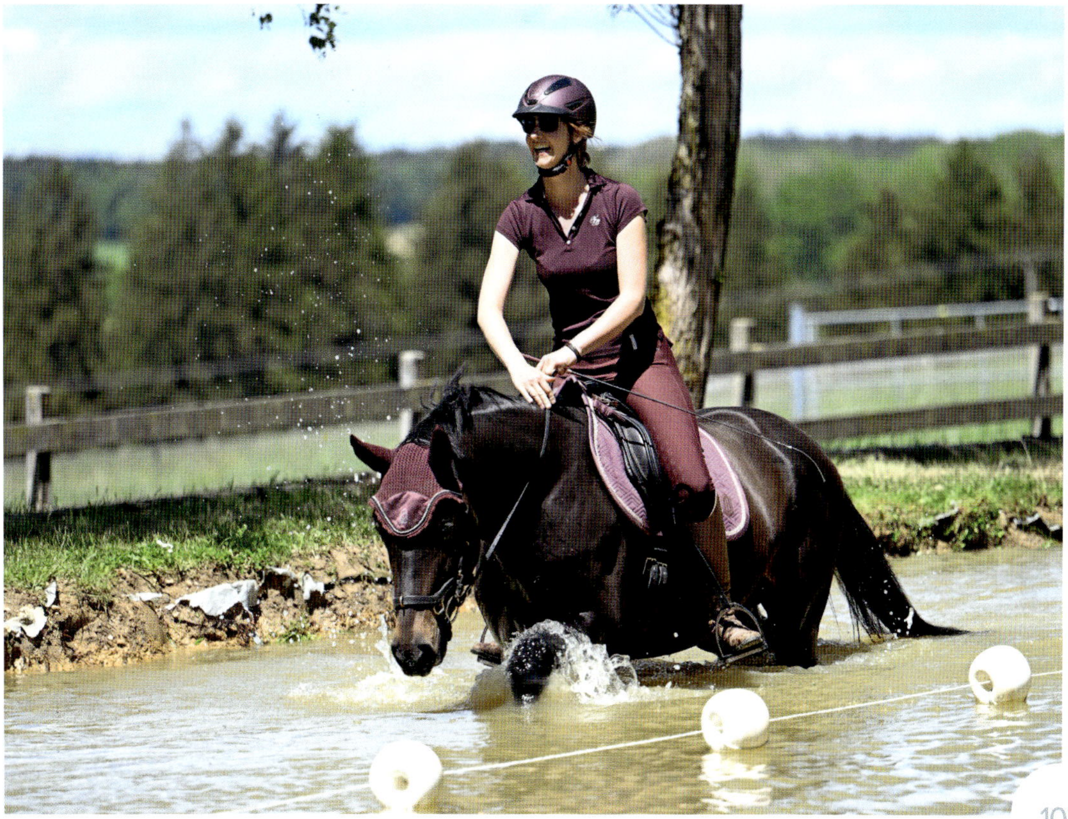

tatsächlich technisches Reitkönnen. Der gute Sitz alleine genügt noch nicht. Auch für die Hilfengebung brauchen wir Reiter gewisse Schlüsselqualifikationen, und zwar unabhängig von der Reitweise oder Sportart, die wir mit unserem Pferd anstreben.

Viele Reiter verstehen durchaus, wo am Pferdebauch sie beispielsweise wie treiben sollten und möchten durchaus feine Zügelhilfen geben, aber sie schaffen es koordinativ nicht umzusetzen. Da verrutscht uns der Schenkel gegen unseren Willen und wider besseres Wissen doch und die Hand hat leider ein unbeabsichtigtes Eigenleben. Da verspannen wir uns trotz bester Absicht und jahrelangem Unterricht eben doch an den falschen Stellen, ziehen versehentlich die Fersen hoch oder versauen den Rhythmus. Beim Reiten ist eben auch vieles gleichzeitig zu tun und nur in einer bestimmten Dosierung überhaupt richtig.

Wir Menschen sind oft Theorieweltmeister und Wissensriesen, scheitern aber dennoch manchmal an der Praxis. Ganz schön frustrierend, wenn man weiß, wie etwas geht und es sogar aus den richtigen Gründen tun will, und der eigene Körper es dann doch in der Praxis leider anders oder nicht oder schlicht zu spät umsetzt.

Schlüsselqualifikationen üben

Die Schlüsselqualifikationen für richtig gutes Reiten kann man lernen und üben. Lange bevor es um das perfekte Zusammenspiel aller Hilfen in schwierigen Lektionen geht, kann man sozusagen die Einzelbestandteile und Grundlagen trainieren: Gleichgewichts- und Rhythmusfähigkeit, muskuläre Unterscheidungsfähigkeit, räumliche Orientierungsfähigkeit, Reaktionsfähigkeit, Anpassungs- und Umstellungsfähigkeit führen dazu, dass wir uns auf und am Pferd gut koordinieren können. Nur wenn diese Fähigkeiten genügend ausgebildet sind, schaffen wir es, die feinen Hilfen auch wirklich umzusetzen wie geplant.

Die gute Nachricht ist: Während dieser spielerischen Übungen können wir bereits in ein Flow-Erleben finden!

Reiten darf nicht erst dann Spaß machen, wenn wir irgendwann zu einem späteren Zeitpunkt perfekt sind, sondern bereits das Üben auf dem Weg dahin kann Mensch und Pferd richtig Freude bringen und gute Bewegungsgefühle verschaffen.

Bereits die Übung der Schlüsselqualifikationen sind für die Pferde bereits angenehm und gesundheitsförderlich und funktionieren mit etwas Organisation auf jedem Niveau.

Dafür ist die Herangehensweise wichtig: Anstatt Endziele und bestimmte Lektionen zu pauken und diese immer wieder mehr oder minder falsch zu wiederholen, konzentrieren wir uns auf die Basisqualifikationen, die wir Reiter dafür benötigen. In vielen Fällen werden die Lektionen nämlich auch bei der zehnten Wiederholung nicht besser, weil es an Koordination für die richtige Hilfengebung mangelt. Trainieren wir die verschiedenen koordinativen Fähigkeiten, sind wir nachher überhaupt in der Lage, beispielsweise die diagonale Hilfengebung in einer Pirouette richtig umzusetzen. Je besser

wir unsere Arme und Beine unabhängig vom Rumpf spüren und ansteuern können, desto besser machen unsere Körperteile dann in den späteren Lektionen auch das, was wir wollen. Und diese einzelnen Schlüsselqualifikationen lassen sich trainieren, ohne das Pferd damit zu belasten, also eben ohne für das Pferd frustrierende Wiederholungen von nicht gelingenden Lektionen zu provozieren.
Goldstandard zum Üben wäre die Sitzlonge, also wenn der übende Reiter von einer zweiten Person auf seinem Pferd longiert wird und sich gänzlich auf die eigenen Koordinations-, Gleichgewichts- und Rhythmusübungen konzentrieren kann, ohne für das Pferd verantwortlich zu sein. Aber auch wenn das nicht oder nur ab und zu gegeben ist, lassen sich viele dieser Schlüsselqualifikationen ganz spielerisch und nebenbei sogar im Gelände trainieren oder während man sein Pferd in der Reithalle schlicht einige Runden außenherum laufen lässt.

Wir haben mit dem Masterkey-Programm die Erfahrung gemacht, dass sich die Übungen der Schlüsselqualifikationen auch in das selbstständige Reiten integrieren lassen und Reiter auch bei gänzlich eigenverantwortlichem Training tolle Fortschritte in Richtung Reiten wie es Pferde lieben machen können, denn wir Menschen lieben den Flow genauso wie unsere Pferde! Wir fühlen selbst, wenn wir auf dem richtigen Weg sind, weil sich die Bewegungen dann runder, flüssiger, beschwingter, müheloser anfühlen. Wir sind in der Lage, unseren Lernweg selbst in die Hand zu nehmen und mit etwas Anleitung die benötigten Schlüsselqualifikationen wie fehlende Puzzlestückchen eigenverantwortlich zu üben.

Die Verantwortung für unsere reiterlichen Fortschritte sollten wir aus Liebe zu unseren Pferden nicht von äußeren Faktoren, etwa der Anwesenheit des perfekten Trainers, abhängig machen. Selbstverständlich sollten wir jede Gelegenheit nutzen, guten Unterricht zu nehmen und wahrscheinlich können die wenigsten Menschen das Reiten autodidaktisch lernen. Aber das große Potenzial liegt in der Mitte zwischen den Extremen. Holen Sie sich Unterricht und trainieren Sie darüber hinaus auch eigenverantwortlich. Machen Sie sozusagen Ihre Hausaufgaben und probieren Sie sich aus. Selbst bei bestem Unterricht wird es vermutlich viele Tage geben, an denen Ihr Trainer nicht danebensteht.

Reiten per Gedankenübertragung

Nun war so viel vom Üben, Bewegungslernen und Koordinationstraining die Rede, dabei möchten viele Reiter doch eigentlich per Gedankenübertragung reiten und haben eigentlich wenig Interesse daran, irgendwelche Einzelteile zu üben. Wie geht das denn zusammen? Der Sinn der gut ausgebildeten Schlüsselqualifikationen im Sattel ist es, dass man die ab einem gewissen Ausbildungsniveau quasi wieder vergessen kann. Sobald man die Arme und Beine wirklich unabhängig vom Rumpf bewegen kann, muss man diese Bewegungen nicht mehr bewusst ansteuern, sondern kann sich darauf einfach verlassen. Sobald man sich gut genug im Gleichgewicht befindet, muss man das nicht aktiv wieder herstellen, wenn das Pferd mal stolpert oder schneller wird, sondern der Körper reagiert einfach und passt sich wie von selbst den veränderten Anforderungen an, um im Gleichgewicht mit dem Pferd zu bleiben.

Nachdem man einen Übergang beispielsweise vom Trab zum Schritt mit all seinen Hilfenbestandteilen oft genug geritten ist, denkt man (ganz überspitzt dargestellt) irgendwann nicht mehr »Okay, wenn ich da vorne in den Schritt durchparieren will, dann atme ich jetzt ein, dann aus, lasse meine Kreuzbein sinken, fühle meine flachen Waden am Pferd, ziehe den Bauchnabel zur Wirbelsäule, schaue weiterhin mit aufrechtem Kopf zwischen den Ohren hindurch, drücke einen Moment später möglicherweise meine Daumen etwas mehr auf das erste Zeigefingerglied und entspanne dann im Anschluss die Muskeln meiner Arme, schwinge vorwärts in den Schritt hinein und lasse auch gleich die physiologische Nickbewegung wieder zu«. Sondern man denkt einfach nur noch »Schritt«, der eigene Körper funktioniert einfach, das Pferd geht Schritt und man denkt kurz »Danke«. Das war's.

Liebe ersetzt Können nicht und Seelenverbindung allein macht keinen Reiter

Wir sehen in der Praxis als Reitlehrer manchmal Pferd-Reiter-Paare, die sich offenkundig sehr lieben, die am Boden ein Herz und eine Seele sind, aber die reiterlich dennoch keine schöne Zeit zusammen haben können, einfach weil der Mensch technisch betrachtet zu schlecht reitet. Aus unserer Sicht sollte sich die Pferdeliebe eines Reiters auch darin ausdrücken, dass er Sitzübungen macht und etwas für die eigene Beweglichkeit und Koordination tut, denn bei aller Liebe: Plumpst man beim Leichttraben dem Pferd versehentlich hinter die Bewegung kommend in den Rücken, zieht man unbewusst doch mehr am Zügel als man will oder zu tun glaubt oder widerspricht die körperliche Einwirkung leider den vorher noch so liebevoll aufgebauten und positiv trainierten Stimmsignalen, dann macht das Ganze dem Pferd in dem Moment keinen Spaß.

Egal wie tief die Seelenverbindung zwischen einem Menschen und seinem Pferd ist, kann man ein ziemlich unbequemer Reiter sein.

Manche Menschen, denen die Seelenverbindung das Wichtigste ist und die ihr Pferd per Tierkommunikation fragen, ob es geritten werden möchte, ernten ein Nein.
Interessant wäre, ob dieses Nein vielleicht gar nicht grundsätzlich, sondern aufgrund der bisherigen Reiterfahrungen des Pferdes zustande kommt, die sich unter einem schlechten Reiter eben einfach nicht gut anfühlen. Solange der Besitzer auch nicht reiten möchte, passt das ja. Aber was, wenn eigentlich doch?

Ich gehe davon aus, dass mit dem entsprechenden Reitstil sehr viel mehr Pferde bereit wären, sich (natürlich immer im Rahmen ihrer gesundheitlichen Möglichkeiten) auch freiwillig und freudig reiten zu lassen. Meine Erfahrung ist eher, dass die Menschen, die reiterlich (also auch vom technischen Können her) in der Lage wären, sich den Empfindungen und Gefühlen ihres Pferdes anzupassen, sich nicht zu fragen trauen.

Ich (Katharina) persönlich freue mich über konkrete Tipps, welche meiner Einwirkungen oder Übungen sich aus Sicht meines Pferdes wie anfühlen und trainiere meine eigenen Fähigkeiten auch konkret dahingehend, dass mein Reitstil meinem individuellen Pferd zusagt.

Die Lücke zwischen Wollen und Können

Auch ich (Katharina) selbst habe eine nicht unerhebliche Lücke zwischen meinem tatsächlichen Reitkönnen und meinem eigenen Anspruch. Dabei geht es nicht um Turniererfolge oder offizielle fachliche Qualifikationen (damit bin ich seit jungen Jahren schon gut aufgestellt), sondern tatsächlich um meinen Sitz und meine Hilfengebung.

Ungeachtet dessen, dass ich bereits vor langer Zeit meinen Lernweg auf das Reiten wie es Pferde lieben ausgerichtet habe, könnte auch ich eine immer noch weichere Hand haben, könnte vor allem bei ausgefalleneren Bewegungen meines Pferdes noch geschmeidiger mit in die Bewegung kommen, könnte natürlich noch besser mitschwingen und – wer hätte das gedacht? – auch schlicht noch mehr Zeit auf der Gymnastikmatte verbringen.
Alles zu dem Zweck, dass meine Pferde das Von-mir-Gerittenwerden noch mehr lieben können.

Besonders interessant wird das, wenn ein gewisser Ehrgeiz dazu kommt: Je besser wir reiten, desto eher wird es natürlich möglich, auch schwierigere Lektionen und in höheren Leistungsklassen immer noch so zu reiten, dass das Pferd das lieben kann. Für den Arbeitstrab ganze Bahn sind meine Schlüsselqualifikationen weit genug ausgebildet, in den Serienwechseln machen meine Extremitäten und ich aber trotzdem manchmal unnötigen Quatsch, der sich für mein Pferd nicht gut anfühlt.

Motivieren ohne zu kritteln, fördern ohne zu bremsen, führen ohne zu verwirren, Energie geben ohne zu blockieren, den Rhythmus verbessern statt ihn zu stören – all diese gut gemeinten Ziele sind in der Praxis natürlich nicht so leicht gemacht. Das lernen und verbessern wir Reiter auch unser Leben lang und darüber hinaus.

Perfektion ist nicht zu erreichen, wir müssen uns also so oder so daran gewöhnen, dass es immer eine Lücke zwischen Wollen und Können geben wird. Die Entscheidung, die wir treffen dürfen, ist, ob diese Lücke uns dazu inspiriert, ganz liebevoll mit uns und unserem Pferd immer besser zu werden, auch wenn es Jahre lang dauert. Oder ob wir uns von dieser Lücke entmutigen lassen und entweder frustriert gar nichts tun, aber sogar unsere moralischen Ziele niedriger stecken und dafür Ausreden finden.

Ist es vielleicht doch okay, mit den Zügeln zu ziehen? Ist es vielleicht doch Quatsch, nach dreißig Jahren Reiterfahrung noch an der Sitzlonge zu trainieren? Liegt ein Misserfolg nicht doch vielleicht am Wetter, am Vorbesitzer des Pferdes oder am falschen Sattel?

Wer besser werden will, findet Wege.
Wer das nicht will, findet Gründe.

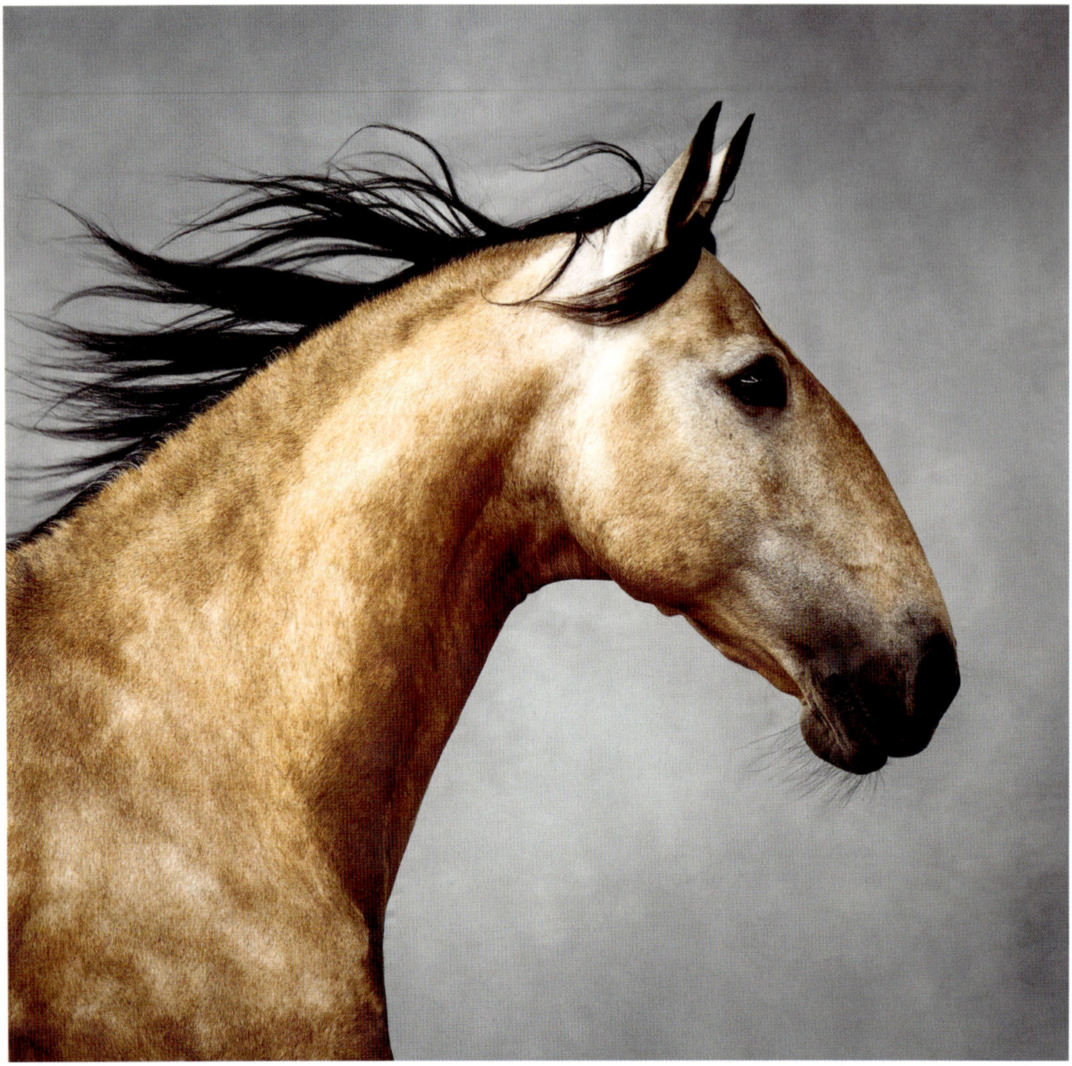

Wie viel Unterstützung braucht das Pferd durch den Reiter?

7. Das Pferd, ein defizitäres Wesen?

Was macht einen guten Reiter aus?

Wer als guter Reiter bezeichnet wird? Kommt immer darauf an, wen man fragt. Landläufig, im Reitsport und in der Pferdevermarktungsindustrie, die sich damit befasst, mit Pferden Geld zu verdienen, ist in der Praxis ein guter Reiter der, der das Potenzial eines Pferdes bis zum letzten Quäntchen herausreiten kann (oft sollte man es eher herauspressen nennen). Worin das Potenzial liegt, ist eine Frage der Bewertung: Im konventionellen Reitsport geht es oft um die Gänge des Pferdes. Macht es größere, höhere, man nennt es »ausdrucksstärkere« Trabtritte oder springt es im Galopp immer übertriebener nach oben »bergauf«, steigt sein finanzieller Wert.

Auktionstrab: Die Gänge des Pferdes herausreiten

Bei der Präsentation von Verkaufspferden, auf Auktionen und in Dressurprüfungen geht es gar nicht darum, die »echten«, also natürlichen, physiologischen Bewegungen eines Pferdes zu zeigen. Die würde es vielleicht unter einem sogenannten schwachen, also einfach nur locker draufsitzenden Reiter zeigen. Die bringen die Menge aber nicht zum Klatschen und die meisten Käufer nicht dazu, höher zu bieten.

Deswegen wird oft nachgeholfen: Ziel ist oft, den maximalen Raumgriff und die maximale »Knieaktion« herauszukitzeln, die das Pferd gerade so noch leisten kann. Und das ist durchaus eine Frage des reiterlichen Könnens!

Nicht jeder vermag sowohl körperlich die entsprechenden Kräfte auf ein Pferd aufzuwenden, nicht jeder kann übertriebene Gänge überhaupt aussitzen und nicht jeder schafft die exakte Abstimmung zwischen Gewichtshilfen (oft gekennzeichnet von einem steifen Reiter, der mit maximal angespanntem Kreuz in Rücklage auf dem Pferd sitzt), zusammen mit energischen Schenkelhilfen (oft in Form von dauerhaftem Zusammenquetschen der Reiterbeine und einem unfeinen Sporeneinsatz, der manchmal sogar Spuren hinterlässt) in Kombination mit kurzen, strammen Zügeln, die den kiloschweren Zug auf der Hand wohl dosiert nach vorne herauszulassen vermögen.

Als guter Reiter wird in dieser Szene oft derjenige bezeichnet, der es schafft, das notwenige Maß an Spannung im Pferd aufzubauen: Die perfekte Kombination aus Vollgas, einer hohen Rumpfspannung und einer bombenfesten Zügelverbindung lässt Pferde sprichwörtlich die Lampen austreten. Das muss man üben, sowohl als Reiter als auch als Pferd. Und es mag komisch wirken, wenn man bei solch starker Kraftreiterei von Gefühl spricht, aber es stimmt: Auch für die Dosierung großer Kräfte braucht es das sogenannte reiterliche Gefühl: Man muss einfach spüren, wie viel Dampf man einem Pferd machen kann, bevor es den Hintern einzieht und angaloppiert, anstatt den Trab immer spektakulärer zu verstärken. Man muss auch fühlen, wie viel Zug in die Hand das individuelle Pferd aushält, bevor es blockiert anstatt zu strampeln. Man muss merken, wie viel man das Pferd nach vorne herauslässt, also mit der Hand federnd nachgibt, um ein maximales Vorwärts zu bekommen, aber eben nicht durch

zu viel Nachgeben dann ein flaches Auslaufen der Bewegung anstatt das die aufgezogene Vorhandaktion.
Falls Sie sich fragen, woher ich (Katharina) das weiß: Ich habe in jungen Jahren mal Auktionspferde geritten, bevor ich mich dann für einen Ausbildungsweg entschieden habe.

Das Ganze funktioniert sogar ohne Reiter: Beim Vortraben an der Hand (etwa auf Zuchtschauen, Körungen, Auktionen) bringt man Pferde oft ebenfalls zum Strampeln, um das Gangpotenzial zu zeigen. Das Vollgas wird hier durch einen Helfer erzeugt, der mit einem sogenannten Raschelstock (einer Peitsche mit einer Plastiktüte dran, vor der die meisten Pferde sehr viel energischer zu türmen versuchen als nur vor einer normalen Gerte) hinter dem Pferd herläuft. Am Kopf des Pferdes, das dabei auf Trense gezäumt ist, hängt eine weitere Person. Ein in dieser Hinsicht guter Vorführer schafft es, einerseits maximal schnell neben dem trabenden Pferd herzurennen und dabei andererseits die richtige Menge Druck auf dem Gebiss aufrechtzuerhalten und den Pferdekopf durch Rucke am Zügel oder Zuhilfe nahme der zweiten Hand in Position zu halten, damit die Gangart Trab bleibt und das Pferd die notwendige Menge an Spannung auf seinen *M. brachiocephalicus* bekommt, damit es die Beine spektakulär wirft.
Klappt das Zusammenspiel zwischen Scheuchen von hinten und Bremsen vorne nicht, springt das Pferd in die Luft, vom Trab sieht man nichts mehr und die Note oder der Preis geht in den Keller. Teuer ist, wer traben kann, was das Zeug hält.

Wenn Sie nicht aus dieser Szene stammen, in der das normal ist, und sich jetzt gerade an den Kopf fassen, verstehe ich (Katharina) das gut. Auch aus meiner persönlichen Sicht ist es eigentlich nicht zu verstehen, dass Pferde unter maximalem Stress in unnatürlichen Bewegungen herumrennen sollen, die nebenbei bemerkt sogar zu Verletzungen (etwa Muskelfaserrissen im Bereich des Unterarm-Kopf-Muskels) führen können und langfristig seine Beine verschleißen. Und wer das am besten hinkriegt, ist dann ein guter Reiter? Diese Frage bräuchte man den Pferden sicherlich nicht zu stellen.

Strampelnde Gänge biomechanisch erklärt

Wieso manche Pferde in der Trabverstärkung »die Lampen austreten«, hängt unter anderem vom unphysiologischen Gebrauch ihres *M. brachiocephalicus* ab. Dieser Muskel verläuft zwischen Schläfenbein und Oberarmknochen des Pferdes und bewegt eigentlich den Pferdekopf nach unten. Wird der Pferdekopf allerdings in seiner Position fixiert, wie es bei den spektakulär unnatürlichen Trabverstärkungen gemacht wird, wird dieser zum sogenannten *punctum fixum* und der Muskel zieht nun den Oberarm zum Kopf anstatt andersherum. Die typische »oben eng hingestellte« Kopf-Hals-Position für den Strampeltrab hat also Methode, denn ungeachtet dessen, dass sie dem Pferd Schmerzen zufügt und die Luftzufuhr drastisch verringert (siehe Tilley et al. 2023), sorgt sie eben dafür, dass die Pferdearme »ausdrucksstark« nach oben schnellen.

Hypermetrisches Gangbild

Hypermetrisch ist »in«: Es bedeutet, dass das Pferd seine Beine, explizit auch die Hinterbeine, in der Hangbeinphase übermäßig hochzieht. Höher als es zum Vorwärtslaufen notwendig wäre, quasi das Gegenteil von »Schlurfen« (Zehenschleifen). Ein hypermetrisches Gangbild wird oft beklatscht und als besonders aktive Hinterhand angesehen, kann aber in Wirklichkeit sogar ein mögliches Krankheitszeichen sein, denn hypermetrisch wird das Gangbild vor allem durch neurologische Störungen. Ein Beispiel, das jeder kennt, ist der Hahnentritt. Von neurologischen Problemen betroffene Pferde gehören um ihrer selbst willen nicht in den Reitsport (zumindest nicht in den Spitzensport) und um ihrer Nachkommen Willen nicht in die Zucht.

Natürliche Gänge

Wenn wir jetzt in dieser Szene ein Pferd in seinen natürlichen Gängen reiten, in einem lockeren Arbeitstrab zum Beispiel, und mit einer physiologischen Kopf-Hals-Position, dann wird das Pferd vermutlich als schlechtes Pferd angesehen und auf jeden Fall der Reiter als »schwacher« (also schlechter, unfähiger) Reiter. Wenn man beim Reiten der Grundgangarten »gar nichts macht«, »nur so draufsitzt« und das Pferd einfach in Frieden vor sich hin traben lässt, dann wirft es die Beine nämlich ganz genauso hoch oder eben meistens eher niedrig, wie es sie von sich aus auch werfen würde. Ohne die Einspannung zwischen vorwärts treibenden und verhaltenden Hilfen, ohne viel Zug auf der Hand, und ohne den schiebenden Sitz bekommen wir einfach kein hypermetrisches Gangbild ins Pferd. Das Pferd läuft dann vielleicht nicht wie die nächste Olympiahoffnung, sondern einfach nur wie ein Pferd.

Was für die Pferdevermarktungsindustrie oder manche Anhänger des Dressursports langweilig und »ausdruckslos« aussehen mag, ist für Pferde sowohl angenehm als auch gesund.

Diese ganz unspektakulären, normalen Gänge, die das Pferd auch ohne Reiter auf der Weide zeigen würde, sind für Pferde physiologisch, und das bedeutet: von Natur aus gesund. Sein Körper ist für diese Bewegungen ausgelegt. Er kann diese Bewegungen ohne Schaden zu nehmen energieeffizient eine ganze Weile lang problemlos und locker ausführen.

Von Natur aus bewegen gesunde Pferde sich gern. Das Herumlaufen, auch in den höheren Gangarten, macht ihnen Spaß und ist gut für ihre Laune und für ihre Fitness – aber in einem Gangmaß (also einer Schrittlänge und einem Fußungsbogen), das dem Exterieur und außerdem dem Trainingszustand ihrer Muskeln und Faszien entspricht.

Training ist das Stichwort: Auch im Rahmen ihres natürlichen Trabablaufs können Pferde den Raumgriff variieren. Sie können sich also etwas mehr versammeln und kürzere, erhabenere Tritte machen oder aber auch den Rahmen etwas erweitern und etwas längere, gestrecktere Trabtritte machen. Die Kunst guter, gesunder, natürlicher Pferdeausbildung ist es, diese Variationen zu reiten, ohne vom natürlichen

Selbstversuch

Laufen Sie bitte mal drei Minuten lang, wie Sie eben laufen – das heißt Sie »traben«, also joggen, einen Weg entlang. Ihre Schrittlänge werden Sie automatisch anpassen, je nachdem welche Schuhe Sie gerade anhaben, ob es bergab geht, ob das Gras nass ist oder der Sandboden tief. Ihre Geschwindigkeit und Ihr Laufstil werden davon abhängen, wie fit Sie sind, aber das weiß Ihr Körper ja selber. Sie laufen einfach. So weit, so gut.
Im Anschluss laufen Sie bitte einmal drei Minuten lang wie ein 300 000 Euro teures Auktionspferd: Werfen Sie die Beine, als gäbe es kein Morgen mehr. Maximaler Raumgriff, und gleichzeitig noch die Knie hoch. Ziehen Sie dabei Ihr Kinn Richtung Brust. Völlig ungeachtet des Bodens. Jeder Trabtritt noch spektakulärer als der nächste.
Und dann fragen Sie sich, ob das Spaß macht. Ob Sie überhaupt drei Minuten durchhalten können. Bevor Sie Herzprobleme bekommen oder sich den Knöchel verstauchen, brechen Sie den Versuch bitte ab und gehen wieder im Schritt!

Trabablauf in den strampelnden »Auktionstrab« zu wechseln. Dafür müssen wir die Grenzen des jeweiligen Pferdes achten und können über viele Jahre des Trainings mit ganz feinen Hilfen das Gangmaß quasi zentimeterweise verschieben.

Diese Art der Tempounterschiede stresst Pferde kaum und hat rein gar nichts zu tun mit dem oben skizzierten »Lampen austreten«. Das Pferd wird dabei nicht vorwärts gescheucht und es wird nicht mit vielen Kilos auf der Zügelhand gehalten – deswegen ergeben sich dadurch eben auch nicht die typischen »*Brachiocephalicus*-Tritte«.

Fragten wir das Pferd, fände es mit ziemlicher Sicherheit den Reiter gut, der mehr oder minder passiv auf ihm sitzt und es in seinen natürlichen Gängen möglichst angenehm begleitet, aber eben nicht stört, an ihm herumzieht, ihm die Beine in den Bauch presst oder es vorwärts scheucht, während er ihm den Kopf fixiert.

Verstehen Sie mich nicht falsch: Dieses »passive« Sitzen ist ebenfalls Sport, es verlangt ebenfalls Übung und Können, aber es hat ein völlig anderes Ziel. Der aus Sicht des Pferdes gute Reiter nutzt seine Rumpfspannung genau in dem Maß, das es braucht, um den natürlichen Trab des Pferdes mit seiner natürlichen, durchaus großen Rückenbewegung wirklich mitzuschwingen. Auch dafür kann der Reiter sich nicht hängen lassen wie ein Kartoffelsack, denn ist man zu mobil, wackelt alles und stört das Pferd – genau wie wenn man zu steif ist.

Es geht aber darum, die Bewegung des Pferdes maximal angenehm zu begleiten. Anstatt die Balance des Pferdes absichtlich zu stören und einzuschränken, um die Spanntritte hinzubekommen, geht es diesem Reiter darum, in ein möglichst perfektes, dynamisches Gleichgewicht mit dem Pferd zu gelangen.
Nur so kann das Pferd seine natürlichen Gänge wirklich vollumfänglich natürlich in Losgelassenheit und mit physiologischem Schwung zeigen.

Dafür müssen wir mitschwingen, statt Zug und Druck zu erzeugen. Wir brauchen Losgelassenheit statt Kraft. Fließenlassen statt Herausquetschen, damit das Pferd trotz unserer Anwesenheit auf seinem Rücken wirklich ungehindert seinen allerschönsten Trab zeigen kann, den es ohne uns auf der Weide nämlich genauso schön zeigen könnte und dem wir ihm keineswegs mit Stress oder gar Gewalt »beibringen« müssen.

»Du sollst das Pferd nicht unter seinen Möglichkeiten vorstellen«

Diesen Satz hat einmal eine hochdekorierte Richterin zu mir (Katharina) gesagt, und ich kann Ihnen sagen: Der hat gesessen! Ich soll das Pferd nicht unter seinen Möglichkeiten vorstellen. Damit hat sie mir implizit mitgeteilt, dass ich auf einem guten Pferd sitze (und das fand ich natürlich auch. Er war ganz wundervoll!), aber eben auch klipp und klar, dass ich und meine reiterlichen Fähigkeiten den limitierenden Faktor für unseren Erfolg darstellten. Nicht gerade angenehm, wenn du seit vielen Jahren 24/7 nichts anderes tust als besser reiten zu lernen. In dem Moment war ich schockiert und wollte eigentlich gerne alles hinwerfen und mein Geld lieber im Supermarkt an der Kasse verdienen. Heute habe ich allerdings eine etwas andere Sicht auf die Dinge entwickelt.

Dazu möchte ich gerne noch ein bisschen Vorgeschichte erzählen: Zu der Zeit war ich persönlich gerade damit beschäftigt, meine Handhaltung zu verbessern. Unmittelbar bevor die berühmte Dame diesen Satz zu mir sagte, trabte ich gerade gedankenversunken über den Reitplatz.

Lieber das Pferd unter seinen Möglichkeiten reiten als über seine Bedürfnisse hinweg.

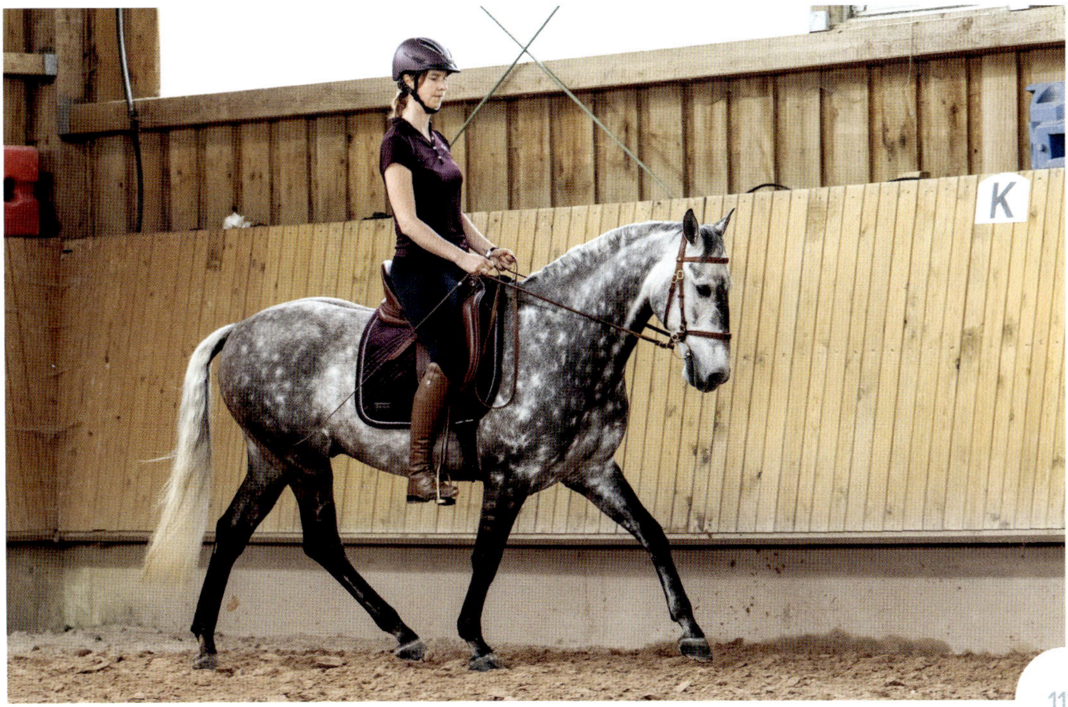

Das Pferd und ich befanden uns in der Lösungsphase, die aus meiner Sicht das Ziel hat, dass das Pferd sich entspannt aufwärmt. Wir waren also gerade als das Gegenteil von »ausdrucksstark« unterwegs. Ich war auf meine Handhaltung konzentriert und spielte gedanklich mit dem inneren Bild der zwei Vögelchen (nach Sally Swift): Dabei stellte ich mir vor, ich hielte zusätzlich zu den Zügeln je einen kleinen Vogel in meiner Hand. Hintergrund ist, die Faust genau so locker und liebevoll zu schließen, dass die Vögelchen weder zerquetscht werden noch herausfallen. Außerdem trägt man sie natürlich so ruhig vor sich her, dass die Vögelchen kein Schleudertrauma erleiden. Und just während ich mit dem höchst reiterlichen Ziel beschäftigt war, meinem Pferd eine feine, ruhige, weiche, freundliche und angenehme Reiterhand zu bieten, traf mich dieser Satz.

Mein Reitstil war also limitierend für meinen Erfolg. Einerseits tragisch, aber heute bin ich fast stolz darauf. In einer Szene, in der eine in dem Sinne feine Hand gar nicht gefragt ist, in der das Wohlergehen des Pferdes zwar manchmal angeblich, aber selten praktisch überhaupt an erster Stelle steht, in dieser Szene bin ich nicht erfolgreich geworden.

Die besagte Dame muss sich heute übrigens mit Rollkur-Vorwürfen auseinandersetzen und ihr grobes Training rechtfertigen, während ich immer noch meine Handhaltung weiter zu verfeinern versuche. Denn natürlich bin ich auch Jahre später nicht perfekt, aber ich arbeite an den aus meiner Sicht richtigen Dingen. Fühlt sich unter moralischen Gesichtspunkten gar nicht schlecht an.

Wenn wir uns das mal aus Sicht des Pferdes anschauen, was bedeutet denn dann »unter seinen Möglichkeiten«?
Es heißt zunächst einmal, dass das Pferd sich nicht bis auf Äußerste anstrengen muss. Es heißt, dass es keinen Spitzensport betreiben muss. Es heißt, dass es nicht den maximalen Raumgriff in seinen Bewegungen haben muss und nicht die maximale Spannung. Es muss nicht die allerschwersten Lektionen ausführen, nicht die maximalen Stopps, oder die maximale Sprunghöhe. Es wird nicht bis an seine Leistungsgrenze getrieben. Muss das nicht furchtbar sein?

Mitnichten! Ich wage zu behaupten, dass es für die meisten Pferde ein Segen ist, wenn sie »unter ihren Möglichkeiten« laufen dürfen. Ich kenne zwar Pferde, die durchaus selbst einen Leistungsgedanken verfolgen und sich auch zumindest teilweise über Leistung, Erfolg und Applaus freuen, aber ich kenne sehr viel mehr Pferde, die eine gemütliche, weiche, entspannte gemeinsame Bewegung mit dem Menschen definitiv vorziehen würden.

Ich kenne sehr viele Pferde, die es definitiv lieben, wenn ihre Reiter Sitzübungen machen, denn je weicher und geschmeidiger wir Reiter sitzen, desto angenehmer und leichter fällt ihnen das Laufen.

Viele Pferde sind regelrecht erleichtert, wenn es beim Reiten nicht darum geht, das Maximum aus ihnen herauszuquetschen, sondern darum, wie sie es gerne haben und was wir Reiter dafür tun können, dass sie freiwillig und locker laufen können.

»Die Grundgangarten verbessern« – ein fragwürdiges Konzept!

Man möchte meinen, es wäre eine Frage der eigenen Weltanschauung. Ist das Pferd ein defizitäres Wesen, das es zu verbessern, zu stählen und zu formen gilt? Muss ihm seine schlechte Natur ausgetrieben werden, müssen wir ihm das Laufen erst beibringen und es dabei in jedem Schritt überwachen, korrigieren und maßregeln? Oder ist es ganz im Gegenteil ein Sohn oder eine Tochter des Windes, der/die sich bereits wenige Stunden nach seiner Geburt in allen Gangarten und Wendungen perfekt ausbalanciert bewegen kann? Kann es nicht längst traben, galoppieren, oder Pirouetten drehen, bevor wir als Reiter ins Spiel kommen? Geht es nicht eher darum, dass wir uns selbst auf seinem Rücken ausbalancieren, dass wir sein bereits vorhandenes Bewegungsgefühl, seinen Schwung und Balance nicht kaputt machen?

Ein Sitz hinter der Bewegung stört die Rückentätigkeit und damit den natürlichen Takt massiv. Schraubstock-Beine schränken die natürliche dreidimensionale Bewegung des Pferderumpfes ein, und durch die willentlich mit der Hand herbeigeführte Positionierung des Pferdekopfes bringen wir es in vielen Fällen erst in die Bredouille, aus der wir es dann mittels »Gangtraining« zu retten gedenken.

Wo immer ich (Katharina) in den letzten Jahrzehnten zugegen war und von einer aktiven Verbesserung der Grundgangarten gesprochen wurde, passierte in Wahrheit Folgendes: Die Pferde wurden »angestochen«, das heißt sie wurden mit Sporen und/oder Gerteneinsatz zunächst dazu gebracht, so richtig vorwärts zu rennen. Diesen übertriebenen und definitiv unfreiwilligen Schub formte man dann über unfeinen Einsatz der Reiterhand, nicht selten in Rollkur-Manier. Keines der Pferde hat das auch nur im Geringsten geliebt!
Wieso also nicht annehmen, dass das Pferd bereits laufen kann und anstatt am Pferd herumzukritteln, lieber an unserem eigenen Sitz und einer so störungsarmen Einwirkung wie möglich arbeiten?

Was die Grundgangarten außerdem verbessert, ist, sie möglichst vielfältig zu benutzen. Das geht wunderbar durch das Reiten im Gelände, denn hier sorgen allein die verschiedenen Untergründe, Bodenbeschaffenheiten, Steigungen und Umweltreize dafür, dass das Pferd ganz von

In den Worten der Ausbildungsskala

Wissen Sie, was die Gangarten des Pferdes wirklich verbessert?
Die Losgelassenheit. Echter, freiwilliger, ungestresster Schwung über den Rücken ist Folge von Losgelassenheit. Geraderichtung und Versammlung sind Folgen von Losgelassenheit. Wenn wir also unbedingt an irgendetwas »arbeiten« und irgendetwas »verbessern« wollen, dann wäre es logisch, die Losgelassenheit in den Fokus zu nehmen.

Achtung Lahmheitszeichen!

Ich hoffe einerseits, Sie als Pferdebesitzerin sind nun ganz motiviert und reiten Ihr Pferd glücklich durch die Welt.
Andererseits ist es wichtig, auf Ihr reiterliches Bauchgefühl zu hören: Wenn Sie Ihr Pferd tatsächlich als in seinen Gangarten defizitär erleben, wenn es sich nicht loslässt und sich trotz all Ihrer reiterlichen Bemühungen nicht ohne Weiteres locker und natürlich vorwärts bewegt, dann kann das gute Gründe haben. Wenn Sie selbst grundsätzlich alle Grundgangarten reiten können, aber sich das Reiten mit einem bestimmten Pferd eher wie eine Raketenwissenschaft anfühlt, dann stecken oft handfeste körperliche Gründe seitens des Pferdes dahinter. Lesen Sie dazu bitte unbedingt das Kapitel 2. Wenn es beispielsweise nicht ohne Weiteres möglich ist, ein paar Runden in freier, natürlicher Haltung zu traben oder zu galoppieren, dann sollten Sie das Pferd einem Tierarzt vorstellen.

selbst immer besser »durch den ganzen Körper« geht, weil es ihn ganz natürlich nutzen muss, um sich auszubalancieren.
Auch wir als Reiter werden dabei immer geschmeidiger, vor allem wenn wir wirklich in allen Gangarten und in möglichst vielfältigen Situationen (über Wiesen, unter Bäumen, über Bodenwellen, über Stock und Stein) reiten. Je mehr wir uns und das Pferd (auch psychisch) entspannen können, während wir andererseits natürlich ein gewisses Aktivitätslevel an den Tag legen (denn immerhin reiten wir ja auch in allen Gangarten, müssen hinschauen, hinfühlen und unseren Körperschwerpunkt immer wieder mit dem des Pferdes in Einklang bringen), desto losgelassener sind wir. Aktivität ohne Druck, Sport ohne Krampf, Kopf aus und Flow an. Oftmals müssen wir eigentlich gar nichts verbessern, sondern dürfen einfach nutzen, was wir haben. Und was es dann vielleicht doch zu verbessern gibt, verbessern wir »learning by doing« in der Anwendung.
Das Ganze darf aber auch währenddessen schon Spaß machen und nicht erst dann, wenn wir unsere Ziele erreicht haben.

Die Unterschiede: Wie erkenne ich gesunden, natürlichen Trab?

Woran kann man erkennen, ob ein Trab physiologisch, also natürlich, gesund und freiwillig ist? Wie sieht man dagegen, dass einem Pferd ein unnatürlich »spektakulärer« Trab unter Druck und Zwang eingetrichtert wurde? Ist dann jeder untertourige Trab plötzlich ein guter Trab? Natürlich nicht!

Parallelität der Hangbeine

In einem natürlichen Trabtakt sind das Röhrbein des Hinterbeins und der Unterarm des diagonalen Vorderbeins annähernd parallel, und zwar in jeder Phase der Bewegung.

Von einem ganz sicher unnatürlichen, über den *Brachiocephalicus*-Effekt erzwungenen Strampeltrab kann man ausgehen, wenn sich der Unterarm des Vorderbeins übermäßig hebt, also annähernd in die Horizontale kommt, während die gegenüberliegende Hinterröhre eher vertikal bleibt. Machen Sie gerne mal Fotovergleiche und achten Sie auf die beschriebene Parallelität, vor allem von Pferden in »spektakulären« Trabverstärkungen, aber auch im ganz normalen Arbeitstrab. Egal in welcher Phase das Bild gemacht wurde (also auch in nicht so schicken Bewegungsphasen, die man sonst nicht darstellen möchte), im physiologischen Trab stimmt diese Parallelität, und zwar egal in welchem Tempo.

Und was ist mit den Stützbeinen?

Im perfekten Trabablauf setzt ein diagonales Beinpaar im selben Moment auf den Boden auf und fußt auch gleichzeitig wieder ab. Das Pferd »hüpft« sozusagen von einer Zweibeinstütze auf die nächste und belastet dabei die beiden diagonalen Beine exakt gleichmäßig.

In der Realität fußen die beiden Stützbeine oft nicht exakt gleichzeitig auf oder ab. Streng genommen handelt es sich dabei bereits um einen Taktfehler. Wenn das Vorderbein noch am Boden ist, während das Hinterbein bereits abgefußt hat, kann das bedeuten, dass das Pferd sich mit diesem Vorderbein unphysiologisch in die Bewegung zieht, anstatt mit dem parallelen Hinterbein in die Bewegung abzudrücken.

Die Ursache kann in einer zu handlastigen Reitweise mit zu viel Zügeleinsatz liegen und so gesehen einen Reiterfehler oder einen Ausbildungsmangel aufdecken.
Noch viel häufiger deckt es allerdings auf, dass das Hinterbein bereits überlastet, wenn nicht geschädigt ist, sodass das Vorderbein diesem ein bisschen Arbeit abnimmt.

Es liegt in der Natur des Pferdes, auch mit Problemen an den Gliedmaßen klaglos weiterzulaufen – sie verschieben einfach ein kleines bisschen ihren Takt, übernehmen also mit den noch gesunden oder schlicht stärkeren Beinen die Arbeit und kompensieren so ihre Schwachstellen.

Auch wenn das Hinterbein zuerst auffußt und das Vorderbein länger in der Luft bleibt oder früher wieder abfußt, kann das ein Zeichen für eine gesundheitliche Problematik sein. Es ist keinesfalls ein Zeichen für einen »besseren Reitstil«, nämlich ein falsch verstandenes »Gehen auf der Hinterhand«, sondern zeigt eine bereits existente Überlastung der Vorhand an, weswegen das Pferd die Stützbeinphasen vorne abkürzen möchte.

Wichtig zu wissen: Ist dieses nicht ganz gleiche Auf- oder Abfußen mit bloßem Auge in der Bewegung (also beim Zuschauen oder auf einem Video in normaler Geschwindigkeit) sichtbar, muss man von einem Problem ausgehen: Verkürzte oder verlängerte Stützbeinphasen sind ein Lahmheitszeichen.

Wenn das nicht exakt gleichzeitig auf- oder abfußende Beinpaar bei Normalgeschwindigkeit nicht auffällt, sondern nur dank hochauflösender Technik auf Standbildern zu erkennen ist, dass einer der Hufe noch voll auf dem Boden lastet, während der andere schon wenige Millimeter weiter im Bewegungsablauf zu sein scheint, dann würden wir empfehlen, das Thema natürlich im Hinterkopf zu behalten, aber nicht übertrieben zu pathologisieren, sofern nicht weitere Lahmheitszeichen auftreten.

Einem Pferd aufgrund eines Fotos ein Problem anzudichten, was heutzutage vor allem auf Social Media leicht ungefragt passiert, ist weder seriös noch hilfreich. Eine tragfähige Aussage bezüglich einer Lahmheit ist erst nach einer umfassenden Ganganalyse anhand verschiedener Kriterien machbar.

Frequenz

Über die richtige, also gesunde Trabfrequenz gibt es wissenschaftlich gesicherte Aussagen, die sich interessanterweise mit den überlieferten Angaben aus der deutschen Reitlehre decken. Ein gesunder, natürlicher, pferdefreundlicher Trab hat 35 bis 40 Trabtritte pro 15 Sekunden (vgl. Dyson, genaueres im Kapitel 2). Bewegen sich Pferde in einer schnelleren oder einer langsameren Frequenz, ist das ein wissenschaftlich hieb- und stichfest erwiesenes Zeichen für Schmerzen.
Der anerkannte Meister der klassischen Reitkunst Udo Bürger gibt umgerechnet 40 Trabtritte pro 15 Sekunden für Arbeitstrab an. Er kommt also eher an den oberen Bereich des gesunden Tempos, möchte also das Pferd eher fleißig traben sehen. Reitmeister aus anderen kulturellen Strömungen wäre vielleicht eher mit einem Trabtempo von 35 Tritten pro 15 Sekunden zufrieden. In jedem Fall ist das aber der gesunde Bereich.

Werden Pferde in einem schnelleren Tempo gehetzt oder in eine langsamere Frequenz herunterreguliert, können sie das Gerittenwerden nicht lieben. Überzogenes Herumscheuchen ist also genauso falsch wie übertrieben langsames oder gar passageartiges Traben. **Dabei können wir von einer Henne-Ei-Situation ausgehen:** Werden Pferde in ein künstliches Trabtempo gepusht oder gebremst, ist das gesundheitsschädigend und führt spätestens mittelfristig zu Schmerzen. Auf der anderen Seite zeigen Pferde, die bereits unter Schmerzen leiden, eben auch ohne reiterlichen Einfluss, ein untertouriges (also langsameres) oder übereiliges (also schnelleres) Tempo, auch ohne aktive Einwirkung des Reiters. Ein krankes Pferd zeigt sich unter anderem dadurch, dass selbst ein guter Reiter es schwer in einer gesunden Frequenz halten kann.

Wo das Vorderbein hintritt

Ein wichtiges, heute leider vielen unbekanntes Kriterium für ein physiologisches Gangmaß ist die Verlängerung der Stirn-Nasen-Linie. Zeichnen wir eine Gerade entlang der Pferdenase ein, bis diese den Boden trifft, haben wir dort den Bereich, in den das Vorderbein des Pferdes von Natur aus hinfußen wird oder vielmehr würde.

Das bedeutet, dass wir bei einem sehr versammelten Pferd mit einer senkrechten Stirn-Nasen-Linie auch einen kadenzierten, aber eben kurzen Trabtritt erwarten dürfen: Das Vorderbein tritt dorthin, wo die Pferdenase hinzeigt. Zu einem eher kurzen, aufgerichteten, beigezäumten Pferdehals gehört ein kurzer Trabtritt. Das entspricht der Natur des Pferdes: Seine Körperhaltung passt zur Bewegung. Wenn das Pferd dagegen große, also raumgreifende, weite, gestreckte Trabtritte zeigen soll wie etwa in einer Trabverstärkung, dann gehört dazu von Natur aus auch ein längerer Rahmen, das heißt

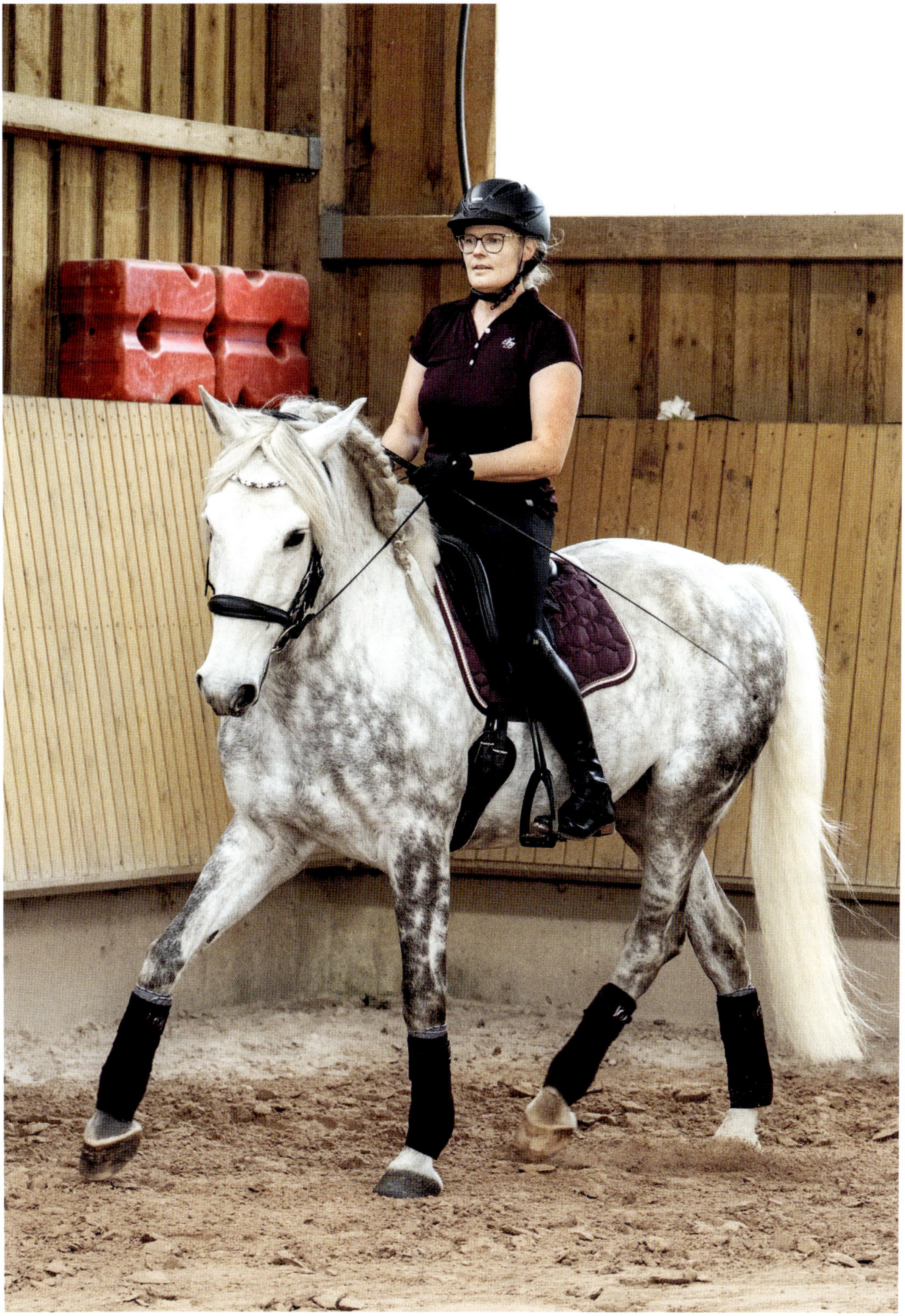

Das Konzert der Hilfen – hast nichts mit »Einspannen zwischen die Hilfen« zu tun.

der Pferdehals muss nicht ganz so hoch aufgerichtet sein und vor allem: Die Stirn-Nasen-Linie muss sich deutlich vor der Senkrechten befinden. Denn nur das kann dem Grundsatz für gesunde Pferdebewegung entsprechen: Dorthin, wo die Verlängerung der Stirn-Nasen-Linie zeigt, kann das Pferd hintreten. Ein gesunder (!) großer Trabtritt kommt immer zusammen mit einer deutlich nach vorne zeigenden Pferdenase.

Und hier haben wir das krasse Gegenteil zu den künstlich erzeugten Spanntritten, von denen ich oben gesprochen habe, denn bei diesen wird der Pferdehals stark aufgerichtet und dabei gleichzeitig mit sehr kurzen, strammen Zügeln in seiner Länge begrenzt. Der Pferdekopf wird sprichwörtlich »oben hingestellt«, die Pferdenase ist senkrecht oder sogar hinter der Senkrechten (mehr dazu im Kapitel 4), während gleichzeitig das Vorderbein übertrieben hoch- und vorgestreckt wird. Der Vorderfuß zeigt hierbei in eine völlig andere Richtung als die Pferdenase, sodass die beiden Linien sich schneiden.

Leider sind viele Menschen dieses Bild des engen Halses und des spektakulären Trittes heute so sehr gewohnt, dass dieses Sinnbild für zwanghaftes, ungesundes Reiten heute oft mit »Dressurreiten« gleichgesetzt wird. Eine gesunde, wirklich natürliche Dressur ohne Zwang würde so jedoch nicht aussehen.

Das große Thema Kopf-Hals-Haltung des Pferdes reicht noch deutlich weiter als es in dieses Kapitel zum natürlichen Trab passt. Mehr dazu finden Sie im vorangegangenen Kapitel.

Das Konzert der Hilfen

Ob Pferde das Reiten lieben, wenn wir sie systematisch stressen? Wenn wir sie aus allen Richtungen gleichzeitig unter Druck setzen? Hinten Gas und vorne Bremse, während wir ihnen mit unseren Schenkeln die Rippen zusammendrücken, viele Kilos auf ihrer Zunge und ihrem Unterkiefer lasten, während ihre Ohrspeicheldrüsen gequetscht werden und ihnen die Luft zum Atmen fehlt? Wohl kaum!

Ja, Reiten besteht aus der Feinabstimmung zwischen verschiedenen Gewichts-, Schenkel- und Zügelhilfen. Aber stellen Sie sich ein Konzert vor, in dem jedes Instrument eines Orchesters permanent und in seiner maximalen Lautstärke schreit. Was soll das denn für ein Stück werden? Anhören kann man sich das erst, wenn die verschiedenen Stimmen und Instrumente auch Pausen machen, sich abwechseln, in der Lautstärke variieren. Je leiser der Ton, desto genauer hören wir hin – es sei denn, er wird von einem anderen überschrien.

Übertragen wir das kurz aufs Pferd: Wie soll es einem feinen Impuls am Schenkel Folge leisten und zulegen, wenn die Reiterschenkel sowieso die ganze Zeit auf voller Kraft treiben? Wie kann das Pferd in einen Bewegungsdialog mit dem Reiter treten, wenn es gefühlt um sein Leben rennt? Wie kann es feine Zustandsänderungen am Gebiss wahrnehmen, wenn da permanent mehrere Kilo Zug drauf sind?

Die Antwort aus der klassischen Reitlehre und auch aus vielen Signalreitweisen wie etwa dem Westernreiten darauf lautet: Wir müssen die

Hilfengebung immer wieder aussetzen, also quasi zu »null Kilo Druck« am Bein oder an der Hand kommen. Nur wenn der Schenkel prinzipiell für den Erhalt der normalen Grundgangart gar nicht drückt, nimmt das Pferd die Veränderung wahr, wenn wir etwa für eine Biegung, einen Seitengang oder eben ein feines Tritteverlängern kurzfristig etwas treiben. Sobald das Pferd auf diese Hilfe reagiert, setzt die wieder aus (das bezeichnet man als negative Verstärkung).

Was das Pferd davon hat? Er ist in der Lage, ein System hinter der Hilfengebung zu verstehen. Es kann sich immer dann am natürlichsten, am energieeffizientesten und am lockersten bewegen, wenn wir als Reiter gerade nichts tun, sondern locker in seiner Bewegung mitschwingen. Macht das Pferd uns von sich aus Bewegungs angebote, biegt es sich schön, geht es schwungvoll vorwärts, treiben wir es auch nicht aktiv, sondern geben ihm das Beste, was wir können: passive Begleitung seiner Bewegung.

Durch die Hilfengebung bekommt es genau dann die Unterstützung, wenn es sie braucht, und zwar so, dass es sie auch wirklich umsetzen kann. Dafür ist es besonders wichtig, die Hilfengebung anatomisch und biomechanisch sinnvoll aufzubauen, sodass das Pferd sie nicht nur kognitiv versteht, sondern sie auch körperlich im Bewegungsdialog verstehen kann.

Mit diesem faszinierenden Thema haben wir bereits einige Fachbücher und Onlineprogramme gefüllt und es würde an dieser Stelle zu weit führen.

Ich möchte lediglich ein Beispiel geben, damit Sie verstehen, worauf ich hinaus möchte: Biegung im Pferdekörper im Sinne einer Seitneigung ist möglich zwischen der neunten und zwölften Rippe. An anderen Stellen des Rumpfes kann ein Pferd sich sowieso nicht biegen. Deswegen ist es wichtig, dass der für die Biegung verwendete Schenkel genau in dieser Position liegt (gemäß der klassischen Reitlehre »am Gurt«). Wird die Ferse nach hinten oben gezogen oder dem Pferd in den Bauch geboxt, löst diese Einwirkung nicht nur keine Biegung aus, sondern verhindert sie regelrecht. Ein feines Treiben im richtigen Rhythmus der Bewegung dagegen aktiviert die äußere schräge Bauchmuskulatur des Pferdes. Spannt diese sich an und verkürzt, sorgt sie tatsächlich für die reiterlich erwünschte Biegung und das führt in der Folge dazu, dass auch der Pferdekopf und -hals in die gewünschte Richtung kommen: Für die Innenstellung ist dann gar kein Zügelzug mehr notwendig und das Pferd holt sich die nachgebende Hilfe am inneren Zügel sogar selbst. So geht feines Reiten!

Das Interessante daran: Damit diese Verkettung glücklicher Umstände so funktioniert, ist nicht nur die gekonnte und feinfühlige Technik des Treibens und die richtige Stelle am Pferdebauch entscheidend, sondern vor allem auch, dass das Pferd währenddessen entspannt ist!

Ist ein Pferd gestresst, das heißt mit aktivem Sympathikus unterwegs, verkürzt dieser Stress über sein vegetatives Nervensystem automatisch die Oberlinie des Pferdes und damit wird die Seitneigung der Wirbelsäule unmöglich. Der Kopf geht unter Stress hoch, der Rücken wird fest und wir haben das Gegenteil von einer runden, weichen Biegung.

Kurz gesagt: Unter Stress geht physiologisches Biegen nicht. Es ist also nicht nur in unserem Interesse als echte Pferdeliebhaber und moralische Reiter, unsere Pferde nicht unter Stress zu setzen, sondern explizit auch im Interesse unseres reiterlichen Fortschritts. Lassen Sie sich bloß nicht einreden, dass die reiterliche Weiterentwicklung nur unter Druck funktioniere. Ist ein Pferd zu gestresst, um sich zu biegen, biegt es sich auch nicht, wenn wir es durch schmerzhafte Zügelanzüge und grobes Drücken mit den Fersen noch mehr stressen.

»Das ist ein junges Pferd, das braucht doch Unterstützung«

Eine gute Freundin von uns war gerade auf Pferdesuche. Sie wollte ein junges, gesundes, solide angerittenes (vier- bis sechsjähriges) Warmblutpferd kaufen und dafür gerne 25 000 Euro bezahlen. Kein Überflieger für Olympia, sondern einfach ein solides Reitpferd ohne »Special Effects«.

Die Kaufinteressentin kann aus unserer (und vermutlich auch aus Pferdesicht) gut reiten: Sie hat einen sehr guten, auch für Jungpferde geeigneten (also entlastenden, ausbalancierten) Sitz und eine feine Hand, hat jahrelange vielseitige Reiterfahrung und keine Angst. Da müsste doch etwas Passendes zu finden sein, möchte man meinen.
Diese Reiterin hat monatelang rund 30 Pferde angeschaut und probegeritten, und dabei ganz interessante Erfahrungen gemacht: So manches dieser jungen Pferde (alle von professionellen Bereitern ausgebildet und vorgestellt) liefen unter ihr zunächst nur stockend vorwärts. Manche konnte man nicht ohne kurze, stramme Zügel reiten – mit langen Zügeln nicht einmal im Schritt. Und diese Pferde waren alle schon mindestens mehrere Monate, wenn nicht mehrere Jahre unter dem Sattel und waren ihr als Amateurpferde für den Amateursport angepriesen worden. Manche gingen permanent mit der Stirn-Nasen-Linie hinter der Senkrechten, obwohl unsere Kaufinteressentin das überhaupt nicht forciert hat, also nicht mit der Hand gefummelt oder geriegelt.

Die Erklärungsansätze der Verkäufer, Besitzer oder Bereiter sind aus unserer Sicht Sinnbilder für das System und spiegeln das eigentliche Problem wider: Es wird als normal und erstrebenswert angesehen, ausschließlich mit sehr kurzen Zügeln zu reiten. Gerade die jungen Pferde bräuchten mehr »Unterstützung«; unsere Kaufinteressentin würde »zu entlastend« sitzen.
Die so angerittenen Pferde waren den passiven, rückenfreundlichen Sitz, der in der klassischen Reitlehre und in den bis heute eigentlich gültigen, offiziellen Richtlinien für Reiten und Fahren aus guten Gründen schon immer klar als richtig bezeichnet wird, überhaupt nicht gewohnt. Diese Pferde erwarteten regelrecht den oben beschriebenen Schiebe-liegesitz mit Oberkörper hinter der Senkrechten und quetschenden Schenkeln. Ohne die kurzen strammen Zügel als Stütze wussten sie gar nicht wohin mit sich und liefen entsprechend schwankend, schlingernd oder stockend.

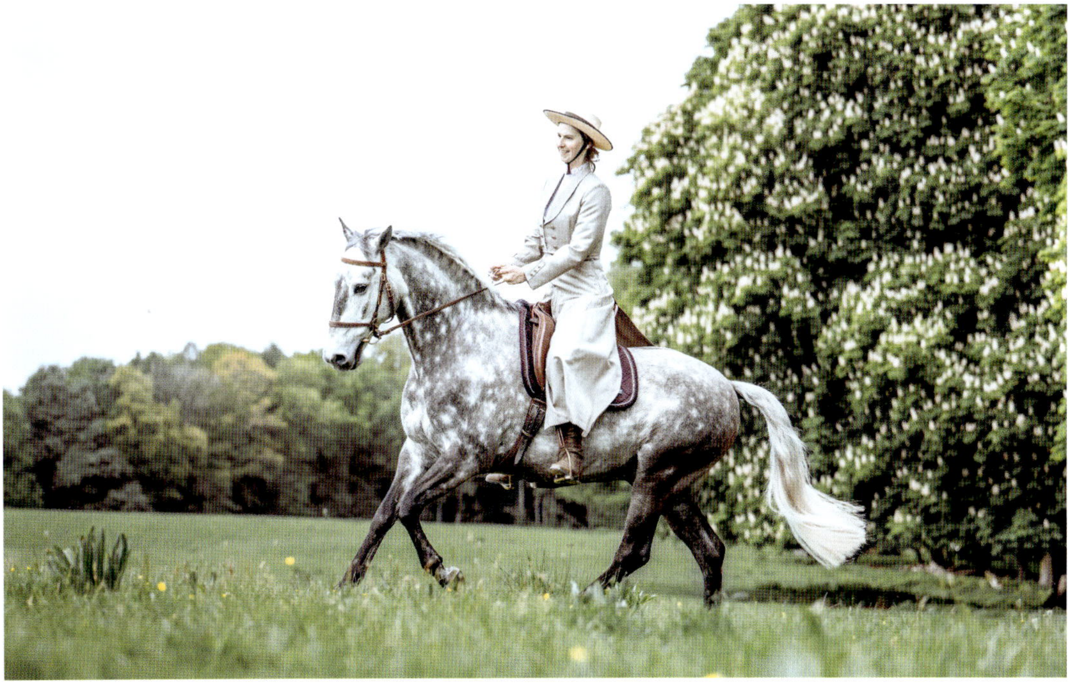

Ein gesundes Pferd lässt sich unspektakulär in allen Grundgangarten reiten.

Dieses unsichere Verhalten und die Unfähigkeit, unter einem passiven Reiter einfach zwanglos herumzulaufen, kann zwei Gründe haben (und oft eine Kombination aus beiden): Entweder hat das Pferd körperliche Gründe, warum es nicht ohne große Spannung und erheblichen Energieaufwand seitens des Reiters laufen kann (dazu unten mehr) oder aber es ist ein Ausbildungsproblem: Bei guter, langfristig gedachter, gesunder und pferdefreundlicher Ausbildung wird in den ersten Wochen bis Monaten des Anreitens vor allem darauf Wert gelegt, dass das junge Pferd sich mit dem passiv sitzenden Reiter entspannt, dass es sich selbst auszubalancieren lernt und es seinen Hals dazu ganz natürlich in voller Länge nutzt. Statt besonders »ausdrucksstarker« Spanntritte sollte es eigentlich Inhalt der Ausbildung sein, dass Pferde lernen, in natürlichen Gängen flüssig vorwärts zu laufen. Bei einem gesunden, gut ausgebildeten Pferd müsste dieser Zustand jederzeit von jeder durchschnittlich guten Reiterin abrufbar sein und nicht nur von starken Reitern unter Zwangsandrohung.

In aller Deutlichkeit: Macht man als Reiter auf einem gesunden, gut ausgebildeten Pferd »nichts Spezielles«, dann wird es zwar sicherlich nicht in perfekter Dressurhaltung, in schönster Versammlung daher schweben und natürlich kann man ohne reiterliche Hilfengebung keine fortgeschrittenen Lektionen erwarten – darum geht es hier auch gar nicht!
Es sollte jedoch möglich sein, ohne speziellen Aufwand in lockeren Grundgangarten große Linien reiten zu können. Wenn man ein Pferd erst ganz speziell »anschieben«, »zusammenhalten«, »auf die Hinterhand setzen« oder vorher in komplizierten Seitengängen »versammeln« muss, damit es einfach nur antrabt oder angaloppiert, dann stimmt etwas nicht.

Verschleierungstaktik Spanntritte oder Seitengänge?

Ein interessanter Fakt mit bitterem Beigeschmack: In höherem Trabtempo sind gering- und mittelgradige Lahmheiten schwerer zu erkennen als in geringerem Trabtempo (vgl. Starke et al., 2013). Ein Schelm, wer Böses denkt?

Eigentlich logisch: Mit dem im Abschnitt über den Auktionstrab beschriebenen »Dampf auf dem Kessel« und einem fixierten Kopf sind Lahmheiten deutlich schwerer zu sehen als in lockerem Schlendertrab. Ohne Vollgas würde das Kürzertreten eines Beins deutlicher auffallen, mit genügend langen Zügeln wäre eine Nickbewegung sichtbar, die die kurzen Zügel oft noch verschleiern können.

Oder anders ausgedrückt: Lahmheiten, die in zwanglosem Trab mit langen Zügeln erst auffallen, haben ihre Ursache nicht in diesem zwanglosen Trab mit langen Zügeln. Sie werden durch kurze Zügel, fixierte Kopfhaltung und ein höheres Tempo auch nicht geheilt, sondern nur verschleiert.

Ähnliches wird teilweise in der Barockreitszene durch das rundenlange Reiten von Seitengängen erreicht: Mit der Begründung, eine Lahmheit würde durch die »natürliche Schiefe« (mehr dazu im Kapitel zur Lateralität) entstehen, möchte man dort diese Schiefe mit dem exzessiven Reiten von Seitengängen korrigieren.

Lahmheit ist ein Schmerzvermeidungsverhalten

Durch ein verändertes Gangbild weichen Pferde schmerzhaften Bewegungen aus. Sie treten kürzer, setzen die Hufe anders, vermeiden bestimmte Stützbeinphasen oder führen ihre Beine anders als normal nach vorne, um schmerzende Bereiche zu entlasten.

Das können Sie sich vorstellen, als hätten Sie ein Steinchen im Schuh: Durch spezifisches Hinken oder eine verminderte Belastung dieses Fußes können Sie anfangs trotzdem noch ein bisschen weiterlaufen; Sie weichen dem Steinchen sozusagen aus. Langfristig wollen Sie sich aber trotzdem hinsetzen und den Stein entfernen. Würden Sie dauerhaft hinken, würde irgendwann vermutlich das Knie oder die Hüfte anfangen zu schmerzen wegen der schiefen Belastung und am Abend hätten Sie einen verspannten Rücken.

Damit Pferde das Reiten wirklich lieben können, müssen sie dagegen ohne »Stein im Schuh« laufen können, also wirklich lahmfrei sein. Wird eine Lahmheit sichtbar, müssen wir im Sinne des Tierschutzgedankens also nicht etwa die Zügel kürzer fassen, das Pferd schneller oder nur noch seitwärts reiten und damit die Lahmheit verschleiern oder verlagern, sondern eigentlich das Training aussetzen und die Quelle des Schmerzes finden. Reiten wie es Pferde lieben kann nicht funktionieren, wenn das Pferd Schmerzen beim Laufen hat, völlig unabhängig vom Können des Reiters.

Das Perfide daran: In langsam ausgeführten Seitwärtsbewegungen sieht man die Lahmheit oft wirklich nicht mehr, oder zumindest deutlich weniger. Dadurch wird die Ursache des Schmerzes aber ebenfalls nicht geheilt, sondern nur die Symptome verschleiert. Die Pferde rutschen infolgedessen oft von einer Kompensation in die nächste, doch damit tun wir ihnen langfristig keinen Gefallen.

Dass Lahmheiten auch von Profis (Trainern, Therapeuten, ja selbst Tierärzten) oft nicht als solche erkannt werden, ist wissenschaftlich erwiesen (siehe Kapitel 2) und das ist für viele Pferde und ihre wohlmeinenden Besitzer der Ursprung einer manchmal jahrelangen Odyssee. Wer nicht auf die Idee kommt, dass das Pferd lahm sein könnte, hält es viel eher für widersetzlich. Wer die mangelnden Fortschritte des Pferdes beim Erlernen neuer Bewegungen oder die Weigerung zu Springen nicht mit Schmerzen in Verbindung bringt, hält das Pferd (oder den Reiter, was genauso gefährlich ist!) viel eher für blöd.

Ist der Reiter immer schuld?

»Wenn dein Pferd einen Fehler macht, so suche die Ursache bei Dir. Und solltest du sie nicht finden, dann suche gründlicher.«
(Egon von Neindorff, Reitmeister)

Sicher haben Sie bereits gemerkt, dass wir es grundsätzlich völlig richtig finden, wenn wir als Reiter danach streben uns selbst zu verbessern, und zwar ganz konkret unseren Sitz, unsere Einwirkung, unsere Trainingsplanung und indem wir unsere Ziele dem Wohlergehen des Pferdes anpassen. Oftmals wird die Bewegung des Pferdes »nebenbei« davon immer losgelassener und damit auf ganz natürliche Weise schwungvoller, harmonischer und für alle Beteiligten freudvoller.

Bewegt ein Pferd sich schlecht, also steif und hölzern oder auch wie in diesem Kapitel ja ausführlich dargestellt schlecht im Sinne von angespannten Strampeltritten, am schlimmsten noch mit einer unphysiologischen Kopf-Hals-Haltung, dann fällt es auf den ersten Blick leicht, den Reiter (oder seinen Trainer oder sein Turniersystem) zu verurteilen.
Würde der Reiter doch einfach mal wirklich klassisch reiten, wäre alles besser? Nicht immer! Natürlich gibt es Pferde, die mit verändertem Reitstil sofort oder doch binnen weniger Wochen physiologisch richtig und entspannt gehen.

Aber es gibt eben auch den Fall, dass Pferde mit gerolltem Hals, falschem Knick oder in einer ungesunden Trabfrequenz (zum Beispiel zu eilig oder passageartig) gehen, ohne dass der Reiter in dem Sinne etwas falsch macht.

Es besteht die Möglichkeit, dass die Reiterin eines zu eng gehenden Pferdes das überhaupt nicht möchte, sondern das Pferd ohne ihr Zutun und trotz bester Bemühungen beispielsweise hinter der Hand geht. Bevor wir jemanden etwa aufgrund von Fotos verurteilen, sollten wir immer im Hinterkopf behalten, dass nahezu alles, was auch Sicht der klassischen Dressur ein Ausbildungs- oder Reiterfehler ist, auch ein Schmerzzeichen sein kann.

Und diese Schmerzen können irgendwo im Pferdekörper versteckt sein und mit dem Reiter überhaupt nichts zu tun haben! Das Problem muss weder durch falsches Training angeritten sein noch kann es überhaupt durch Training verändert werden. So manchem falsch gehenden Pferd täte man den größten Gefallen, wenn man nicht seinen Reiter durch hundert weitere Reitstunden peitscht und ihn mit Anschuldigungen quält, sondern im Gegenteil: indem man einsieht, dass das Pferd ein ganz eigenes Problem haben kann, es aus dem Training nimmt und seinen Rittigkeitsproblemen gesundheitlich auf den Grund geht, denn die sind nicht selten subtile Schmerzäußerungen. Lesen Sie dazu gerne noch mal in Kapitel 2, dass Sue Dyson wissenschaftlich nachweisen konnte, dass ein besserer Reiter in diesen Fällen auch nichts nutzt, wohl aber die medikamentöse Schmerzbetäubung.
Wenn ein Pferd trotz besten Bemühungen und größter Einsicht des Reiters auch mit hochfrequentem Unterricht nicht besser läuft, dann liegt der Schluss nahe, dass das andere Gründe hat.

Mit dem Grundsatz, dass immer der Reiter Schuld habe, wollte man ursprünglich wohl die reiterliche Bescheidenheit und die Kritikfähigkeit des Menschen fördern. Es ist vielen von uns so sehr in Fleisch und Blut übergegangen, dass wir immer Schuld an allem haben, dass wir uns mit diesem Glaubenssatz oft über Jahre selbst fertigmachen.

Wir reiten dann mit schlechtem Gewissen (denn es fühlt sich ja nicht gut an und wir wissen ja, dass es nicht gut läuft!), aber wir reiten trotzdem und zwar nicht selten besonders verbissen, denn wir wollen ja unserem Pferd zuliebe endlich besser werden. Manchmal reiten wir sogar extra oft und extra lang in der Hoffnung, dass wir irgendwann nach der tausendsten Reitstunde, dem zehnten Trainer oder dem nächsten Lehrgang unserem armen Pferd gerecht werden können. Während das Pferd all die Stunden aber unter Schmerzen läuft und weder seine vermeintlichen Fort- noch Rückschritte überhaupt auf unser oder auf unseres Trainers Konto gehen, sondern beispielsweise auf die Schübe seiner unerkannten Arthrosen, seiner angeborenen Muskelprobleme oder seiner chronischen Fesselträgerschäden.

Korrekturpferde

Sobald wir sehen, dass etwas nicht optimal läuft, möchten wir nur zu gerne den Fehler korrigieren, zum Beispiel wenn das Pferd unserem Wissensstand nach nicht richtig geht, wenn es sich gegen das Reiten oder auch bereits gegen die Bodenarbeit und manchmal sogar gegen den allgemeinen Umgang wehrt. Neben der Idee, dass wir daran selbst schuld sind und die Anweisungen unserer Reitweise oder unseres Trainers nur besser (leider impliziert das oft auch »härter«) umsetzen müssten, wäre es natürlich auch eine Idee, die Korrekturmethode zu ändern. Heute gibt es ja nicht nur eine Reitweise, wir können nicht nur zu einem einzigen Trainer gehen oder nur nach einem Konzept arbeiten. Reiter haben heute eine Vielzahl an Ausbildungsmethoden, Reitweisen und Trainerpersönlichkeiten zur Hand, dazu kommt eine unermessliche Auswahl an verschiedenen Ausrüstungsgegenständen.

Ein Equipment-Problem: Kann man Fortschritt kaufen?

Wenn das Pferd sich mit dem einen Kappzaum schlecht longieren lässt, dann vielleicht mit dem nächsten? Für viele Menschen ist es erst mal das naheliegendste, und sie geben für das Wohl ihres Pferdes bereitwillig Geld aus.
Kluge Firmen werben längst mit der besonderen Pferdefreundlichkeit ihrer Produktneuheiten und oft stimmt das natürlich auch: Wir haben heute nie dagewesene Möglichkeiten an Materialien und einen ganz anderen Fokus auf das Wohlbefinden des Pferdes.

Heute können wir leder- oder fellunterfütterte anatomische Zaumzeuge verwenden und ich kenne viele Pferde, die sehr glücklich mit komfortabler Ausrüstung sind. Gerade auch der Sattel muss dem Pferd wirklich passen, damit Reiten wie es Pferde lieben wirklich funktionieren kann. Auf der anderen Seite gibt es zahlreiche verschiedene Gebisse, Hilfszügel, Trainingsgurte, Gerten, Sattelpads und so weiter, die einem alle verkaufen wollen, das Pferd ginge dann besser, lieber, erfolgreicher als mit seiner alten Trense, seinem früheren Sattelpad oder ohne den Hilfszügel.

Das könnte theoretisch natürlich der Fall sein: Manche Pferde sprechen auf dieses oder jenes Gebiss tatsächlich besser an (was an ihrer Maulhöhle und der spezifischen Form ihrer Kieferknochen und ihrer Zunge liegen kann), manche mögen den einen Sattelgurt lieber als den anderen (was an ihrer individuellen Bauchform liegen kann, genauso wie an persönlichem Geschmack). Ein Pad kann einen suboptimal passenden Sattel vielleicht wirklich temporär ausgleichen und wenn die alte Gerte einen viel zu dicken Griff hatte, kann man mit der neuen schlanken ausbalancierten Gerte wirklich besser reiten.

Auf der anderen Seite kann man immer erst dann wissen, dass eine Neuanschaffung ein Problem löst, wenn man sie getätigt hat. Das heißt wir wissen erst nach einer Kaufentscheidung, ob das neue Teil tatsächlich und dauerhaft etwas verbessert.
Und dabei haben wir alle mit einem interessanten Effekt zu kämpfen: Haben wir erst lange recherchiert, nachgedacht, abgewogen und letztlich sehr viel Geld in eine Sache investiert, dann wollen wir, dass die Neuerung etwas bringt.
Der Maßsattel, für den wir auf den Urlaub verzichtet haben, muss dem Pferd jetzt auch richtig guttun. Wir wollen für unsere Investition belohnt werden, ob nun mit einem Erfolg oder einem guten Gewissen. Wenn wir so lange gesucht, gespart, gewartet haben, dann muss es jetzt dank dem neuen Teil aber auch richtig losgehen. Selbst wenn unsere Empathie oder unsere Intuition längst flüstern, dass das Pferd nicht wirklich besser vorwärts läuft oder immer noch beim Satteln beißt, halten wir noch eine ganze Weile an der erwarteten Verbesserung fest. Also wenn selbst der teuerste Maßsattel aus der weltallerbesten Manufaktur nichts bringt, was denn dann?
Manchmal beschleicht uns erst sehr viel später der Verdacht, dass das Problem des Pferdes beispielsweise ein unerkanntes orthopädisches Problem war und die daraus resultierenden chronischen Schmerzen sekundär zu einem

Magengeschwür geführt haben, welches dann quasi tertiär zum Beißen beim Satteln geführt hat – egal mit welchem Sattel, welchem Sattelgurt und übrigens auch völlig unabhängig vom Reitkönnen und der Trainingsweise.

Weg mit den Symptomen?

Viele Trainingskonzepte zielen darauf, Problemverhalten insofern abzustellen, als dass man die Symptome wegtrainieren oder wegorganisieren möchte. Das ist sehr verständlich und einfach menschlich.
Bleiben wir bei dem Beispielpferd, welches beim Satteln beißt. In vielen Ställen ist das ein solch normales Bild (weil übrigens je nach Studienlage auch bis zu 80 Prozent der Pferde mit Magenproblemen zu kämpfen haben), dass die gesamte Anlage bereits darauf ausgerichtet wird: Die Pferde werden von zwei Seiten am Halfter angebunden, damit sie mit den Kopf nicht so weit herumfahren können, um den sattelnden Menschen zu beißen. Außerdem verwendet man zum Anbinden häufig Ketten (die beim Beißen nicht gleich kaputtgehen), die neuerdings auch noch mit Gummibällen rechts und links neben dem Pferdekopf versehen sind (damit das Pferd noch schlechter in die Kette beißen kann). Auf diese Weise versucht man also durch sogenannte Managementmaßnahmen, das unerwünschte Verhalten »Beißen« unmöglich zu machen.
Obwohl wir persönlich in vielen Punkten grundsätzlich Managementmaßnahmen gutheißen, ist gleichzeitig zu bedenken, dass wir in diesem Beispiel hier dem Pferd dadurch die Möglichkeit nehmen, seinen Frust auszudrücken.

Lassen wir keine Übersprungshandlungen zu, verlagern sich die Symptome häufig nur und das Pferd würde womöglich beginnen, statt zu beißen nach dem Menschen zu treten.

Eine andere Idee vieler Menschen ist es, das Symptom unter Strafe zu stellen. Nicht selten werden Pferde angeschrien und sogar geschlagen, wenn sie beim Gesatteltwerden in die Luft oder in den Anbindestrick beißen und/oder tatsächlich nach dem Menschen schnappen. Dabei werden einem Pferd, welches mit dem Verhalten ja bereits seine Bauch- oder Rückenschmerzen ausdrückt, noch zusätzliche Schmerzen zugefügt. Das kann doch keinesfalls die Lösung sein!

Wäre es nicht eine bessere Idee, das erwünschte Verhalten zu belohnen? Auch diese Herangehensweise gibt es: Dabei wird dem Pferd mittels Markertraining beigebracht, mit geradem Hals und neutraler Kopfposition stillzustehen und dafür bekommt es eine Futterbelohnung. Diese Trainingsweise ist per se sicher deutlich angenehmer für Pferde als Strafreize und gerade in der Jungpferdeausbildung würden wir es auch befürworten, das Gesatteltwerden sozusagen »schön zu füttern«, sodass das lernende Pferd einen positiven Eindruck von der Situation bekommt. In dem Fall, dass das Pferd aber beim Gesatteltwerden Schmerzen hat und uns mit dem Symptom »Beißen« eigentlich sagen möchte, dass etwas nicht stimmt, nehmen wir ihm mit noch so gut gemeintem Training den Kommunikationsweg und den Stressabbau weg.

Reiter sollten beginnen, viel mehr auf Symptome zu hören, anstatt sie zum Schweigen zu bringen.

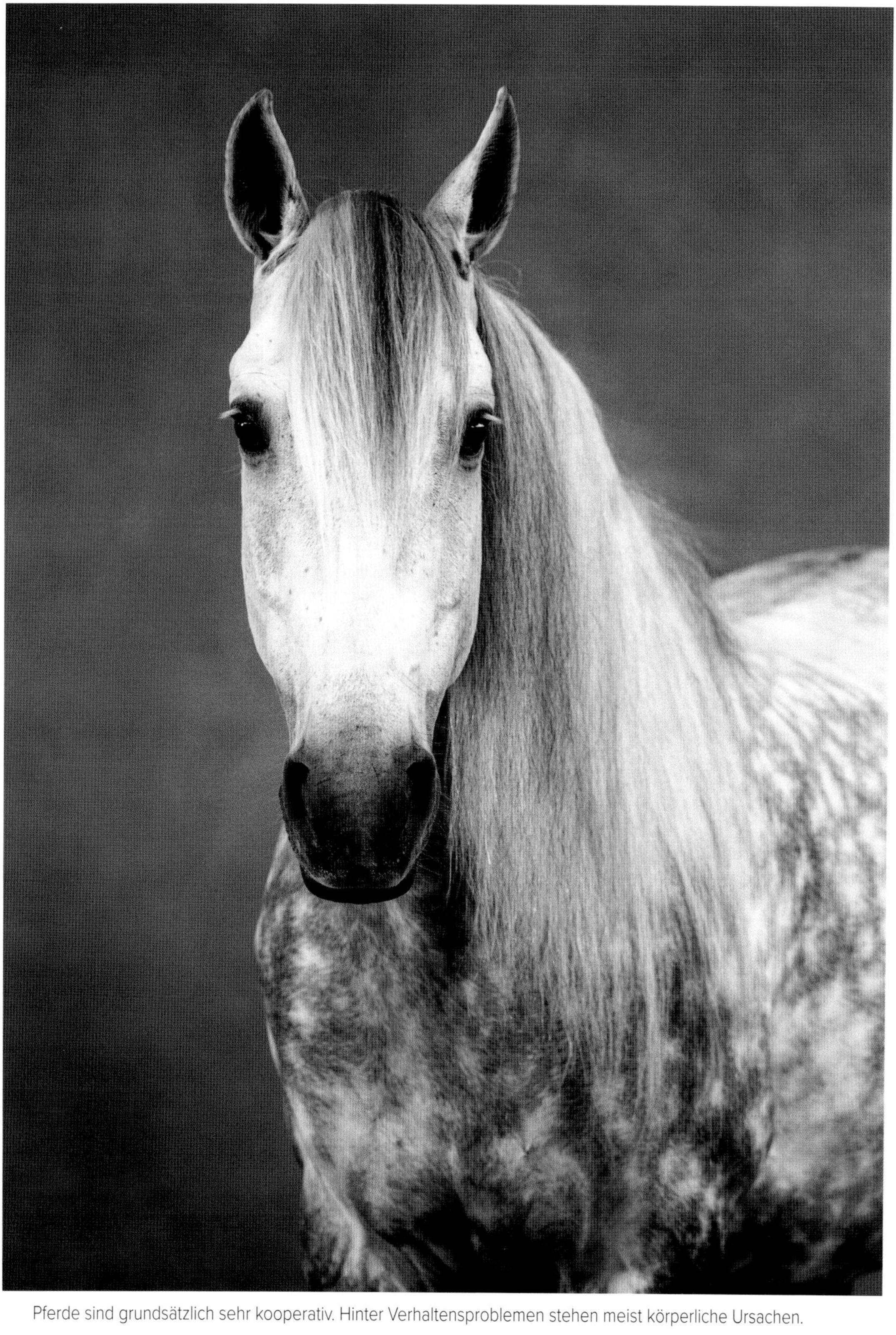

Pferde sind grundsätzlich sehr kooperativ. Hinter Verhaltensproblemen stehen meist körperliche Ursachen.

Anstatt das Pferd dazu zu bringen, mit dem Beißen aufzuhören, sollten wir herausfinden, warum es das überhaupt nötig hat.

Hinter nahezu allen Verhaltensproblemen liegen körperliche Ursachen. Die zu finden kann trotz größter Motivation eine ganze Weile dauern und die zu beheben ist gar nicht immer vollständig möglich. Aber alleine, wenn wir unsere Energie auf die Ursachen legen, anstatt sie zur Symptomkorrektur zu verwenden, sind wir schon einen guten Schritt weiter in Richtung Reiten wie es Pferde lieben gegangen.

Der Vorbesitzer und die schwere Kindheit

Sind manche unerwünschten Verhaltensweisen und auch Rittigkeitsprobleme nicht auch schlechte Gewohnheit und auf frühere Lernerfahrungen zurückzuführen?

Mit dieser Idee möchten wir dringend aufräumen, vor allem weil wir das selbst früher gedacht und damit sowohl Menschen als auch Pferden mit besten Absichten Unrecht getan haben. Verzeihen Sie, wenn ich das besonders plakativ mache, was heute leider viele Pferdebesitzer glauben:

Das Problem ist der Vorbesitzer. Unser jetziges Pferd zeigt ein bestimmtes Verhalten, weil der Vorbesitzer es stundenlang in der Box gehalten hat, weil er es mit unpassendem Sattel geritten ist und vorher nicht mal Bodenarbeit gemacht hat oder weil der ein ahnungsloser Freizeitreiter beziehungsweise ein gemeiner Turnierreiter war, weil der die Sensibilität des Seelenpferdes nicht zu schätzen wusste, weil der seine Futtermittelunverträglichkeit nicht berücksichtigt hat und so weiter. Solche Begründungen mögen greifen, aber nur in den ersten Wochen nach dem Besitzübergang.

Wenn das Pferd ein oder mehrere Probleme hat, die sich mit einer besseren Haltung, einem passenden Sattel, der richtigen Fütterung oder guter Bodenarbeit lösen lassen, dann lassen sie sich dadurch ja nun beim neuen Besitzer lösen.

Die Haltungs-, Fütterung- oder Equipment-Umstellung müsste nach wenigen Wochen, spätestens wenigen Monaten, ihre Wirkung zeigen. Hat man sein Pferd bereits jahrelang und die Probleme bestehen fort, dann heißt das zwar nicht, dass die bessere Haltung, Fütterung, Ausrüstung falsch waren. Aber dann sind diese Dinge nicht Ursache des Problems.

Die schwere Kindheit, insbesondere die schlimmen Erfahrungen damals beim Anreiten werden oft als Erklärung herangezogen: Unser Pferd zeigt Probleme, weil es von Grund auf falsch ausgebildet wurde und dabei eben Quatsch gelernt hat. Weil es zu früh angeritten, mit kurzen Hilfszügeln malträtiert oder wahlweise verzärtelt, nicht erzogen und nie richtig über den Rücken gearbeitet wurde. Vielleicht hat das Pferd die jetzigen Fehler früher regelrecht beigebracht bekommen, weil das Anreiten nach dieser oder jener Methode so gemacht wurde.

Auch bezüglich erlernter Probleme sollte man sich ein zeitliches Limit geben:
Die falsche Ausbildung ist vorbei.

Sicherlich haben Menschen unterschiedliche Ausbildungsmethoden und Ziele, das heißt es kann natürlich sein, dass dem Pferd beispielsweise tatsächlich beigebracht wurde, beim Aufnehmen des Zügels oder bei bestimmten Berührungen des Schenkels ein bestimmtes Verhalten zu zeigen oder eben auch nicht. Es kann wirklich sein, dass es das Losreißen an der Longe erlernt hat oder im Gelände scheut, weil es noch nie Autos gesehen hat.

Sofern es sich bei dem Fehlverhalten um erlerntes Verhalten handelt, kann und wird das Pferd das beim jetzigen Training umlernen. Auch dabei sollte eigentlich binnen weniger Trainingseinheiten zu einem bestimmten Thema eine Tendenz in die richtige Richtung zu sehen sein, denn Pferde sind klug und lernen schnell.

Binnen einiger Wochen lassen sich tatsächlich erlernte Verhaltensweisen umlernen und auch fehlende oder »falsche« Reitpferdemuskulatur lässt sich binnen acht Wochen sichtbar umtrainieren. Nach wenigen Wochen bis Monaten der richtigen Ausbildung sollte dem richtigen Reiten dann nichts mehr im Wege stehen. Ist das Problem durch bessere Ausbildung und Training nicht lösbar, dann ist es kein Ausbildungsproblem.

Ein Problempferd hat ein Problem, und zwar jetzt und in diesem Moment!

Selbstverständlich besteht die Möglichkeit, dass beispielsweise Unfälle aus der Vergangenheit, schlechte bewegungsarme Aufzucht (siehe Kapitel 3) oder unphysiologische Überlastung in jungen Jahren zu Schäden geführt haben. Diese Schäden sind dann aber in der Gegenwart real vorhanden und verursachen in der Regel aktuelle Schmerzen, denn sonst wäre das Problemverhalten ja mittlerweile verschwunden, wenn das Pferd keinen Grund mehr hätte, es zu zeigen.
Unser Beispielpferd mit dem Sattel oben beißt nicht aus Gewohnheit, weil es vor vielen Jahren beim Anreiten im Schnelldurchlauf empathielos und mit unpassendem Sattel gesattelt wurde, sondern weil es heute Bauchschmerzen hat. Ja, die ersten Magengeschwüre können gut und gerne während des ersten Aufstallens in die Boxenhaltung des Verkaufsstalls entstanden sein, aber wenn sie mittlerweile abgeheilt wären, dann gäbe es heute ja auch mit dem passenden Sattel und der liebevollen Besitzerin keinen Grund mehr zum Beißen.

Heilversprechen durch Trainingstherapie

Je besser wir Pferdebesitzer informiert sind und je empathischer wir uns wirklich für unsere Pferde interessieren, desto häufiger werden Reha-Pferde heute als solche erkannt.

Aus unserer Sicht haben in manchen Kreisen nicht etwa deswegen heute so viele Menschen Reha-Pferde, weil sie sie fälschlicherweise für krank erklären und lieber streicheln als reiten, sondern weil immer mehr Menschen in der Lage sind, die gesundheitlichen Themen eines Pferdes zu sehen und nicht mehr bereit sind, es unter Strafandrohung und über seine Gegenwehr hinweg trotzdem einfach zu reiten als wäre nichts. Diese Entwicklung ist grundsätzlich sehr begrüßenswert.

Wenn wir nun also Rittigkeits- und Verhaltensprobleme oder auch bestimmte Kennzeichen im Exterieur (also etwa der Bemuskelung eines Pferdes) und in seinem Gang entdecken, die auf unterschwellige gesundheitliche Probleme schließen lassen, wie geht es dann weiter? Reiten wie es Pferde lieben geht natürlich nicht, sobald ein Pferd dabei Schmerzen hat. Heute entscheiden bereits viele Pferdeliebhaber moralisch folgerichtig, in dem Fall das Reiten bei Problemen (vorerst) einzustellen. Was folgt dann?

Theoretisch einfach: Man bestellt den Tierarzt. Insofern aber keine akute und offensichtliche Verletzung vorliegt, folgt dann oftmals ein langer Weg bis zu der oder den Diagnosen, und dann noch mal ein Prozess bis zur Heilung. Die Prognose gerade bei chronischen Schäden oder langen Ursache-und-Folge-Verkettungen ist oft vorsichtig.

Wie gut sich die Probleme beheben lassen, ob und wann das betroffene Pferd dann im Sinne von »Reiten wie es Pferde lieben« tatsächlich schmerzfrei und freiwillig wieder geritten werden kann, kann man manchmal nur abwarten.

Heilung kann man sich nicht vorstellen wie eine Autoreparatur oder Ersatzteilaustausch. Fabrikneu mit voller Funktion und Garantie wird unser Pferd nicht mehr werden.

Reiten wie es Pferde lieben ist nur möglich, wenn das Pferd schmerzfrei geritten werden kann.

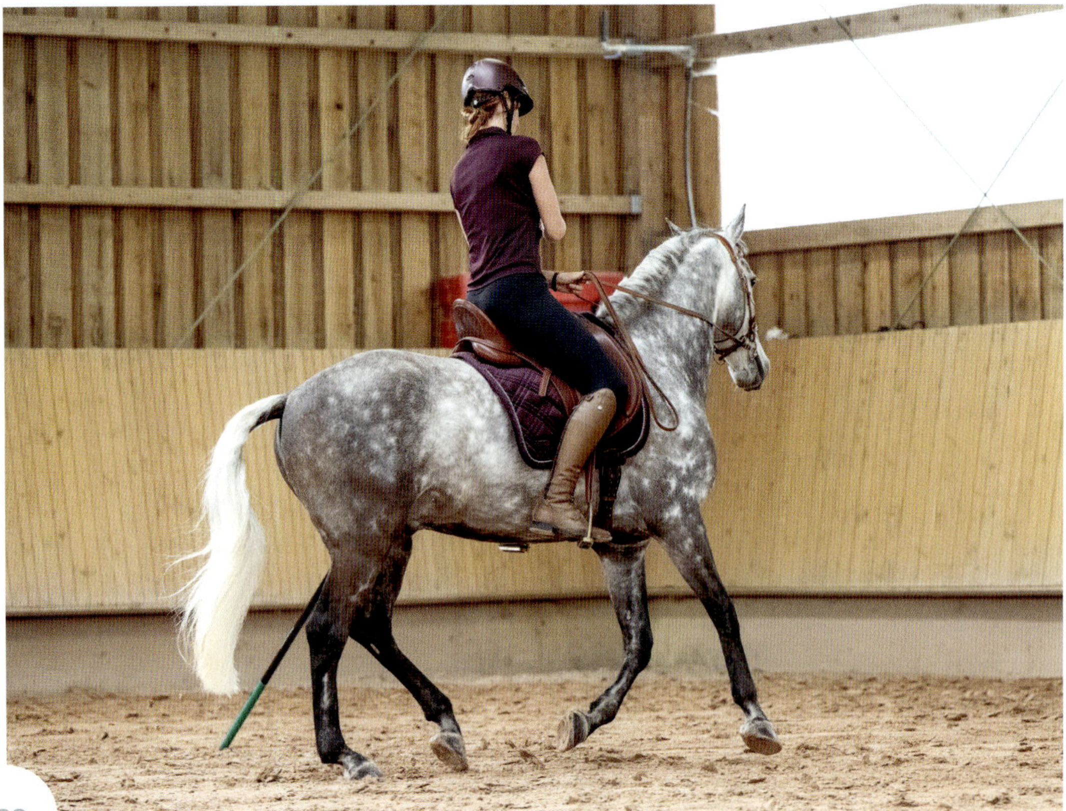

Eine wichtige Wahrheit: Wer heilt, ist das Pferd und sein Körper selbst. »Wer heilt hat recht« auf die Frage nach Schulmedizin oder alternaiven Heilmethoden zu beziehen, gibt Ärzten oder wahlweise Heilpraktikern aus unserer Sicht zu viel Macht und ums Rechthaben geht es eigentlich gar nicht.

Wer tatsächlich heilt, ist das Pferd selbst.

Jede medizinische oder therapeutische Behandlung kann seine Heilung nur anstoßen, unterstützen, manchmal vielleicht beschleunigen. Ein langwieriger Heilungsverlauf mit einem ungewissen Ausgang kann mental für uns Pferdebesitzer sehr belastend sein – wir wissen, wovon wir sprechen! Manche scheuen sich aus diesem Grund (ob bewusst oder unbewusst) davor, die Probleme ihres Pferdes wirklich zu sehen, denn danach mit einem Reha-Pferd statt einem Reitpferd dazustehen, ist für viele Reiter (die ehrlicherweise reiten möchten) natürlich unangenehm. Krankenpflege statt Springlehrgang – so haben wir uns das nicht vorgestellt.

Andere Besitzer haben nicht unbedingt das Hobby »Reiten«, sondern grundsätzlich das Hobby »Pferd«. Für die ist das Nichtreiten in der Reha viel weniger das Problem, sondern eher, wenn man dem geliebten Pferd nicht helfen kann und mit ansehen muss, wie es Schmerzen hat, separiert gehalten wird oder ihm der Tierarztbesuch so gar nicht behagt.

Eingeschränkte Bewegung und unliebsame Arzttermine statt großer Freiheit und einträchtigem Beisammensein – so haben wir uns das nicht vorgestellt.

In dieses gemachte Nest setzen sich nun zahlreiche Anbieter von Reha-Equipment für Pferde, verschiedenen Trainingstherapiemethoden, heilversprechender Zusatzfuttermittel oder gar Reitweisen, die sagen, man könne das betroffene Pferd in der Tat trotzdem reiten und es würde von bestimmtem Training ganz ohne Tierarzt wieder gesund.

Als Bestseller-Autorinnen des ersten Trainingstherapiebuches für Pferde und ehemalige Betreiberinnen eines Reha-Stalls sind wir an dieser Entwicklung sogar beteiligt, stehen ihr aber dennoch kritisch gegenüber.

Was daran stimmt: ohne Bewegung keine Regeneration. Nur weil man ein Pferd nicht reiterlich »nutzen« kann, kann und sollte man es in vielen Fällen gerne vom Boden bewegen und kann im Rahmen sanfter Trainingstherapiemaßnahmen sehr viel Gutes für sein Pferd tun. Wichtig dabei ist aber, das immer vor dem Hintergrund zu tun, dass Heilung nur im Parasympathikus stattfinden kann.
Ziel aller Maßnahmen (ob Therapie, Fütterung oder eben Reha-Training) muss es sein, dass das Pferd sich entspannen und wohlfühlen kann.

Natürlich kann man durch Übungen die Mobilität und Koordination des Pferdes fördern, diese müssen nur unbedingt so niedrigschwellig aufgebaut und achtsam ausgeführt werden, dass sie dem Pferd tatsächlich helfen und es weder stressen noch ihm weitere Schmerzen bereiten.

Auch beim Reha-Training heiligt der Zweck definitiv nicht die Mittel.

Egal wie gut bestimmte Übungen oder Geräte oder Anwendungen prinzipiell sind, dürfen sie nicht durchgeführt werden, wenn sie dem individuelle Pferd wehtun. Gerade im Rahmen der Trainingstherapie sehen wir aktuell leider häufig Pferde mit massiven Schmerzzeichen, die sozusagen »für den guten Zweck« und ungeachtet ihrer Lahmheiten und subtiler Gegenwehr durch Übungen gedrückt werden, unter denen das Pferd keineswegs heilt, sondern in Wirklichkeit leidet.

Nicht alles, was Pferden theoretisch guttun soll (und dazu zählen auch diverse Geräte), tut dem individuellen Pferd tatsächlich gut!

In Wirklichkeit kann man Heilung nicht kaufen (und sie deswegen auch nicht verkaufen). Auch das beste Reha-Zentrum mit millionenschwerem Schwimmbad und allen Finessen kann ein Pferd nicht gesund zaubern, egal was der Aufenthalt dort jeden Monat kostet.

Das ist jetzt hart, aber es ist unsere aufrichtige, ehrliche Meinung. Manche Schäden sind nicht zu beheben, manche Erkrankungen heilen nie mehr, egal mit welcher heilversprechenden Trainingsmethode.

Besonders perfide im Bereich der Trainingstherapie:
Wenn die Übungen aus bestimmten Konzepten nicht funktionieren, kann man immer noch behaupten, sie wurden nur falsch durchgeführt. Damit lassen sich manche liebenden Besitzer immer mehr Schuld aufladen und buchen brav den nächsten Lehrgang bei der Koryphäe des Trainingssystems.

Manchmal wird Besitzern sogar ausdrücklich von der Diagnostik in der Tierklinik abgeraten (denn dort gäbe es dann womöglich handfeste Diagnosen, die eine Trainingspause erfordern würden), sondern stattdessen immer mehr von den eigenen Behandlungen und Trainingssessions verkauft.

Was also tun mit unserem Reha-Pferd?
Betroffenen Pferdebesitzern können wir nur raten, das Wissen rund um Schmerzzeichen nicht nur auf das Reiten, sondern generell auf »Training wie es Pferde lieben« zu beziehen. Auch im Namen der Gesundheit(-sprophylaxe) darf Pferden kein Leid zugefügt werden.

So manches Problem heilt deutlich besser beim altbewährten Weidegang als bei noch so gut gemeintem Training. Jede Trainingstherapiemaßnahme muss darauf abgestimmt werden, ob sie dem individuellen Pferd in diesem Moment, also während der Anwendung oder Durchführung gut gefällt oder nicht.

Einem Pferd Schmerzen zuzufügen für einen hypothetischen zukünftigen Erfolg ist moralisch nicht vertretbar.

Deutlich fairer zu Mensch und Pferd, deutlich geldbeutelschonender und langfristig sicherlich mehr im Sinne von »Reiten wie es Pferde lieben« ist es an bestimmten Punkten im Leben eines Pferdes einzusehen, dass es nicht mehr wirklich fit wird und man es möglicherweise besser gar nicht mehr oder aber wirklich nur im Rahmen des persönlichen Wohlbefindens des Pferdes eingeschränkt bewegen oder reiten kann.

Es gibt nun mal zahlreiche gesundheitliche Themen, mit denen Pferde problemlos leben können, mit denen sie glücklich auf der Weide stehen oder glücklich spazieren gehen können, die aber jedes sportliche Training nicht verkraften, und zwar egal nach welcher Reitweise.

Es liegen Welten dazwischen, ein Pferd gemäß seiner eigenen Vorlieben und immer orientiert an seinen aktuellen Schmerzzeichen erhaltend leicht zu bewegen und es mit dem Wunsch nach Leistungssteigerung forciert zu trainieren – egal ob man dabei auf seinem Rücken sitzt oder nebenher geht!

Des Kaisers neue Kleider

In jüngeren Jahren besuchte ich (Katharina) als Reitlehrerin so manche Trainer-/Therapeuten-Fortbildungen in Richtung ganzheitlicher Pferdegesundheit und Reha-Training (heute würde man es vielleicht Trainingstherapie nennen). Häufig wurden dort Pferde mit diversen (oft gar nicht wirklich diagnostizierten) gesundheitlichen Themen vorgestellt, die schlecht liefen. Dann folgte die Behandlung durch den Dozenten oder die Dozentin, die oft aus manuellen Techniken bestand, manchmal auch aus Reit- oder Longenübungen und in

Das Pferd gemäß seiner eigenen Vorlieben reiten ist ein Schlüssel zum Reiten wie es Pferde lieben.

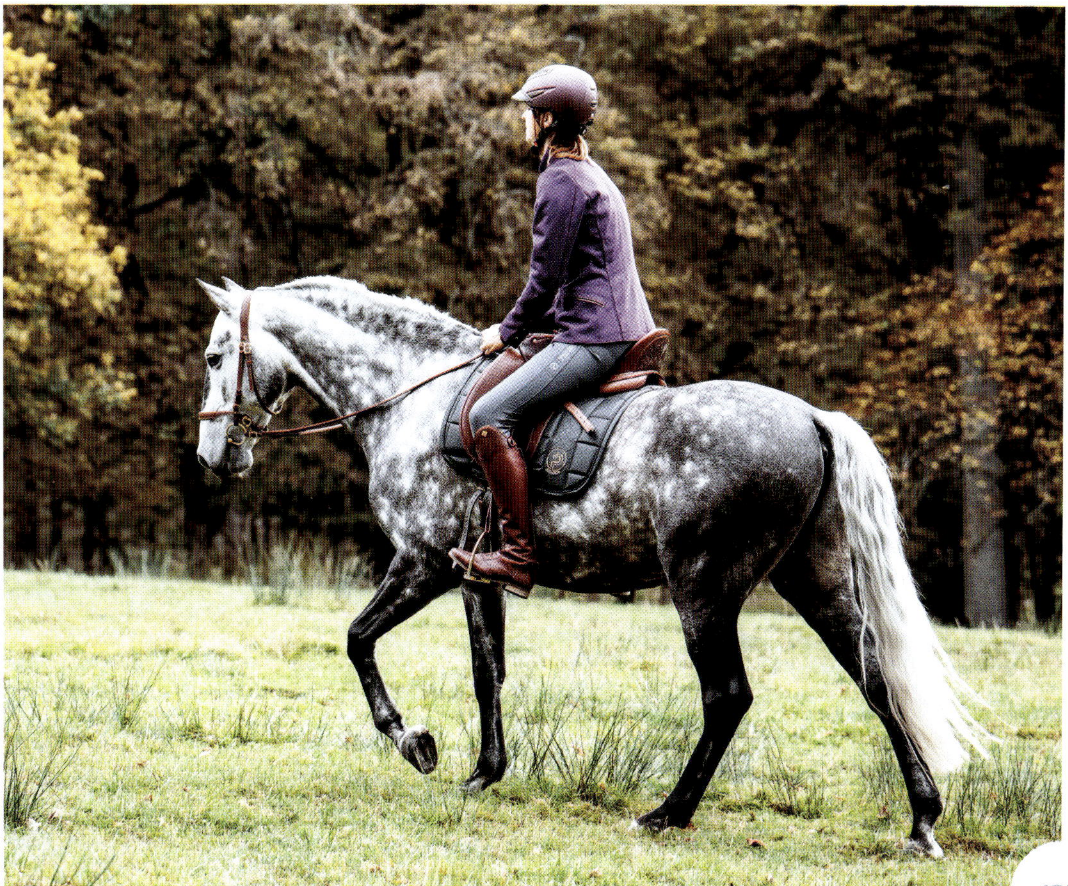

einem Seminar auch aus spezieller Hufbearbeitung. Im Anschluss wurden die Pferde wieder vorgeführt und liefen dann laut Seminarleitung deutlich besser. Die anwesenden Zuschauer beziehungsweise Fortbildungsteilnehmerinnen nickten, klatschten manchmal sogar und murmelten bewundernd.
Ich selbst war unsicher: Manchmal sah ich schon einen Unterschied im Gang, aber ob das jetzt besser war? Manchmal fand ich den Gesichtsausdruck des Pferdes sogar schlechter als zu Beginn, manchmal sah ich ehrlicherweise überhaupt nichts. Aber bevor ich hätte noch mal genauer schauen oder gar eine Frage formulieren können, war der Applaus verebbt und das nächste Pferd an der Reihe.

Hat diese Trainingstherapie nun etwas gebracht oder nicht? Alles Scharlatanerie? Oder war ich nur zu ungebildet, untalentiert, unerfahren, um den Unterschied zu sehen? Was hätte ich denn sehen sollen? Ich hätte nicht einmal gewusst, wie ich meine Frage überhaupt formulieren sollte, denn das Thema war schwer zu greifen. Und doch klatschten und nickten die anderen Umstehenden wissend.

Kennen Sie Hans Christian Andersens Geschichte von des Kaisers neuen Kleidern? Wer dumm und im falschen Beruf ist, der sieht diese super schicken Kleider nicht. Da niemand als dumm oder unwissend gelten möchte, geschweige denn sich selbst so sehen möchte, sieht man dann lieber doch »irgendwas«, nämlich genau das, was der Meister sagt. Prächtiges Konzept!

Viele Jahre später und nun mit Hilfe von Claudias Ganganalyse-System wirklich geschult in ganz konkreten, abgesicherten, messbaren Kriterien für gesunden und pathologischen Gang bin ich tatsächlich in der Lage, ganz konkret zu sehen, also auch zu beurteilen und nachzufragen, wenn das Gangbild von Pferden sich ändert.

Und wissen Sie, was wir selbst vor Jahren immer wieder feststellen mussten?
Auch mit unseren eigenen Therapieansätzen und an sich ganz tollen Übungen funktioniert es nicht, dass man Lahmheiten und Schmerzzeichen, denen orthopädischen Problemen zugrunde liegen, wegzaubern kann. Nicht mit einem anderen Sattel, nicht mit einer osteopathischen Behandlung, nicht durch einen besseren Reiter – solange das Grundproblem des Pferdes besteht.

Diese Tatsachen sind einerseits sehr schade und viele Menschen tingeln nichtsdestoweniger von Trainer zu Trainer oder probieren doch noch mal einen anderen Hufschmied oder den vierten Sattel in drei Jahren. Die Hoffnung stirbt wohl zuletzt.
Andererseits beinhaltet diese Wahrheit auch eine Chance: Die Verantwortung, die wir als Pferdebesitzer, Trainer, Therapeuten, Hufbearbeiter und so weiter haben ist geringer als viele annehmen. Natürlich tun wir alle unser Bestes und wir unterstützen Pferde nach bestem Wissen und Gewissen.

Wir stellen unsere gesamte Expertise in den Dienst dieser Tiere. Sicherlich können wir so viel Gutes tun, doch wenn sich Probleme nicht in Luft auflösen, liegt das meistens in der Natur des Problems, nicht an unserem persönlichen Versagen.

Wenn Fachleute die Lahmheit nicht sehen

»Wenn ich meiner Reitschülerin sage, dass ihr Pferd lahmt, geht sie stattdessen zur Trainerin im Nachbarstall. Die sagt, das Gangbild läge nur daran, dass das Pferd nach der falschen Methode ausgebildet sei, aber sie bekomme das mit ihrem Training wieder hin«, erzählt mir eine befreundete Reitlehrerin.

Beklemmend, oder?
Die Trainerin, die die Schmerzzeichen des Pferdes lesen konnte und ehrlich angesprochen hat, hat jetzt eine Kundin weniger. Und die, die die Lahmheitszeichen nicht erkennen kann oder will, hat ein Pferd in Vollberitt dazugewonnen. Das Pferd, dessen »Rittigkeitsprobleme« nach wissenschaftlich anerkannten Kriterien auf ein handfestes orthopädisches Problem hindeuten, wird jetzt sechs Tage die Woche unter Schmerzen »korrigiert«. Seine Besitzerin zahlt die Rechnung, aber letztlich zahlt das Pferd den wahren Preis.
Kloß im Hals?

Das ist heute noch traurige Realität, aber ich bin mir sicher: Nicht mehr lange!
Denn WIR werden mehr. Ich spüre eine deutliche Veränderung auf uns zukommen, denn immer mehr Besitzer sind nicht mehr an äußeren Erfolgen und egoschmeichelnden Lektionen interessiert, sondern wirklich am langfristigen Wohlergehen ihres Pferdes.

Immer mehr Trainer*innen, Therapeut*innen, ja sogar Tierärzt*innen und Richter*innen bilden sich in Ganganalyse und Schmerzzeichen des gerittenen Pferdes fort, um zweifelsfrei unterscheiden zu können, wann ein Pferd »nur schlecht geritten« ist und wann es ein körperliches Schmerzproblem hat, aufgrund dessen es eine tierärztliche Behandlung und eine Trainingspause anstatt verschärfterem »Korrekturberitt« braucht!

Das Wort »Korrekturberitt« wird in meiner Vision irgendwann aus dem Sprachgebrauch verschwinden. In Zukunft ist es nicht mehr der normale Standard, sich gegen ein wehrhaftes Pferd gewaltsam »durchzusetzen«, sondern es wird normal sein, sein wehrhaftes Verhalten als Schmerzäußerung zu begreifen. In Zukunft wird das Wohlbefinden des Pferdes der Maßstab für eine gute Trainerin sein. Es wird immer weniger Zulauf geben für diejenigen, die ihre Expertise darin sehen, jedes eigentlich nicht reitbare Pferd doch noch ganz geschickt zur Reitbarkeit zu zwingen, und immer mehr Zulauf für die, die tatsächlich dem Pferd helfen wollen.

Zum Reiten wie es Pferde lieben gehört auch zu erkennen, wann man es lieber nicht reitet. Wie man Problemen auf die Spur kommt, wann man an die Tierärztin abgibt und wie man das Pferd nach der Behandlung dann möglicherweise trainingstherapeutisch begleiten kann.

In Zukunft ist nicht mehr die Trainerin oder Therapeutin der Freak, die die Schmerzzeichen anspricht, sondern jede, die das NICHT kann.

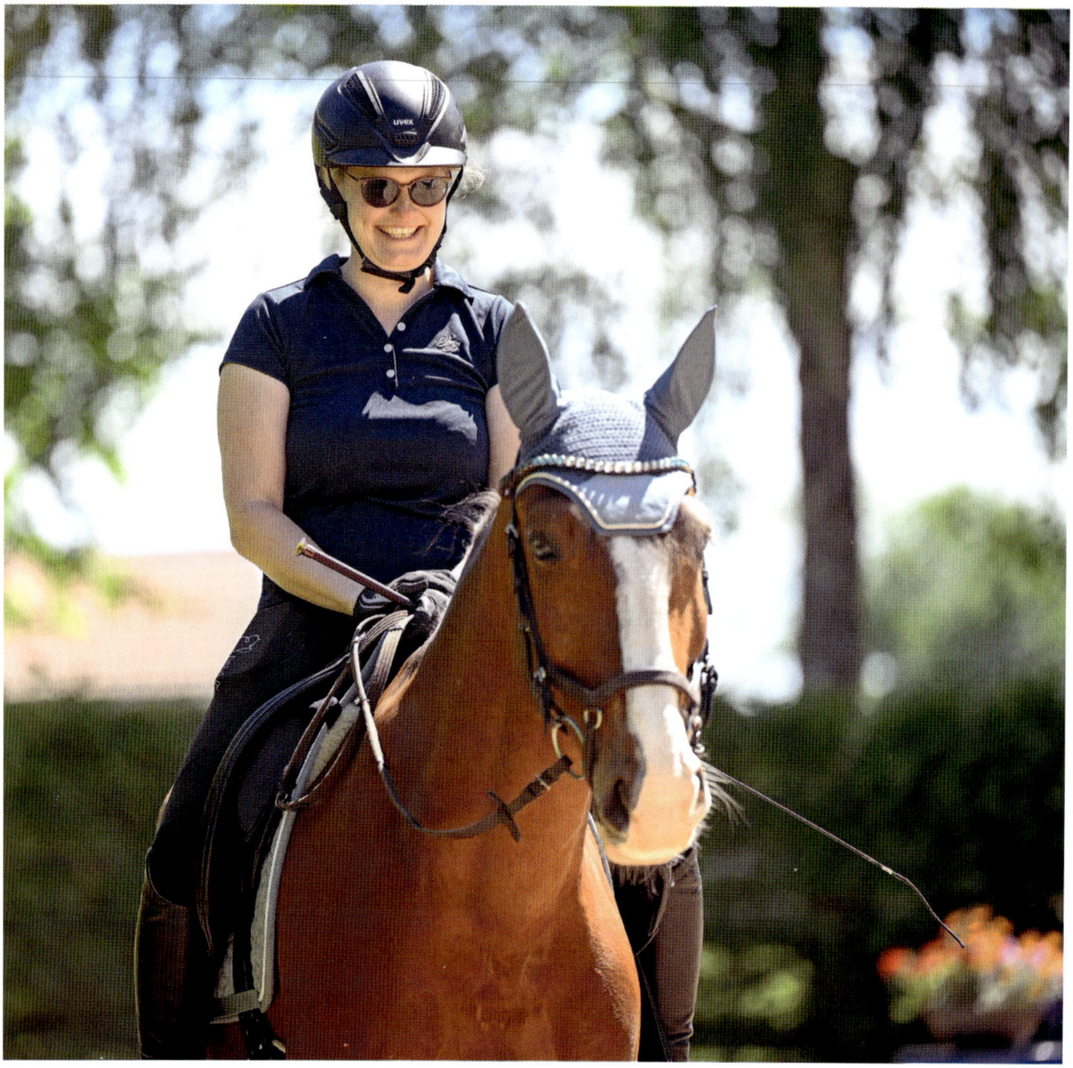
In der Differenz zwischen Wissen und Tun liegen Leid und Glück.

8. Wenn das Wissen da ist, warum wird es nicht angewandt?

Lassen Sie uns ein Beispiel konstruieren: Menschen wissen, dass es falsch ist und Pferden weder gefällt noch ihnen nutzt, sie mit der Stirn-Nasen-Linie hinter der Senkrechten zu reiten. Woher wissen sie das? Es ist gut erforscht und wirklich oft laienverständlich verbreitet worden (siehe Kapitel 2).
Gehen wir aber an einem Abreiteplatz eines völlig zufällig ausgewählten Turniers entlang oder scrollen wir durch Verkaufsanzeigen, sehen wir überall Pferde, die mehr oder weniger zu eng im Genick geritten werden.

Kognitive Dissonanz

Fragt man die Reiter, die ihr Pferd zu eng einstellen, kommen Ausflüchte. »Das ist ein Hengst, der ist anders nicht zu kontrollieren.« »Der ist jung und aufgeregt, ich muss den mehr einrahmen.« »Der hat noch keine Kraft, korrekt zu gehen.« »Der braucht das, um die Oberlinie aufzudehnen.« »Der geht doch freiwillig so, weil er ein leichtes Genick hat, ich mach das gar nicht!« Fast jeder tut es und fast jeder lügt sich dabei selbst in die Tasche. Wohl fühlt sich keiner dabei, aber je größer die Selbstzweifel, desto erbitterter wird gestritten.
Was geht in den Köpfen vor? Sie kennen es, ich (Claudia) kenne es und ich kenne niemanden, der so erleuchtet ist, dass er nicht schon in diese Falle getappt ist. Das Phänomen heißt kognitive Dissonanz (zuerst erwähnt vom Sozialpsychologen Leon Festinger).

Wenn unsere Einstellung unserem Verhalten widerspricht, machen wir uns selbst etwas vor, um unser Selbstbild wieder geradezurücken. Wir rechtfertigen uns oder reden Dinge schön, die wir eigentlich besser wüssten, oft auch völlig ungefragt.

Beispiel? Wir wissen, dass unser Pferd unbedingt abnehmen sollte. Wir wissen, dass das Heu sehr zuckerreich ist und Adipositas beim Pferd wirklich nicht gut ist. Kaum kommt die Tierärztin zum Impfen um die Ecke und sieht, dass das Pferd noch immer vor der *ad libitum* zugänglichen Heuraufe steht, fangen wir schon an zu reden: Der Stallbesitzer will einfach keine zeitgesteuerte Heuraufe kaufen und außerdem ist die Herde so viel ruhiger und viel Stress ist ja auch nicht gut. Und als Belohnung fürs Stillstehen beim Impfen füttern wir gleich noch eine Möhre – hat ja fast weniger Zucker als das diesjährige Heu ... Das ist menschlich!

Wir wissen, dass Pferde bocken, steigen, wegspringen oder blockieren, wenn sie Schmerzen haben. Wenn unser eigenes Pferd aber bockt, erklären wir das mit dem zu frühen Anreiten – das natürlich nicht unsere Schuld war und zehn Jahre her ist. Wenn unser Pferd blockiert, schieben wir das lieber auf den Sattel oder auf einen kleinen Reiterfehler, den wir in dem Moment gemacht haben – alles ist erst mal leichter als sich einzugestehen, dass man gerade oder sogar schon seit Längerem ein möglicherweise lahmes Pferd reitet.

Es tut mir (Claudia) selbst weh, diese Zeilen zu schreiben, denn ich kenne das zu gut. Früher nannte man widersetzlich, was man heute als Schmerzzeichen gut erforscht hat. Auch ich bin schon mit Gerteneinsatz über Klemmen hinweggeritten. Auch ich habe mir Schreckhaftigkeit mit einem schwierigen Charakter erklärt und »saß halt mehr dran«, wenn einer zehnmal pro Einheit wegsprang. Ich, die jede Pferdestudie verschlingt, wollte zuerst nichts von Sue Dysons Forschung wissen. Ich sah ein Werbevideo der Plattform Equitopia, die sehr viel Forschungsarbeit mit Videomaterial von Sue Dyson veröffentlicht hat und stellte es erst mal ab.

»Die sehen ja jeden lahm«, dachte ich. »Was wissen die schon?« Ich ahnte, dass die Erkenntnisse meine Vorstellung von Beritt und Pferdetraining ziemlich erschüttern würden und war erst nach monatelanger kognitiver Dissonanz bereit, mir das Ganze wirklich anzuschauen – und mein Weltbild gehörig umzukrempeln. Denn sind wir mal ehrlich – es fühlt sich ja eigentlich schlecht an, Mist zu rechtfertigen.

Wir als empathiefähige Wesen ahnen doch, was gut oder schlecht fürs Pferd ist. Wir spüren die Dissonanz. Es ist wirklich befreiend, nach diesem Gefühl zu handeln und die elendige Rechtfertigerei zu lassen. Sie ist der Beginn von so viel Leid!

Würden die erwähnten Rollkur-Queens und -Kings endlich zugeben, was sie eigentlich wissen, nämlich dass das, was sie tun, dem Pferd schadet – würde sich vielleicht noch immer nicht viel ändern. Denn was sie dann noch brauchen, ist eine Alternative. Was sonst tun, wenn das Pferd verrücktspielt auf dem Turnier?

Vielleicht ist nicht jede unschöne Situation zu vermeiden, aber viele. Durch bessere Vorbereitung, durch Einsicht, dass sich manche Pferde nicht für den Sport eignen und eigentlich körperlich oder psychisch nicht in der Lage sind, ihn auszuführen und demnach nicht mehr gezwungen werden müssten. Sicher auch dadurch, Pferde nicht unter Spannung vorstellen zu wollen. Oft kommt es nämlich gar nicht aus Gründen des »Katastrophenmanagements« zu grober Einwirkung, sondern weil man bewusst »Ausdruck« ins Pferd hineinpressen will – hier müssten Richter konsequent losgelassene Pferde vor gestressten Pferden platzieren. Da haben wir als »Pferde-Gesellschaft« wirklich einiges vor uns, denn die Bewertung geht seit Jahrzehnten viel zu energisch in Richtung Spektakel.

Und wenn nun jemand daherkommt, der die kognitive Dissonanz vieler mit Freuden bedient? Der im Namen der Faszien, der Muskeln oder der alten Meister mit dem Brustton der Überzeugung verkündet, Rollkur, Flexen, absolute Aufrichtung und Co. wären nützliche und absolut pferdefreundliche Tools?
Natürlich stößt das auch auf viel Gegenliebe, denn zu gern glaube ich eine Theorie, die mir in den Kram passt.

Eine Diät, die 200 Gramm Schokolade und drei Gläser Wein am Tag empfiehlt? Her damit! Dass 300 Studien was anderes sagen, ignorieren wir mal lieber.

Dunning-Kruger-Effekt

Oft finden besonders absolute und rigorose Meinungen sehr leidenschaftliche Fans, die dann auf Social Media ihr neues Wissen ungefragt unter jedes Bild werfen. »Der ist trageerschöpft!« »Der hat eine myofasziale Dysfunktion« »Ist doch klar, liegt an der Dehnungshaltung! Der gehört aufgerichtet«, »Mit dem Sattel kann das ja nicht gehen«.

Sie ahnten es bestimmt: Unwissenheit führt relativ betrachtet zu mehr Selbstvertrauen als Wissen. Justin Kruger und David Dunning erforschten 1999 an der Cornell University diesen Effekt und kamen zum Resultat, dass in einem Fachgebiet wenig kompetente Personen ihre eigenen Fähigkeiten überschätzen. *Darüber hinaus unterschätzen sie die Kompetenz eigentlich fähigerer Personen und können zu allem Überfluss das Ausmaß ihrer Inkompetenz nicht richtig einschätzen.*

Ging uns allen schon so, als wir mit zehn dachten, wir könnten jetzt reiten, hm? Sobald man sich fortbildet, übt und tatsächlich eine höhere Kompetenz erreicht, wird man bescheidener, ist weniger überzeugt von absoluten Ansichten und schätzt seine Kompetenz realistischer ein – nicht schlechter, aber reeller.

»Wenn man inkompetent ist, kann man nicht wissen, dass man inkompetent ist [...]. Die Fähigkeiten, die Sie benötigen, um eine richtige Antwort zu geben, sind genau die Fähigkeiten, die Sie benötigen, um zu erkennen, was eine richtige Antwort ist.« (Errol Morris)

Wer viel Erfahrung hat, schätzt seine Kompetenzen realistischer ein.

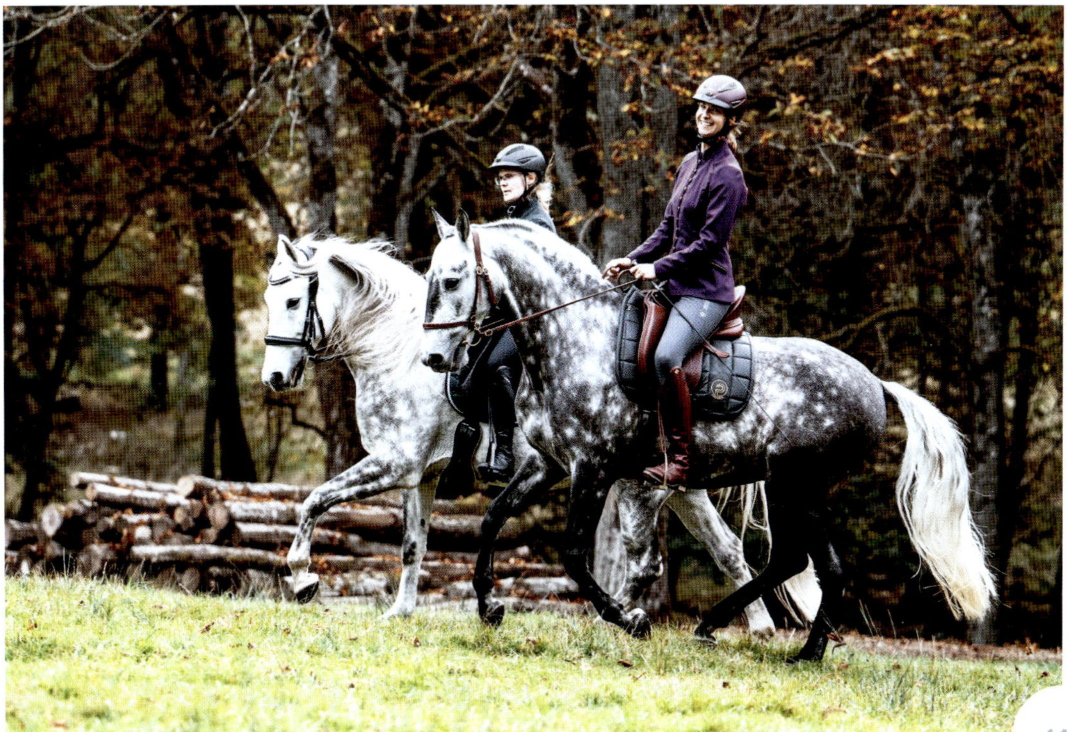

Für die Praxis bedeutet das, dass sehr viele Menschen mit gefährlichem Halbwissen dazu neigen, anhand von viel zu wenigen und vielleicht noch falsch eingeschätzten Bewertungskriterien ein Urteil zu fällen – und das im Brustton der Überzeugung.

Der Dunning-Kruger-Effekt ist täglich in Reitställen, Internetforen und auf Social Media zu beobachten, etwa in einer Situation wie dieser: Eine Reiterin hat ein Webinar zu Trainingskonzept X absolviert. Einiges hat sie nicht wirklich verstanden oder als wenig wichtig angesehen. Einen aus ihrer Sicht klaren Zusammenhang hat sie aber verinnerlicht: Wenn ein Pferd eine schmale Brust hat und die Vorderbeine eng zusammenstehen, ist das immer schlecht. Dann ist es schwach im Rumpfträger.

Was der Rumpfträger ist und dass es da noch ein paar mehr anatomische Strukturen in der Region gibt, weiß sie schon so in etwa, aber so genau nun auch nicht. Wozu auch, sie ist ja kein Anatomieprofessor. Trotzdem ist sie sich ihrer analytischen Fähigkeiten und der Schlüsse daraus sehr sicher. Auch weiß sie nun, dass ihr Training, nämlich Schrittspaziergänge und Gelassenheitstraining, offenbar grandios ist, denn ihr Pferd steht vorn breit. Und als sie so durch den Stall geht und eine Miteinstellerin mit deren Wallach entdeckt, fällt es ihr wie Schuppen von den Augen: »Dein Pferd steht schmal in der Brust, der Rumpfträger ist demnach schwach! Und das ist schlecht. Der ist trageschwach!« kommentiert sie den sportlichen Vollblüter der Stallkollegin, die gerade vom 20-Kilometer-Trainingsritt zurückkommt. Die bis eben noch stolze ältere Pferdebesitzerin zuckt zusammen. Das Pferd läuft – wie ihre anderen drei Pferde auch – seit vielen Jahren lahmfrei und ist motiviert. Unter »trageschwach« verstand sie bisher, dass das Pferd nicht genug Tragkraft

Wer ist ein echter Experte?

- Wirklich erfahrene Fachleute sind sich manchmal uneinig und müssen sich untereinander nicht immer mögen oder exakt dieselben Ansichten haben, sie respektieren sich aber und glauben nicht, die einzig »wahre Wahrheit« zu kennen.
- Zu erkennen, dass alle »in einem Teilbereich auf ihre Art Recht haben« ist der unweigerliche Schluss aus vielen Jahren Recherche und Praxis. Davon auszugehen, alle anderen können per se weniger, ist ein Zeichen für Halbwissen. Oder für Narzissmus, aber ich bin ja keine Psychologin und möchte da gar nicht tiefer ins Thema eintauchen, denn darüber besitze ich nur Halbwissen.
- Echte Fachleute erkennen, wenn sie sich geirrt haben und ändern demnach hin und wieder ihre Meinung über Dinge. Es ist unwahrscheinlich, sich nie zu irren und ausschließlich Gründe zu finden, die die eigene These bestätigen.
- Es ist völlig normal, dass Menschen mit wenig Erfahrung und Wissen das Wissen und Können von Fachleuten nicht anerkennen oder gar honorieren. Auf Social Media passiert das besonders ungefiltert. Es ist vollkommen sinnlos, sich darüber aufzuregen.

Das Denken der anderen

Psychologisch sehr interessant und in der Pferdeszene überall anzutreffen ist übrigens auch der *Third-Person*-Effekt, zuerst beschrieben von W. Phillips Davison: Menschen schätzen den Einfluss von Medien auf ihnen unbekannte dritte Personen als viel stärker ein als auf sich selbst. »Wenn die meisten Pferdebesitzer sehen, wie Mika auf Ostwind reitet, reiten bald alle nur noch ohne Sattel.« Man selbst ist natürlich fein raus, weil man sich als kompetenter und reflektierter einschätzt.

hat und das ist – das muss sie der Dame ja lassen- nicht ganz falsch. Der Wallach könnte sich in den Übergängen wirklich mehr setzen und die Hanken beugen. Zack, Selbstzweifel. Aber sie geht ja auch keine M-Dressur mit ihrem Blüter, sondern Distanzen und Vielseitigkeit und der Tierarzt findet das Pferd topfit und gut bemuskelt. Die Vollblutbesitzerin kommt dennoch ins Grübeln, denn sie weiß auch, dass sie nicht alles weiß. Offenbar weiß die Frau aber nach ihrer Fortbildung etwas Entscheidendes, was relevant für die Gesundheit ihres Pferdes sein könnte.

Nüchtern betrachtet ist die Lage folgende: Vollblüter sind lineare Typen – vergleichbar mit dem Windhund. Sie werden in der Brust nie so breit stehen wie der Spanier-Noriker-Mix der frisch fortgebildeten unerfahrenen Reiterin, weil der ein lateraler Typ ist (vergleichbar mit einer Bulldogge). Um den Zustand des Rumpftrageapparats einzuschätzen, gibt es einige Anhaltspunkte mehr als die Breite der Brust und wenn ein Pferd klinisch völlig unauffällig seine Sportart ausübt, ist es vollkommen unnötig, irgendein Exterieurmerkmal isoliert herauszuanalysieren und das Pferd zu pathologisieren.

Die Vollblutbesitzerin ist eine erfahrene Reiterin und hat mit ihren verschiedenen Pferden schon so viel erlebt, dass sie sehr genau weiß, was sie nicht weiß. Ihre Kompetenz und ihre Erfolge im Pferdetraining sieht die Unerfahrene aber gar nicht, weil sie nicht weiß, was sie alles nicht weiß. Von außen betrachtet könnte die Vollblutbesitzerin so wirken, als hätte sie sogar weniger Fachkompetenz.

»Ich habe schon mehr vergessen, als du je gelernt hast«, sagt der Tierarzt Sigfried Farnon zu seinem jüngeren Bruder Tristan in der Serie »Der Doktor und das liebe Vieh« – ein bissiger Kommentar, der Tristan klar auf seinen Platz verweist. Sigfried weiß, dass er vieles nicht weiß – nur Tristan weiß mangels Erfahrung noch viel weniger …

In der Praxis ist es für unerfahrene Reiter sehr schwer zu unterscheiden, wer tatsächlich ein Experte ist und wer sich nur für einen hält, aber eigentlich keine Erfahrung hat.

Selbstsicher auftretende Menschen ziehen unsichere Menschen an – wobei die unsichereren manchmal sogar viel mehr wüssten und sich einfach ihrer Grenzen bewusst sind. So kommt es, dass manche Pferdebesitzer eher Unterricht bei extrem von sich überzeugten Halbwissern nehmen, statt bei sich selbst gut einschätzenden Experten.

Das Pferd ist mehr als sein Körper

Viele Jahre habe ich (Claudia) versucht, Reiten biomechanisch, anatomisch, tensegral – sprich physisch – zu erfassen. Welcher Muskel macht was, warum geht ohne Faszien nix und wie trainiere ich welche Struktur, um mein Pferd »gesunderhaltend« reiten zu können. Ich habe die gesamte Tiermediziner-Anatomie im Rahmen meines (nicht beendeten) Tiermedizinstudiums erfolgreich absolviert und bin in meiner Osteopathie-Ausbildung noch mal wesentlich tiefer in die Materie eingetaucht. So tief, dass ich fast auf Latein geträumt habe. Der Zusammenhang zwischen Exterieur und Training hat mich so fasziniert, dass ich meine Ausbilderin Barbara Welter-Böller dazu animieren konnte, gemeinsam mit mir ein Buch über das Thema zu schreiben. »Einmal überbaut, immer überbaut« ist ein Fachbuch-Bestseller und ich bin durchaus stolz darauf. Die ersten Schritte von OsteoDressage waren, den Sinn der Reitlehre und der Pferdeausbildung auf körperlicher Ebene zu erklären.

Katharina und ich waren fasziniert davon, welche Lektion eigentlich was trainiert, wie klug die HDV 12 war und wie viele Irrtümer über Dehnungshaltung, Biegung und Co. existieren. Wir tauchten hierzu sehr tief in die Materie ein und schrieben über dieses aus unserer Sicht noch immer bahnbrechende Wissen gemeinsame Bücher und setzten Onlinekurse auf. Ich möchte das keinesfalls missen und denke, dass sehr viele Reiter hier noch wahnsinnig viele Aha-Erlebnisse haben können – gleichzeitig bereue ich fast, was wir damit losgetreten haben und beobachte den »Pferdekörper-Optimierungswahn« mit Bauchschmerzen.

Denn sind wir mal ehrlich: Immer noch mehr Wissen rund um Anatomie und Co. sorgt nicht automatisch dafür, dass Menschen besser reiten oder mehr Freude mit ihrem Pferd erleben.

In vielen Fällen sorgt es für Verwirrung, weil viele Menschen das extrem komplexe Thema nur halb erfassen, dann leicht Kategorien bilden und sich und andere völlig unsinnig verurteilen (Dunning-Kruger-Effekt). Es kann sogar für unnötige Scham und schlechte Gefühle sorgen, wenn man anhand bestimmter Exterieurmerkmale versucht, auf die Qualität des Trainings zu schließen.

Beispiel: Das Pferd hat einen Axthieb. Dieser kann auf mehrere Dinge hindeuten:

1. Das Pferd ist ein Vollblut oder ein Pferd mit viel Vollblutanteil und hat sowohl lange Widerrist-Dornfortsätze als auch viel Faszienspannung. Ein »blütiges« Pferd ohne Axthieb ist fast immer schlicht fett oder untrainiert – Ausnahmen bestätigen die Regel.
2. Das Pferd ist zu dünn. Ein Axthieb kann auf eine Unterversorgung mit Kalorien insgesamt oder Proteinen hindeuten.
3. Das Pferd hat einen unpassenden Sattel, ein unpassendes Selett oder eine am Widerrist unpassende Winter- oder Ekzemerdecke und es kam zu Muskelatrophien.
4. Das Pferd hat massiv viel Stress im Training oder im Alltag und übermäßig viel Aktivität der dorsalen Muskelkette und/oder wird

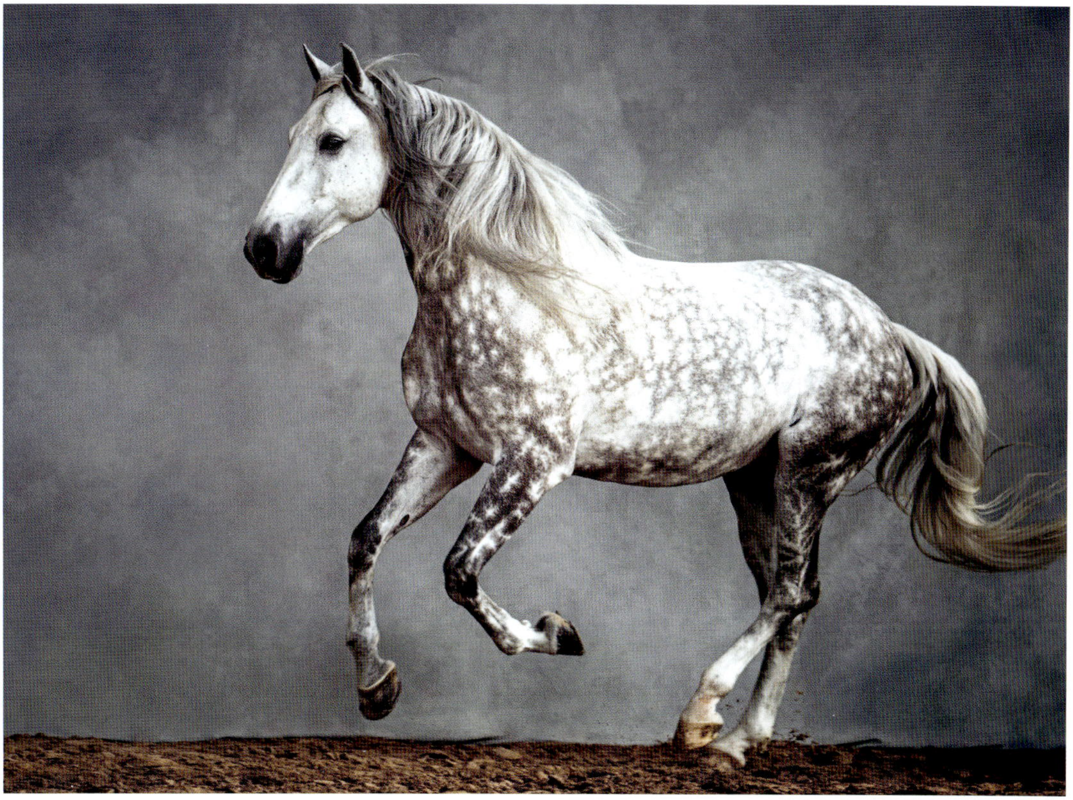

Es ist sehr viel fairer, das Pferd zu sehen, wie es ist – und nicht als wandelndes Defizit.

absichtlich oder unabsichtlich mit zu hoher Kopf-Hals-Position geritten. Um ehrlich zu sein spielen 3. und 4. oft zusammen, wobei der Haltungsstress oft schwerer wiegt als die halbe Stunde Reiten am Tag, etwa weil das Pferd sich 24/7 auf zu kleinem Raum mit mobbenden »Kumpels« auseinandersetzen muss oder, anders schlimm, lediglich in der Box steht.

5. Das Pferd hat Magenprobleme – aus welchen Gründen auch immer.

Vor lauter Axthieb-Angst werden Pferde zu fett gefüttert oder monatelang lieber gar nicht trainiert, um nur ja nichts falsch zu machen. Blöd, wenn das Pferd ein Araber ist, der seinen Axthieb ohnehin nie verlieren wird.

Die Exterieur-Falle

Ein konstruiertes Beispiel: Eine Pferdebesitzerin teilt auf Instagram ein Foto ihres Pferdes am Putzplatz: Es steht mit leicht erhobenem Kopf. Der Hals ist eher tief angesetzt, sieht gerade aus mit wenig konvexer Oberlinie und die Rückenlinie ist leicht ansteigend. Das Pferd ist etwas übergewichtig, dezent rückständig und steht ansonsten recht gemütlich herum. Das Fell glänzt. Keine exorbitante Körungssieger-Schönheit, eben ein durchschnittliches Freizeitpferd, vielleicht mit etwas viel Spannung der dorsalen Muskelkette.
Der Kommentar dazu ist, dass dieses Pferd sich hängen lasse, ganz ohne positiven Spannungsbogen herumhänge und dass das natürlich

schlecht sei. Am liebsten würde die Besitzerin ihn »permanent aufwölben«, aber das gehe ja leider nicht.

Es gibt Menschen, die gehen jeden Tag zu ihrem Pferd, um es am Putzplatz kritisch zu mustern. Sie vergleichen sein individuelles Exterieur mit ihrem Bild von »richtig« – das ja definitiv sehr verschieden sein kann.
Wenn mein Idealbild von einem Pferd ein spanischer Hengst mit hoch aufgesetztem, sehr konvexen Hals ist, stinkt meine Quarterstute also täglich dagegen ab. Dann sehe ich sie ihr Leben lang defizitär. Ein stolzer Spanierhengst mit einem Quarter-Exterieur wäre sicherlich das, was viele als »trageerschöpft« bezeichnen – die Quarterstute ist aber eine Quarterstute mit rassetypisch eher tiefem Halsaufsatz, ganz ohne dass das auf eine Pathologie hinweist. Dass man sich als Mensch so vollkommen sinnlos ein schlechtes Gewissen und miese Laune einreden kann, ist ja schon traurig.
Aber hat sich mal jemand gefragt, wie das für das Pferd ist? Täglich wird es beäugt, sorgenvoll vermessen, permanent beim Putzen »aufgewölbt« (die Rückenlinie wird nach oben manipuliert), weil die Besitzerin es nicht mit ansehen kann, dass sie ist, wie sie ist.
Übertragen auf den Menschenpartner oder Freund wäre das Putzplatzfoto etwa sowas wie ein Foto auf der Couch: Der durchschnittlich trainierte Freizeitsportler-Mann Mitte Vierzig sitzt bequem und hat ein paar kleine Speckröllchen. Er fährt zwar täglich Fahrrad, ist top gesund, aber ansonsten kein Fitnessgott. Verglichen mit Cristiano Ronaldo findet man da schon »Luft

Wir sind genau wie unsere Pferde einzigartig – und das ist gut so.

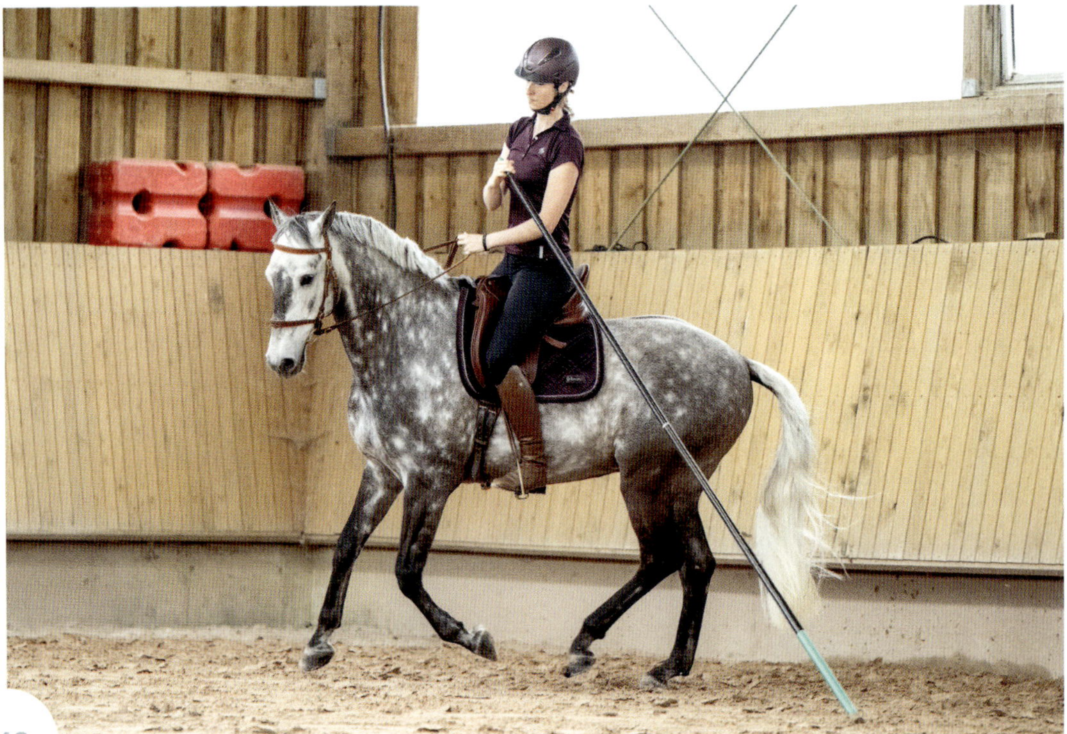

nach oben« – einen Sixpack oder definierte Muskeln sieht man nämlich nicht unbedingt. Aber haben Sie Ihren Mann schon mal dazu genötigt, sich bitte anders und mit mehr Muskelspannung hinzusetzen, damit Sie ihn in diesem Moment ansehnlicher finden? Allerdings kann er tun, was er will, Profifußballer ist er eben nicht. Wie müsste ein Mensch sich fühlen, wenn er täglich so beäugt würde wie das arme Pferd?
Natürlich ist es schlau im Blick zu haben, dass etwas am Exterieur sich negativ verändert oder nicht stimmt. Wird das Pferd immer dicker, dünner, senkrückiger oder rückständiger, ist es natürlich wichtig zu reagieren. Genau deshalb war es mir wichtig, das »Exterieurbuch« zu schreiben – und ich bin noch immer sehr glücklich, dass es dieses Buch gibt! Bekommt der Spanier plötzlich einen Axthieb, wo früher keiner war, ist Ursachenforschung sehr sinnvoll. Letztlich kann man aber jedes Pferd nur mit sich selbst vergleichen. Der Tinker sieht anders aus als der Araber und das ist gut so!

Die meisten körperlichen Themen sind viel zu komplex, um allein anhand des Exterieurs oder auch des Bewegungsablaufs sofort ein Urteil fällen zu können.

Das sage ich, die jahrelang am »Scannerblick« gearbeitet hat und mögliche Probleme automatisch entlarvt. All das Wissen ist wichtig und ich möchte es nicht missen – und doch ist keinem Pferd geholfen, wenn Bodyshaming betrieben wird. Ob nun die Gene, der Sattel, die Aufzucht, die Hormone, der Magen oder was auch immer »Schuld« daran sind, dass mein Pferd nicht aussieht wie der letzte Körungssieger – wenn es dem Menschen zugewandt ist, keine Schmerzzeichen zeigt und Freude am Reiten hat, darf man die Kirche auch einfach mal im Dorf lassen. Wie Menschen auch unterscheiden sich Pferde in ihren Exterieurmerkmalen – und daran ist erst mal gar nichts verkehrt.

Nichts versaut einem das Zusammensein mit dem Pferd mehr als ein hyperkritischer Blick auf jeden Muskel und jeden Gelenkwinkel. Wenn ich mir permanent Sorgen darum mache, ob dieses oder jenes Merkmal zu Problem X führt oder auf Problem Y hinweist, wenn ich das ganze Training nur noch darauf ausrichte, den Makel zu »bereinigen« – dann hat weder das Pferd Freude noch der Mensch.

Kein Pferd möchte als wandelndes Problem wahrgenommen werden – und ein Pferd ist mehr als sein Körper!

Wie muss es sich anfühlen, wenn der kritische Blick des Menschen täglich als Erstes zur vermeintlichen »Schwachstelle« wandert? Als wäre »der Makel« ein Affront gegen das wohlmeinende Training.
Erwiesenermaßen fühlt es sich mies an: Pferde bekommen ganz genau mit, mit welchen Emotionen wir ihnen begegnen. Sie bekommen nachweislich Stress, wenn der Mensch ärgerlich schaut – ihre Herzfrequenz steigt und sie wenden sich ab. Das Gegenteil einer guten Beziehung, obwohl wir es doch »gut meinen«. Und Stress führt ja zu allerlei unliebsamen Exterieurmerkmalen sowie einer ausgeprägteren Schiefe – und so macht der Fokus auf den Körper körperliche Themen schlechter statt besser. Diese Überfokussierung auf den Körper,

die in den letzten Jahren irgendwie zum »guten Ton« gehörte, verdirbt vielen besonders verantwortungsbewussten Reitern und damit ihren Pferden jede Freude am gemeinsam sein. Ich finde den Trend bedenklich, dass man den Körper seines Pferdes vorsorglich entschuldigt: »Der hatte mehr Hals, als er regelmäßiger im Training war.«

Haben wir nicht alle mit dem Reiten begonnen, weil wir Pferde lieben? Weil wir sie wunderschön finden? Weil sie uns faszinieren? Wo ist diese Unbeschwertheit hin? Reiten ist für die meisten von uns ein Hobby, ein Ausgleich. Und daran ist nichts falsch, wenn das Pferd sich beim gemeinsamen Tun wohlfühlt und wir diese magischen Momente einfach in vollen Zügen genießen.

Aber was tun, wenn das Pferd nun mal wirklich »trageerschöpft« ist?

Zunächst: Es ist gut, dass Sie Ihr Pferd aufmerksam beobachten. Ziehen Sie sofort die Konsequenz, wenn Sie ein schlechtes Bauchgefühl haben und betreiben Sie Ursachenforschung. Lassen Sie das Pferd professionell von einem sehr guten Tierarzt und gern zusätzlich von einem guten Therapeuten durchchecken und folgen Sie der Behandlungs- oder Trainingsplanung der Experten VOR ORT und/oder lassen Sie sich vom Experten Ihrer Wahl individuell online beraten. Wenn Sie kein gutes Gefühl haben, holen Sie sich eine Zweitmeinung und/oder fahren Sie das Pferd zum Experten Ihrer Wahl.
Das ist aufwendig, aber allemal besser als sich im Internet von anonymen Pseudo-Experten oder von Miteinstellern verrückt machen zu lassen. Es kostet vielleicht erst mal mehr Geld, aber definitiv weniger Nerven. Idealerweise haben Sie am Ende eine Diagnose mit Behandlungsplan oder Sie haben offiziell bestätigt keine Diagnose und können Ihr amtlich gesundes Pferd trainieren. Klarheit kann kurz wehtun, Unklarheit schmerzt über Jahre – Sie und Ihr Pferd.

Sorgen sind sinnlos

Ihr Pferd ist »offiziell« gesund und munter und doch quält Sie die Sorge, ein Frühwarnsignal zu übersehen? Dann lassen Sie die Sorge bitte zu Hause! Wenn Sie zum Pferd gehen, nehmen Sie es in allererster Linie als Pferd wahr, nicht nur als zu optimierenden Körper. Perfekt ist ohnehin kein Pferd und das muss es doch auch gar nicht. Warum haben Sie dieses Pferd gekauft? Vielleicht hat es ein wunderschönes Gesicht und ist herrlich einfallsreich und neugierig. Oder es ist in jeder Situation so cool, dass es reihenweise als Ausreitbegleitung angefragt wird. Sie werden Dinge finden, die Sie an Ihrem Pferd herausragend großartig finden. Wenn die Sorge Sie regelmäßig übermannt, habe ich einen schönen Satz für Sie:
»Sorgen sind so sinnvoll, wie sich ein Pflaster aufzukleben, bevor man sich geschnitten hat.«
(Karin Kuschik)

Wenn es Ihrem Pferd WIRKLICH schlecht geht, ist immer noch Zeit zu handeln. Bis dahin genießen Sie Ihr Pferd, gestalten Sie die gemeinsame Zeit positiv und lassen Sie sich nicht den Tag von Ihrer kritischen inneren Stimme verderben. Pferde leben im Hier und

Jetzt – das könnten wir uns zum Vorbild nehmen, denn es führt zu großartigen Momenten.

Vielleicht finden Sie Ihr Pferd selbst wunderbar und es wird Ihnen von außen eingeredet, dass es ein Problem gibt? Manche Menschen werden nicht überkritisch, weil sie sich Sorgen machen, sondern weil ihnen die Bewertung anderer Menschen übermäßig wichtig ist. Die Stallkollegin hat ein Problem damit, dass Ihre Stute nach dem sechsten Fohlen keine perfekte Rückenlinie hat? Eine fremde Person im Internet »diagnostiziert« auf einem schräg aufgenommenen Foto eine »Trageerschöpfung«?
Ganz ehrlich: Nehmen Sie keine Kritik von jemandem an, den Sie nicht um Rat fragen würden. Steht Ihr Pferd in einem Stall, in dem Lästern und ungefragtes Einmischen zum guten Ton gehören, brauchen Sie Teflon-Nerven oder ein neues Umfeld ...
Falls es wirklich nicht möglich ist, das eigene Pferd in einem positiven Licht zu sehen, sollte man sich vielleicht fragen, ob es für Pferd und Mensch nicht besser wäre, getrennte Wege zu gehen und dem Pferd einen Menschen zu suchen, der es einfach großartig findet.

Training im Namen der guten Figur

Wir Menschen kennen das Rezept, um dauerhaft unzufrieden zu sein, ziemlich gut. Wir tun eine ganze Menge »um zu«. Verzeihen Sie uns einen kleinen küchenpsychologischen Ausflug, der verdeutlichen darf, warum wir mit besten Absichten manchmal reiten oder therapieren, wie es Pferde sehr sicher nicht lieben:

Wir Menschen tun aus Pferdesicht völlig verrückte Dinge, die wir uns mit unserer Vernunft erklären: Wir gehen ins Fitnessstudio, obwohl wir es hassen, um wieder in das Kleid zu passen – nicht etwa, weil wir das Gerätetraining lieben. Wir lassen uns klaglos auch von einem grobmotorischen Physiotherapeuten traktieren, damit wir uns DANACH vielleicht besser fühlen. Tun wir das nicht, gehen viele von uns eher noch mal zum Therapeuten und geben sich selbst die Schuld, statt die Therapie anzuzweifeln. Der Therapeut ist ja der Experte, nicht? Also ist es ja vernünftig, ihm zu vertrauen statt dem eigenen Empfinden.

Wir quälen uns durch nervige Studienfächer um IRGENDWANN den »Traumjob« zu haben und arbeiten dann jahrelang zehn Stunden täglich um DANN, im Urlaub (in dem wir über die Arbeit nachdenken), nicht über Geld nachdenken zu müssen und uns endlich etwas »gönnen« zu können. Viel früher dachten wir Menschen sogar, wir dürfen vom Leben nichts erwarten, müssten uns strikt an Regeln halten oder uns gar selbst geißeln, um DANN im Himmel auf ewig glücklich zu sein.

Pferde dagegen sind einfach im JETZT glücklich oder unglücklich, empfinden Freude, Wut, Trauer oder Schmerz. Wer das schönere Leben hat? Wer weiß.

Das Gefühlsleben von Pferden ist jedenfalls sehr reichhaltig – der Mythos vom rein instinktgesteuerten Tierautomaten ohne Empfindungen, den der französische Philosoph René Descartes im 17. Jahrhundert geprägt hat, ist glücklicherweise längst vollständig überholt.

Pferde haben definitiv eine breite Bandbreite von Emotionen, ihre Denkprozesse unterscheiden sich trotzdem von unseren. Die Sprache ermöglicht uns so komplexe Denkprozesse, die unsere (manchmal abstruse) Wahrheit konstruieren. Pferde sind aus Menschensicht »unvernünftig« – sie springen wild auf der Koppel umher ungeachtet der Tatsache, dass der gerade ausheilende Sehnenschaden davon sicher nicht besser wird. Menschen sind aus Pferdesicht aber sicherlich auch unvernünftig: Kein Pferd würde um seiner Figur willen fasten oder ein anstrengendes Trainingsprogramm absolvieren, zu dem es nicht »aus Spaß an der Freude« motiviert ist.

Schauen wir auf die Pferdeszene, sehen wir, dass viele Reiter ihr »um zu«-Konzept aber gnadenlos auf das Pferd übertragen. Ein Beispiel: Das Pferd soll die zehnte Runde Travers gehen, damit es dann irgendwann gerader ist und – hoffentlich – dadurch länger gesund bleibt. Dass es während des eifrigen Übens Schmerzen hat und Konfliktverhalten zeigt, ist vielen Reitern vielleicht nicht bewusst oder tatsächlich erst mal egal. Der Zweck heiligt für viele Menschen die Mittel – weil es schlicht menschlich ist, so zu denken.

Wenn ich beim Joggen schwitze, muss mein Pferd da »auch mal durch«, wenn es anstrengend wird. Diese scheinbar vernünftige Rechnung geht aber nicht auf und enthält mehrere Denkfehler:
Sobald wir das Pferd mit gut gemeinten, aber vom Pferd verhassten Aufgaben stressen, machen wir es schiefer (siehe Kapitel zur Lateralität), völlig egal, welcher Reitmeister uns dazu einen anderen Text erzählt. Der Zweck ist also hinfällig. Indem wir über Schmerzen signalisierendes Verhalten hinweg reiten, verstärken wir Schmerzen, subtile Lahmheiten werden schleichend zu offensichtlicheren – nicht sofort, aber sehr sicher irgendwann. Das ist nicht nur unsere Meinung, das ist aktueller Stand der Wissenschaft.

Weil wir oft so sehr in unseren Denkmustern festhängen, glauben wir dann schlimmstenfalls noch, das Pferd gehe aufgrund der SCHIEFE schlechter und statt zehn Runden Travers muss das arme Pferd zwanzig Runden gehen – und so stecken wir mitten im Teufelskreis aus falsch verstandenem Helfenwollen, Verursachen von Schaden und noch mehr Helfenwollen.

Diese unbeabsichtigte Pferdequal findet überall und ständig statt und ist blöderweise meist supergut gemeint. Wenn wir unser Vernunft-Ich mal abschalten und auf unser Gefühls-Ich hören, spüren wir aber meist, dass wir auf dem Holzweg sind. Es macht nämlich einem (geistig gesunden) Menschen keine Freude, Pferde mit etwas zu traktieren, was sie hassen, »um zu«. Es ist in 99 Prozent der Fälle auch gar nicht nötig – außer vielleicht beim Versorgen einer Wunde.

Ansonsten ist es nicht nur erlaubt, sondern sehr, sehr sinnvoll, sich weitestgehend in der Komfortzone des Pferdes zu bewegen und diese maximal ein ganz kleines bisschen zu verlassen.
Gutes Training fällt einem gesunden Pferd absolut LEICHT. Und je leichter es ihm fällt und je entspannter es ist, desto GERADER und GESÜNDER wird es. Ist das nicht eine herrlich

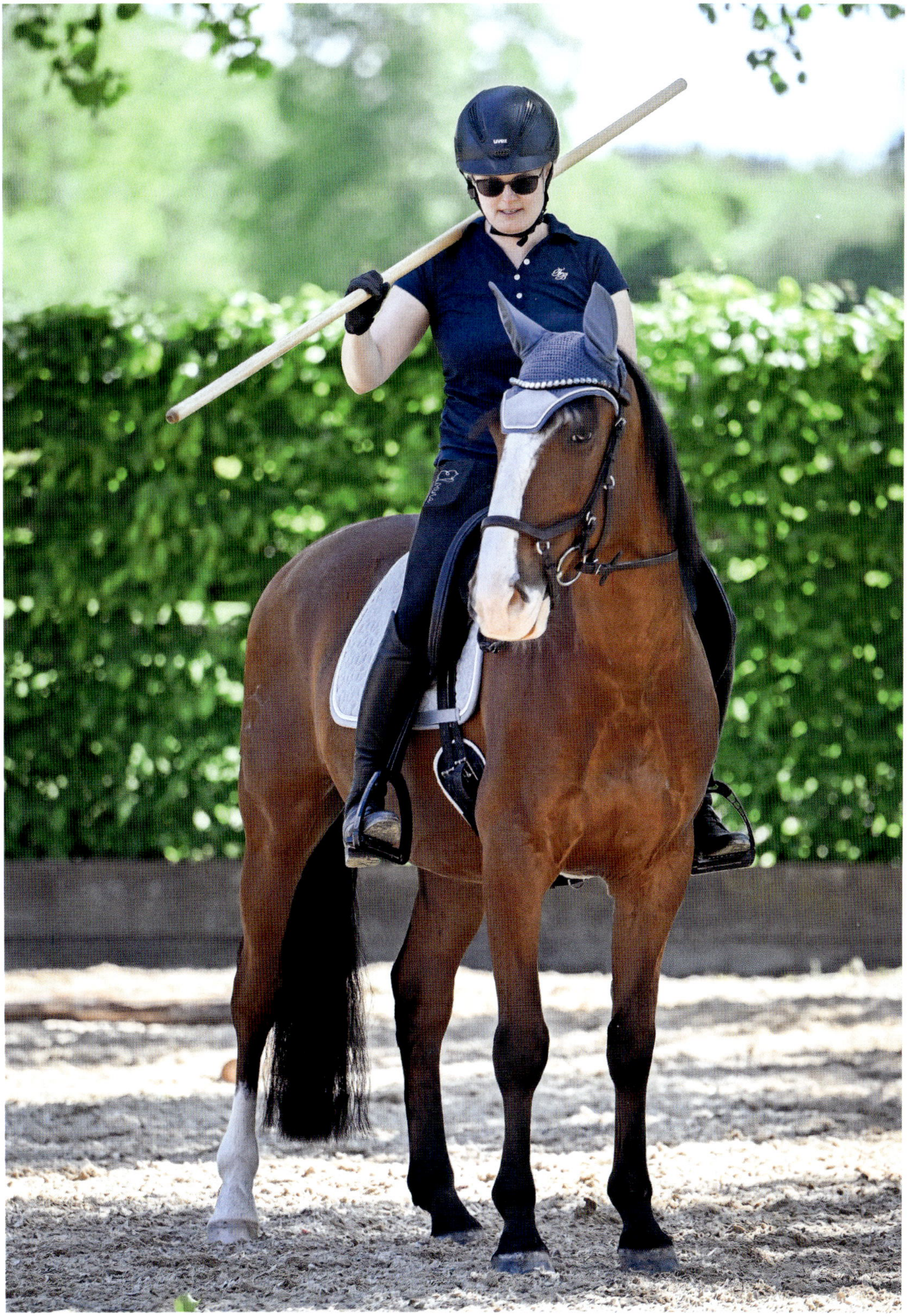

Je entspannter, desto gerader – dieser Zusammenhang ist mittlerweile erwiesen.

entspannende Nachricht? Es ist also auch noch völlig vernünftig, unserer Intuition zu vertrauen!

Therapie ad absurdum

Manche Menschen glauben, dass nur die manualtherapeutischen Maßnahmen etwas nützen, die zumindest etwas schmerzhaft sind. Das ist fachlich erstens nicht unbedingt richtig und führt zweitens leider oft dazu, dass Pferde mithilfe von seltsamen Geräten traktiert, grob behandelt (herzhafte Rucke an Schweif oder Beinen) oder rundenlang in die immer gleiche Position gezwungen werden.

Wir wissen leider auch, dass es Therapeuten gibt, die Pferde vor der offensichtlich sehr unangenehmen Behandlung sedieren, um keine Gegenwehr zu bekommen. Die Verletzungsgefahr des Pferdes ist bei solchen Praktiken enorm hoch – man nimmt dem Pferd jede Schutzspannung und vergisst, dass Schmerzen nicht nur nerven, sondern auch einen Nutzen haben – nämlich, den Körper vor weiteren Schäden zu bewahren. Nicht selten haben sich »Verspannungen« als gravierende Befunde herausgestellt – von angebrochenen Rippen bis hin zu frakturierten Halswirbeln. Nicht auszudenken, wenn daran unter Sedation herummanipuliert wird, oder?

Warum ist es darüber hinaus schlichtweg sinnlos, über die Schmerzgrenze zu gehen? Schmerzen schützen. Sagt das Pferd deutlich »Au«, wähle ich eine sanftere Technik oder überweise an einen guten Diagnostiker. Schmerzen sorgen außerdem für eine Sympathikus-Reaktion – der »Stressnerv« ist alarmiert und sorgt für eine Kaskade an körperlichen Reaktionen, die jeder Regeneration im Wege stehen. Er sorgt zum Beispiel dafür, dass die kleinen glatten Muskelzellen in den viel erwähnten Faszien sich unwillkürlich anspannen, was zu weiteren Restriktionen des zu ehrgeizig behandelten Gewebes führen wird und nicht zum »Release«.

Dass ein Pferd nach einer schmerzhaften Behandlung entspannt und vom Sympathikus zurück in den Parasympathikus kommt, weil diese BEENDET wird, zeigt es übrigens durch Kauen oder gar Gähnen. Es ist kein Qualitätsmerkmal einer Behandlung, wenn Pferde »Gesichtskirmes« zeigen.

Es verrät, dass die Therapie VORHER schmerzhaft und/oder stressig für das Pferd war. Das kann jedem passieren und ist zunächst nicht schlimm – als aufmerksamer Therapeut wird man die nächste Technik dann noch sanfter und achtsamer durchführen.

Durch eine sehr grobe Behandlung, etwa mit falsch genutzten Faszienrädern oder Massagepistolen, kann man das sensible Gewebe auch leicht verletzen, was zu Einblutungen und später gar zu Narbengewebe führen kann und entsprechend keine sinnvolle Therapie ist.

Achtung: Es liegt mir völlig fern, einzelne Geräte oder Techniken zu verteufeln. Es gibt Pferde, die finden Faszienräder toll. Andere hassen sie. Hier ist es wichtig, mit Empathie und offenen Augen ans Pferd zu gehen. Besonders Therapeuten-Anfänger oder Laien sind schwer begeistert von

Es gibt wirklich keinen vernünftigen Grund, das Pferd im Training oder in der manuellen Therapie zu Dingen zu zwingen, die offenkundig zu Stress- und Schmerzzeichen führen. Ganz klar gesagt, verstößt es sogar gegen das Tierschutzgesetz. Ausschließlich in der Tiermedizin dagegen ist es manchmal nötig und vernünftig, Dinge zu tun, die das Pferd expliziert nicht möchte – etwa eine Wunde zu nähen oder das Pferd zu spritzen. Hier helfen Medical Training und eine geeignete Anästhesie oder Schmerzmedikation, um die Komfortzone auszudehnen und Stress und Schmerz zu minimieren. Es ist definitiv nicht tierfreundlicher, per se auf Sedation, Schmerzmedikamente und Co. zu verzichten.

Technik X, weil sie natürlich bei Problem X oder Pferd X ihre Berechtigung hat.
Hier greift dann die schöne Redewendung:
»Man sieht jedes Problem als Nagel, wenn man nur einen Hammer hat.«

Machen Sie nicht den Fehler, jedes Problem als Nagel zu betrachten. Führt der »Hammer« zu Wehrigkeit, Schmerzgesicht oder Stresszeichen, suchen Sie ein anderes Werkzeug beziehungsweise wechseln Sie zu einem empathischeren, fähigeren Therapeuten, der Schmerzzeichen Ihres Pferdes ernst nimmt. Glauben Sie Ihrem Pferd und Ihrem Bauchgefühl mehr als scheinbarer Kompetenz eines Therapeuten. Sie kennen Ihr Pferd und wissen, ob es die Behandlung als gut oder schmerzhaft empfindet! Ihr Pferd muss durch nichts »durch« – wer Ihnen das erzählt, ist wahrscheinlich hilflos und mit seinem Latein am Ende.

Eine gute manuelle Pferdetherapie kommt ohne Knacken, Rupfen und vor allem ohne Gegenwehr des Pferdes aus, weil sie sich am Pferd orientiert. Manche Pferde mögen kräftige Massagen, andere dulden nur ganz leise Therapieformen wie die craniosakrale Therapie, die allein über sanfte Berührungen viel bewirkt. Im Zweifelsfall hat wie immer das Pferd recht.

Böse Sportreiter, gute Freizeitreiter?

Zwingen Turnierreiter Pferde zu Leistungen, die sie ohne Zwang nicht erbringen würden? Sind nur Freizeitreiter pferdefreundlich? Füttern alle Freizeitreiter ihre mangelbewegten Pferde schleichend zu Tode? Ist Turnierreiten immer schlecht und Freizeitreiten immer gut?
Nach unserem Dunning-Kruger-Kapitel ahnen Sie schon, was die Antwort ist: Es kommt darauf an. Per se etwas gut oder schlecht zu finden, gründet sich in sehr vielen Fällen auf Halbwissen und vereinfachendes Schubladendenken.

Menschengehirne und ganz besonders unser Unterbewusstsein lieben Schubladen – wir alle bilden ständig welche, denn es wäre viel zu energieaufwendig, jeden kleinen Fakt endlos zu durchdenken.

Bewusstes Denken verbraucht tatsächlich mehr Energie durch komplexere Denkprozesse – viel leichter ist es, binnen Hundertstelsekunden Dinge und Situationen zu bewerten.
Beispiel: Brigitte reitet gebisslos – also ist sie eine pferdefreundliche Freitzeitreiterin. Ist doch klar, oder? Dass Brigitte am Wochenende M-Springen reitet und nur heute gebisslos reitet,

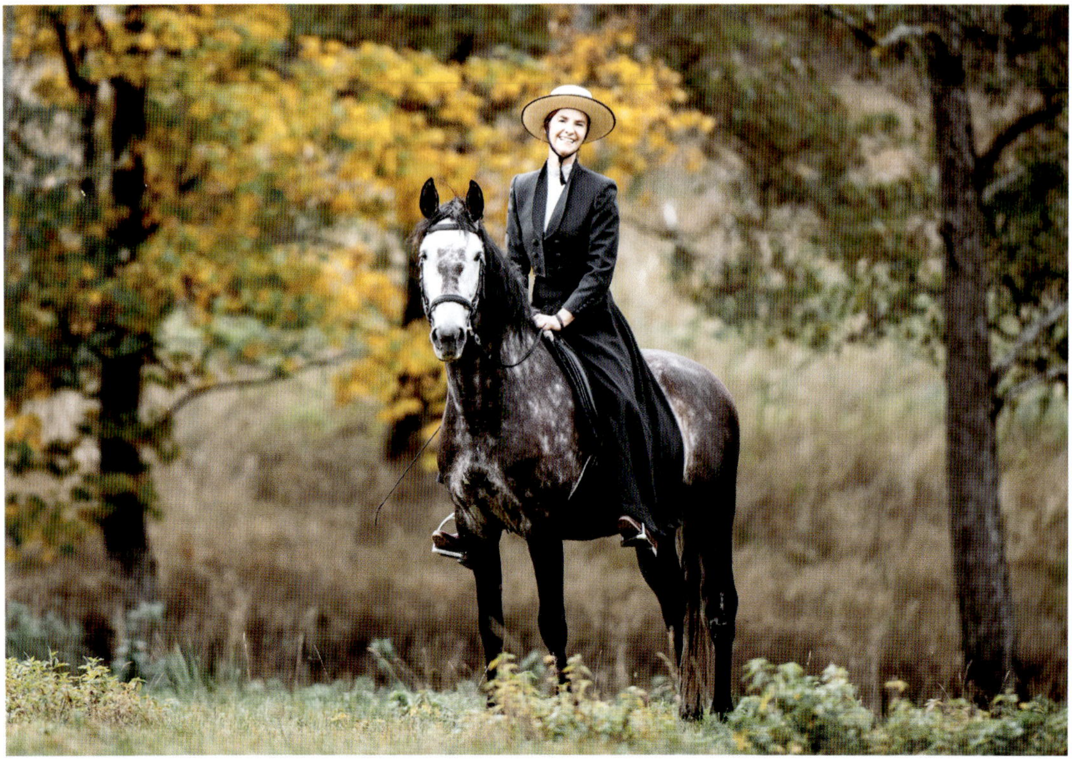

Böse Sportreiter, gute Freizeitreiter? Schubladendenken hilft nicht weiter.

weil das Pferd gestern beim Zahnarzt war ist auch eine Möglichkeit, oder?
Franziskas Schabracke in Vintage Gold passt genau zur Fliegenmütze ihres Hannoveraners und sie trägt dazu passend Reithose und -weste. Außerdem hat sie einen Glitzerhelm. Sicher eine Turnierreiterin, oder? Nein, Franziska mag einfach farblich abgestimmte Outfits. Eigentlich reitet sie gern aus, longiert und macht Handarbeit und reitet einmal pro Woche im Unterricht Dressur. Ihr Pferd steht übrigens im Aktivstall. Auch bei Franziska ist unser schönes Klischee dahin.

So verständlich es ist – Schubladendenken ist immer unfair und berücksichtigt nie alle verfügbaren Informationen.
Um beim Beispiel zu bleiben: Es gibt nicht den Prototypen eines Turnierreiters und dann sind »alle so«. Es ist nie klug, Personengruppen über einen Kamm zu scheren – denn man liegt damit in vielen Fällen falsch. Das ist, als würde man sagen »alle Brillenträger reiten schlecht« oder »alle Radfahrer mögen Streuselkuchen.« Bestimmt gibt es schlecht reitende Brillenträger und Streuselkuchen mögende Radfahrer – in erster Linie haben Brillenträger aber lediglich das Brillentragen gemeinsam und Radfahrer das Radfahren. Turnierreiter reiten demnach Turniere und tun das übrigens oft in ihrer Freizeit, was sie zu turnierreitenden Freizeitreitern macht. Schublade kaputt.

Aber ist nicht der Pferdesport die Wurzel allen Übels? Ist es nicht das damit verbundene Geld, das Pferde zu »Ware« degradiert?

Zunächst ist es nicht unerheblich zu verstehen, dass es ohne den Pferdesport vielleicht keine oder nur noch sehr wenige Pferde in unseren Breitengraden gäbe. Nachdem Pferde in der Landwirtschaft, beim Transportwesen und beim Militär nahezu unnötig geworden und durch Maschinen ersetzt worden sind, war es Mitte des letzten Jahrhunderts definitiv der Pferdesport, der eine weitere Zucht und Haltung dieser kostspieligen Tiere rechtfertigte. Es gibt heutzutage bis auf wenige Ausnahmen (Holz rücken zum Beispiel) keinen vernünftigen Grund Pferde zu besitzen oder zu züchten – außer zu unserem mehr oder weniger sportlich ambitionierten (Freizeit-)Vergnügen oder zum Vergnügen betuchter Besitzer, die Profis dafür bezahlen, ihr Pferd im Sport vorzustellen.
Wo wäre das Pferd heute ohne den Pferdesport und die Pferdezucht? Gäbe es überhaupt gepflegte Reitanlagen, deren Halle wir nutzen dürfen, würde irgendwer Land kaufen und für Pferdehaltung zur Verfügung stellen? Gäbe es auf Pferde spezialisierte Tierärzte, gäbe es eine so große, bunte Community? Gäbe es Sachkundenachweise, Reitunterricht, Pferdetherapeuten, Heubauern, die passendes Raufutter produzieren, Hersteller pferdefreundlichen Equipments? Oder würden Pferde vielmehr ähnlich exotisch wie Wallabys oder Strauße auf einzelnen, wenigen Farmen und im Zoo gehalten? Ich kann diese Frage nicht beantworten, aber ich denke, dass es zumindest wesentlich weniger Pferde gäbe ohne den (Turnier-)Pferdesport. Der findet ja nicht erst auf Olympianiveau in den bekannten Disziplinen statt, sondern hat wahnsinnig viele Facetten. Im Prinzip zählt jede sportliche Veranstaltung wie klassische Dressur- und Springturniere, Westernturniere, Working Equitation Turniere, Voltigierturniere, Fahrturniere, Distanzritte, Freizeitturniere und vieles mehr dazu.
Schauen wir doch mal genauer auf einige Klischees über »die Sportreiter«.

Turnierreiter wollen nur gewinnen

Wenn man sich einem Wettkampf stellt, ist gewinnen schön. Wer ernsthaft reitet, weiß aber eigentlich ganz gut, wo er mit seinem Pferd steht. Es geht den Menschen, die in ihrer Freizeit Turniere reiten, häufig viel mehr um eine persönliche gute Leistung und ein harmonisches Reiterlebnis als um den absoluten Sieg – ein bisschen wie beim Langstreckenlaufen. Kaum ein Hobbyläufer rechnet damit, den Marathon zu gewinnen – er ist aber superstolz, die Strecke überhaupt bewältigt zu haben und ist er routinierter, schlägt er auch gern seine eigene Bestzeit und freut sich darüber.
Für viele Menschen ist es ein großartiger Ansporn, sich zu verbessern, wenn ein Wettkampf ansteht – man trainiert planvoller, übt Dinge, die man sonst vielleicht nie geübt hätte und freut sich am Fortschritt und am Event selbst – nicht erst am potenziellen Sieg.

Für viele Reiter-Pferd-Paare ist es ein großer persönlicher Erfolg, wenn das Pferd auf dem Abreiteplatz entspannt ist, im Viereck konzentriert bleibt oder alle Sprünge zuverlässig springt. Um gewinnen geht es den meisten Reitern also gar nicht, eher um ein paar schöne Tage mit dem Pferd und mit Freunden sowie um eine Überprüfung der bisherigen Ausbildung.
Wir persönlich fahren gern mit unseren Pferden zum Training, mögen die gemeinsamen

Erlebnisse mit unseren Pferden, üben und verbessern uns gern.
Wer übrigens glaubt, es ginge beim Turnierreiten um Geld, ist jetzt vielleicht enttäuscht: In 90 Prozent der Fälle gibt es nur eine Schleife, vielleicht kleine gesponserte Sachpreise und kein Geld. Und selbst wenn es Geld gibt, gibt man in den allermeisten Fällen für Startplatz, Turnierbox, Anfahrt und Co. ein Vielfaches aus.

Warum macht man es dann? Einfach so, weil das Erlebnis es wert ist. Nur im Profi-Spitzensport hängen an Gewinnen in manchen Disziplinen nicht unerhebliche Geldsummen und natürlich Sponsorenverträge und Kunden. Wer Pferde vorn platziert, bekommt wieder gute Berittpferde. Außerdem werden viele Bereiter natürlich dafür bezahlt, Pferde auf Turnieren vorzustellen, um sie möglichst zu platzieren und entsprechende Kaufpreise ausloben zu können. Oft sind sie auch am Verkauf prozentual beteiligt, das heißt wenn das Pferd höher platziert und damit wertvoller wird, verdienen sie am Verkauf auch entsprechend mehr mit.

Hier ist der Wunsch zu gewinnen oder platziert zu werden sicherlich ausgeprägter als beim durchschnittlichen »Hobby-Turnierreiter«, was aber absolut nicht dazu führen muss, dass schlechter mit dem Pferd umgegangen wird. Viele professionell vorgestellte Pferde werden sehr behutsam mit vielen kleinen Auswärtstrainings vorbereitet und gehen dann auf dem Turnier völlig entspannt und souverän. Außerdem »kostet« ein Turniersieg auch ein möglichst gutes Management, gute Hufpflege, gute Fütterung und so weiter – professionell vorgestellte Turnierpferde sind oft sehr gut gemanagt. Auch hier kann man sich sicherlich im Einzelfall streiten, was nun pferdefreundlich ist und was nicht – ich habe auf Turnieren wirklich viele gut gefütterte und gut bemuskelte, top gepflegte Pferde gesehen. Ausnahmen gibt es selbstverständlich immer und natürlich gibt es auch hervorragend gemanagte reine »Freizeitpferde«!

Turnierrichter bewerten falsch

Richter bewerten nach festgelegten Kriterien – und natürlich, so unparteiisch sie sein mögen, immer auch etwas nach ihrer eigenen Wahrheit. Jeder Mensch sieht pro Sekunde nicht mehr als 24 Frames (Einzelbilder). Es ist deshalb niemals möglich, gleichzeitig auf alles zu achten.

Fokussiert man sich kurz auf die Hinterhand, hat man den Kopf des Pferdes in diesem Augenblick nicht gesehen oder zumindest den Reitersitz nicht auch noch beachten können. Richten ist mit Sicherheit sehr anspruchsvoll und anstrengend, besonders in Dressurprüfungen. Ein derart großer Bewertungsspielraum ist nicht in allen Disziplinen gegeben. Ist es noch verhältnismäßig leicht zu beurteilen, ob das Pferd einen Sprung abgeräumt hat, ist es viel schwieriger, die Korrektheit der absolvierten Dressurlektion zu bewerten – denn zack, wird schon die nächste geritten.

Dass es zu Unstimmigkeiten bezüglich der Bewertung kommt, liegt erst mal in der Natur der Sache – und doch müssen wir bei allem Verständnis sagen, dass wir besonders im Dressursport auch sehr oft die Bewertung nicht gut finden.

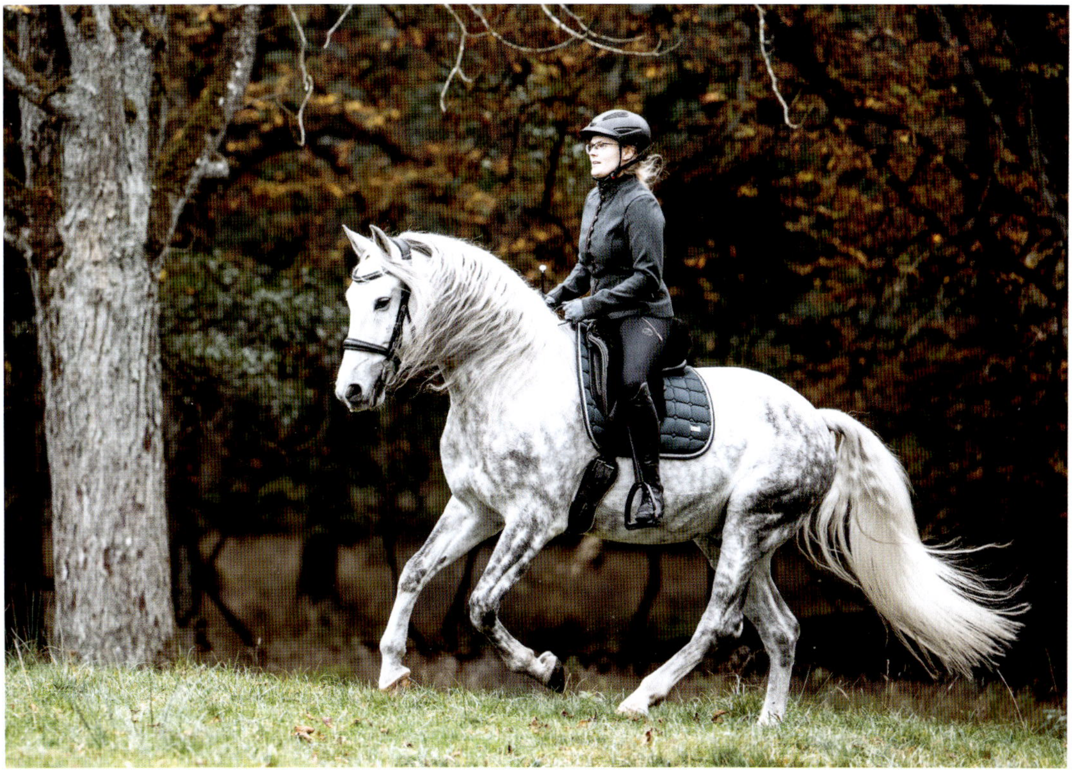

Periphere Hinweise beeinflussen Entscheidungen: Mag der Richter keine Schimmel, kann das vollkommen unbewusst Einfluss auf die Note haben.

Oft entsteht der Eindruck, dass »große Namen« vorn platziert werden und Pferde mit spektakulären Gängen sehr viel höhere Noten bekommen als reell gerittene Pferde mit natürlichen Gängen.

Erwiesenermaßen werden außerdem im Genick zu enge Pferde wahrscheinlicher vorn platziert als Pferde, die mit der Nase an oder vor der Senkrechten laufen (vgl. die Forschung von Dr. Kienapfel), und das steht im krassen Gegensatz zu dem, was pferdegerecht und klassisch richtig ist (siehe das Kapitel zu der Kopf-Hals-Haltung).

Also ja: Einige Richter bewerten falsch, also nicht ihren eigenen Richtlinien entsprechend. Auch bewerten manche Richter einige Ritte etwas sehr positiv und andere eher etwas zu kritisch. Niemand von uns ist gefeit vor »peripheren Hinweisen« (unterbewusst verarbeitete Reize), die unsere Entscheidungen stark beeinflussen, ohne dass uns das bewusst wird. Vielleicht mögen wir unbewusst Schimmel lieber als Braune oder haben schlechte Erfahrungen mit einer blonden Frau mit Perlenohrringen gemacht, sodass wir die blonde Reiterin auf dem Braunen unbewusst etwas kritischer beäugen als die Schimmelreiterin mit den braunen Locken, die zufälligerweise auch noch unser Lieblingsreitstiefelmodell trägt.
Es mag daran liegen, dass Veranstalter ihre Sponsoren sehr schätzen und diese Sponsoren es wiederum mögen, wenn die vom Veranstalter

Zeitgemäße Bewertungskriterien

Es ist unverständlich, warum Erkenntnisse aus der Wissenschaft von den Verbänden nicht so ernst genommen werden, dass sie in die Bewertungskriterien einfließen.

Im Sinne der Pferde wäre es aus unserer Sicht hervorragend, wenn:

- Richter grundsätzlich geschult werden in den Grundlagen der Ganganalyse. Lahmheitszeichen wie Kürzertreten eines Hinterbeins, asymmetrische Nickbewegung, Beckenhüpfen und Co. müssten direkt zum Abbruch der Prüfung und zum Ausschluss vom Turnier führen.

- eine weitere qualifizierte Person die Ethogrammpunkte nach Sue Dyson zählt, vielleicht bereits auf dem Abreiteplatz. Hat ein Pferd mehr als acht Punkte, wird es zu seinem eigenen Schutz an diesem Tag vom Wettbewerb ausgeschlossen, weil es sehr wahrscheinlich aktuell Schmerzen hat. Das kann bereits am nächsten Tag schon wieder anders aussehen.

- Zeichen von Losgelassenheit konsequent positiv gewertet werden, Stresszeichen als solche erkannt und nicht als Ausdruck missdeutet werden und entsprechend negativ in die Bewertung einfließen.

- die Benotung anders herum berechnet würde: Wenn nicht Fehler Abzug bedeuten, sondern man seine Punkte bei guter Ausführung sammelt, kommen wir weg von der Fehlerguckerei und hin zum Fokus aufs Positive!

- die Pferde besonders in Jungpferdeprüfungen und in den niedrigeren Klassen die Chance hätten, den Prüfungsbereich vor der Prüfung kennenzulernen: Etwa durch ein freies Training am Vortag. Auch denkbar wäre, dass es einen kleinen Vorbereitungsbereich vor dem eigentlichen Viereck gäbe, auf dem das Pferd sich an die Atmosphäre gewöhnen kann, bevor es Leistung bringen soll.
  Weg vom Abreiteplatz und zur Prüfung rein in die laute Halle voller Umweltreize und ohne anderes Pferd ist ziemlich viel verlangt. Beim Springen auf großen Plätzen ist es oft üblich, dass der nächste Reiter bereits auf den Platz darf, während die vorherige Prüfung noch läuft und dem Pferd Atmosphäre und Hindernisse kurz zeigen kann – das ist im Sinne des Pferdes.

- »abrüsten« immer erlaubt wäre. Wer die S-Dressur auf Trense und ohne Sporen reiten möchte, sollte das definitiv dürfen!

- »aufrüsten« strenger reglementiert wäre. Es ist lächerlich, dass im S-Springen nahezu jede mögliche Zäumung erlaubt ist, die in niedrigen Klassen verboten wäre. Gerade S-Pferde sollten keinesfalls abenteuerliche Gebisskonstruktionen nötig haben.

- der Beizäumungszwang etwas lockerer gesehen würde. Hinter der Senkrechten zu reiten wird definitiv viel weniger streng geahndet als ein kurzes über dem Zügel sein – dafür gibt es keinen vernünftigen Grund, zumal Reiten hinter der Senkrechten nachweislich wesentlich unangenehmer für Pferde ist und die Atmung behindert, wobei ein kurzes Herausheben lediglich das ästhetische Empfinden mancher Richter stört.

eingeladenen Richter die jeweils gesponserten Pferd-Reiter-Paare vorn platzieren. Wer hingegen die dezent lahme Dressurhoffnung abklingelt oder mit viel Spannung absolvierte Lektionen mit niedrigeren Noten abstraft, wird möglicherweise einfach nicht mehr eingeladen, denn schlechte Stimmung möchte niemand.

Aus unserer Sicht beginnt das Dilemma rund um das Pferdewohl im Dressursport mit nicht mehr zeitgemäßen Bewertungskriterien.

Was ist eine technisch saubere Wechseltour wert, wenn das Pferd verschiedenste Ethogrammpunkte zeigt (etwa intensives Starren, unbewegliche Ohren, Zeigen der Zähne und des Augenweiß, Schweifschlagen, Maul öffnen und schließen und Co.?)? Was wenn die Anzahl der Piaffetritte stimmt, das Pferd aber subtil lahmt?
Wir haben hier einige revolutionäre Ideen zur Verbesserung der Bewertungen im Sinne des Pferdes (siehe Kasten).

Turnierreiter gehen schlechter mit dem Pferd um

Wie immer hängt es von den Individuen ab und es gibt keine bösen oder guten Personengruppen: Ich habe schon überforderte ehrgeizzerfressene Amateurinnen in der E-Dressur ihr ohnehin völlig überfordertes Pferd bösartig riegeln und mit Sporen traktieren sehen während andere mit ihrem super losgelassenen Pferd einfach eine tolle Zeit hatten. Ich habe Profis ruhig, freundlich und souverän reiten und andere mit brachialer Gewalt das Letzte aus dem (Beritt-)Pferd herauspressen sehen.

Bei allem Schimpfen über das Richten muss man auch sagen, dass im Turniersport überhaupt ein Feedback von außen kommt, dem viele Reiter, die gar kein Turnier reiten, sich nie stellen!

Das ganze »Drumherum« ist definitiv eine gute Vorbereitung des Pferdes, allein was Verladen, den Umgang usw. betrifft. Es ist einiges nötig, um es überhaupt auf ein Turnier zu schaffen – auch wenn man die Prüfung verliert und völlig ohne Ehrgeiz »mal hinfährt«.
Der Tierarzt ist zumindest zum Impfen regelmäßig im Stall, je nach Veranstaltung braucht das Pferd ein Gesundheitszeugnis – es ist theoretisch gar nicht möglich, mit einem völlig verwahrlosten oder offensichtlich kranken Pferd zu starten.
Dass viele Lahmheiten von Trainern, Tierärzten und Richtern übersehen werden, betrifft ja nicht nur die Turnierreiter.

So mies schlechtes Turnierreiten ist und so sehr ich mir wünsche, lahme Pferde würden gar nicht gestartet oder zumindest abgeklingelt – »reines Freizeitreiten« ohne Turnierstarts unterliegt gar keiner Kontrolle.

Auf viele tolle, pferdefreundliche Freizeitreiter (ob mit oder ohne Turnierambitionen), die alles für ihre Pferde tun, super reiten und einfach völlig wettbewerbsfrei ein tolles Leben haben, kommen auch welche, die aus Unwissenheit ihre Pferde hungern oder massiv verfetten lassen, völlig unangepasst trainieren, zu selten den Hufpfleger holen oder Pferde extrem bewegungsarm halten, weil sie glauben, ein zehn mal fünfzehn Meter großer Offenstall reiche für sechs Pferde als Auslauf – ist ja keine böse Box (wieder so ein Pauschalurteil). Doch wo kein Kläger, da kein Richter. Wenn nie jemand den Tierarzt oder eine Fachperson von außen holt, kann man völlig unterm Radar vor sich hinwurschteln und unbewusst viel Leid verursachen, während man auf die schimpft, die zum Turnier fahren.

Die meisten turnierambitionierten Reiter nehmen Unterricht, üben Verladen und wissen, dass ihr Pferd ist in fremder Umgebung händelbar ist. Dieses Handling des Pferdes ist exakt dasselbe, das man beherrschen muss, wenn ein Pferd kolikt und in die Tierklinik gefahren werden muss. Es ist absolut nicht schlecht das zu können und es ist auch prima, wenn das Pferd es kennt, mal von zu Hause weg zu sein – dann hat es nämlich auch bei einem möglichen Klinikbesuch weniger Stress.

Es ist andererseits völlig richtig, dass auf Turnieren Pferde überfordert werden. Dass überehrgeizige Reiter das Pferd abreiten, bis es weiß schäumt und es in unangemessen schweren Prüfungen vorstellen.
Ich habe aber auch schon schlimme Szenen beobachtet bei wettbewerbsfreien öffentlichen Veranstaltungen wie Orientierungsritten, auf Pferdemessen und natürlich in diversen Reitställen.

Wichtig ist nur zu verstehen: Auf dem Turnier geschieht das, was sonst hinter verschlossenen Türen passiert, öffentlich. Und man kann noch davon ausgehen, dass bei hässlichem Reiten auf dem Turnier hässliche Szenen zu Hause noch schlimmer sein können.

Damit ist der Turnierplatz eine riesige Chance, um gutes, pferdegerechtes Reiten zu demonstrieren und um schlechtes Reiten aufzudecken und zu ahnden. Würde beides davon konsequenter gemacht, wären wir eine ganze Ecke weiter und könnten die Pferdewelt wirklich verbessern.

Pferde haben wahnsinnig viel Stress auf öffentlichen Veranstaltungen

Auf einige Pferde trifft das definitiv zu – auf andere nicht. Das ist wie bei uns Menschen: Es gibt Menschen, die die Bühne lieben, gern neue Dinge erleben und bei Herausforderungen aufblühen. Und es gibt Menschen, die sich lieber im Hintergrund halten, keine Abenteuer brauchen und eher nervös werden, wenn etwas Unvorhergesehenes passiert.

Genau so gibt es »Rampensäue« unter den Pferden, die in fremder Umgebung endlich ihre große Neugier befriedigen und so richtig in ihrer Aufgabe aufgehen. Diese Pferde gehen auf dem Turnier besser als zu Hause, schlafen in der Turnierbox prächtig und regen sich auch auf dem Abreiteplatz oder in der Prüfung nicht übermäßig auf. Mein Lusitano Noé konnte auf seiner allerersten Messe in der Messebox von meiner neunjährigen Tochter geputzt werden, weil er einfach tiefenentspannt war. Klar gab es im Ring spannende Dinge zu sehen und er konzentrierte sich noch viel auf die Umwelt – so etwas wird mit Routine erfahrungsgemäß immer besser. Er fraß aber genug Heu, legte sich in der ersten Nacht zum Schlafen hin und trank ausreichend – er hatte also wenig Probleme mit dem »Tapetenwechsel« und mag grundsätzlich neue

Eindrücke. Andere Pferde (wie mein anderer Lusitano Vince) haben auch auf dem fünften Turnier noch Stress in der Box und werden kopflos, wenn dann ein neuer Stress dazu kommt – in Vinces Fall, wenn er vom Abreiteplatz zur Prüfung musste und all die neu gewonnenen Pferdekumpel vom Abreiteplatz nicht mitnehmen durfte. Klar, wen ich in Zukunft mehr mitnehme und wer nur noch auf wenige Veranstaltungen fährt, bei denen er obendrein nicht allein sein muss. Bei Messen sind wir immer mit mehreren Pferden im Ring – das ist dann okay für Vince.

Natürlich können auch Pferde, die beim ersten Turnier noch aufgeregt sind, sich mit Routine zu tiefenentspannten Turnierpferden entwickeln. Das trifft aber nicht auf alle Pferde zu und irgendwann sollte man sich eingestehen, dass manche Pferde das Turnierreiten einfach nie lieben werden. Anderen würde man fast Lebensqualität wegnehmen, wenn man fortan im immer selben Stall die immer selben Übungen reitet und nie etwas Neues, Aufregendes passiert.

Sind Freizeitreiter alle unambitioniert und können nicht reiten?

Natürlich gibt es Freizeitreiter, die sehr gut reiten können, ihr Pferd perfekt halten, pflegen und managen. Es gibt Freizeitreiter, die Dressurlektionen lieben. Andere lieben Ausritte, wieder andere Springen oder bewegen das Pferd lediglich vom Boden aus und dann gibt es noch die, die von allem etwas machen. Alles davon kann für die Pferde absolut fein sein und sie können ein großartiges Leben haben. Viele nicht turnierreitenden Freizeitreiter sind zudem durchaus ambitioniert, fahren zu Kursen, nehmen Unterricht und bilden sich in jeder freien Minute für ihr Pferd weiter. Es gibt definitiv Freizeitpferde, die besser geritten und gehalten werden als manche Turnierpferde.

Es gibt aber auch die Freizeitreiter, die Pferde auf zu wenig Fläche halten, unangepasst füttern und – mit Verlaub – sehr schlecht reiten. Selten fehlt es an Liebe, manchmal fehlt es aber an Wissen und dazu kommt, dass Menschen unterschätzen, dass es für Pferde durchaus auch sehr herausfordernd sein kann, ein »Freizeitpferd« zu sein. Heute Ausritt mit dem Papa, morgen mit der Tochter Springstunde und übermorgen mit der anderen Tochter Westernreiten kann Pferde definitiv sehr stressen.

Leider gibt es auch Menschen, die es in Kauf nehmen, dass ein Pferd leicht lahmt, wenn es doch »nur freizeitmäßig« geritten wird. So werden manchmal ehemalige Turnierpferde, die nicht oder nicht mehr ganz gesund sind, an Freizeitreiter verkauft. Wenn diese Reiter leicht sind und wirklich nur ein bisschen spazieren reiten möchten oder auch mit Spaziergängen ohne jedes Reiten happy sind, kann das toll funktionieren.

An sich sind die gesundheitlichen Anforderungen an ein FreizeitREITpferd aber keineswegs geringer als an Turnierpferde:
Auch sie sollten körperlich in der Lage sein, einen Reiter schmerzfrei zu tragen, wenn sie geritten werden sollen.

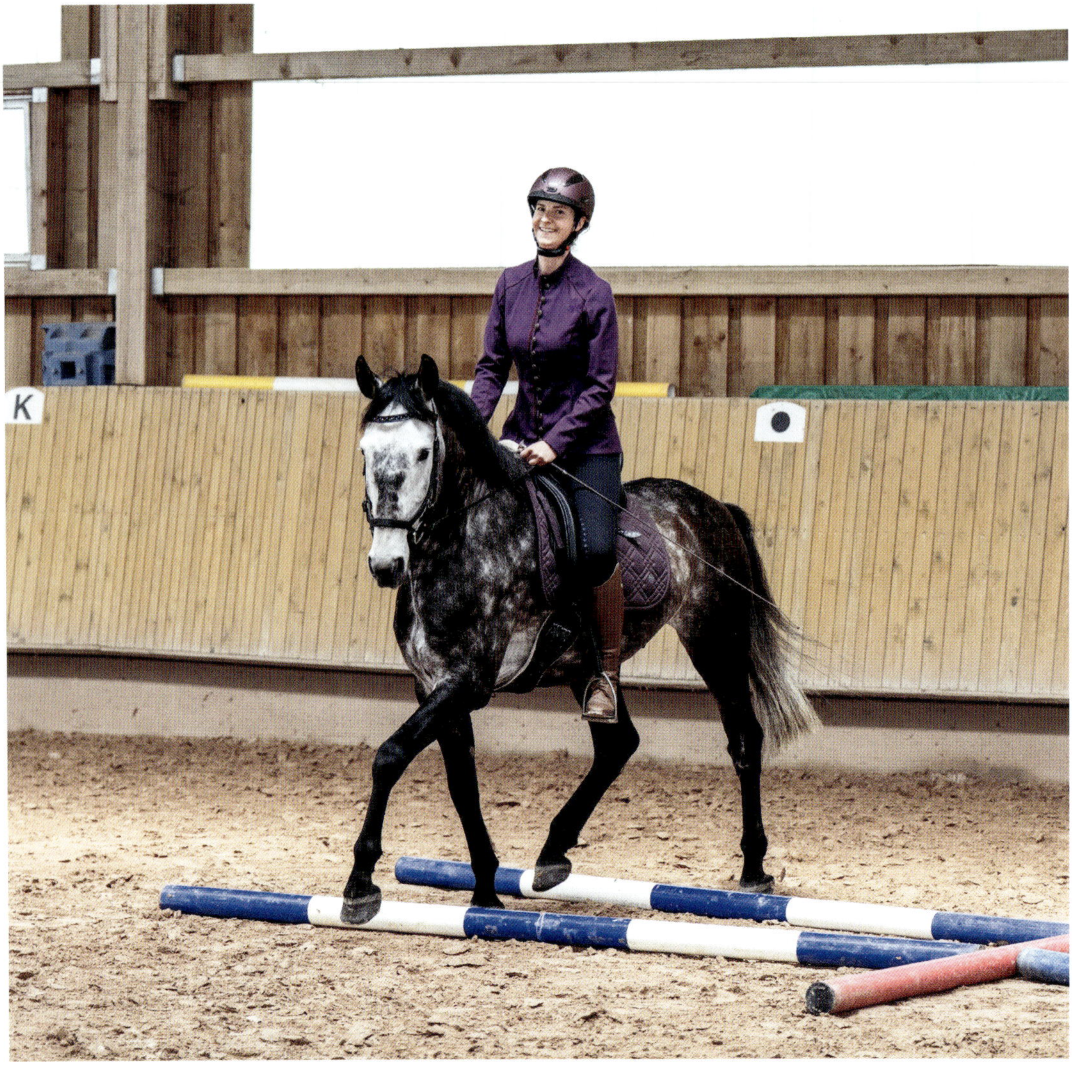

Ab heute nur noch Reiten, was beiden Freude macht – Reiten wie es Pferde lieben ist eine Entscheidung.

9. Reiten wie es Pferde lieben in der Praxis

Bis hierhin war es eine weite Reise, nicht? Wir haben gemeinsam durchdacht, was für großartige Wesen Pferde eigentlich sind, wie sie sich uns mitteilen und unter welchen Voraussetzungen Pferde das Reiten lieben können. Wir haben erörtert, wie man erkennt, wie es ihnen geht und wie es sein kann, dass wir Menschen dann doch ganz gut gemeint das Gegenteil von gut machen.

Um Reiten wie es Pferde lieben zu praktizieren, fehlt nun nicht mehr viel. Sie brauchen keinen Doktortitel und kein goldenes Reitabzeichen.

Entscheiden Sie sich!

Um wirklich in eine ehrliche, authentische Umsetzung zu kommen, ist es wichtig, dass es Ihr persönlicher Herzenswunsch ist so zu reiten, dass Ihr Pferd tatsächlich Freude hat.
Sie haben die Entscheidung getroffen, das Pferd zum Maß aller Dinge zu machen?
Sehr gut, denn ohne diesen »hippozentrischen Fokus« geht es nicht.
Im Umkehrschluss heißt das: Ihr Pferd entscheidet, ob es das Reiten in diesem Moment liebt und ob ihm Ihr Training guttut. Nicht die hohe Wertnote auf dem Turnier, nicht die Likes auf Insta, nicht Ihr Reitlehrer und nicht mal Ihre Pferdetherapeutin oder andere hochdekorierte Experten.

Fragen Sie Ihr Pferd

Fragen Sie Ihr Pferd – Sie haben in diesem Buch die wesentlichen Verhaltens- und Mimikmerkmale kennengelernt, um es lesen zu können. Wenn Sie sich unsicher sind, machen Sie sich bewusst, dass Sie als Mensch ebenfalls ein sehr empathisches Wesen sind. Sie werden auch intuitiv fühlen, wie es dem Pferd wirklich geht, wenn Sie Ihren Verstand mal kurz um Ruhe bitten. Versetzen Sie sich in Ihr sechsjähriges Ich – es weiß oft ziemlich gut, wie es Ihrem Pferd gerade wirklich geht.

Trainingsfaustregeln – die Kombi aus Denken und Fühlen

Empfehlungen und Trainingspläne können ein ganz großartiger Leitfaden sein – wir verkaufen selbst welche, weil planvolles Training Pferde fit und weniger anfällig für Verletzungen macht.

Als Faustregeln dürfen wir Ihnen hier mitgeben:

1. Trainieren Sie abwechslungsreich – verschiedene Böden, verschiedene Bewegungsaufgaben, verschiedene Eindrücke. Je mehr Bewegungsmuster Ihr Pferd koordinieren kann, desto geschickter und gesünder wird es.

2. Stecken Sie viel Zeit in unspektakuläres Koordinationstraining – gern ausschließlich im Schritt, bis das Pferd die Aufgabe wirklich

tiefenentspannt absolviert. Von drei Wiederholungen im Jahr lernt kein Pferd zum Beispiel das sichere Bewältigen von Stangen. Was mindestens zweimal pro Woche geübt wird, bleibt etwa so, wie es ist. Was dreimal (und zwar gern mehrfach pro Einheit) geübt wird, verbessert sich. Unsere Kunden sind oft erstaunt, dass es pro Einheit wirklich zwanzig, dreißig oder vierzigmal über die an sich einfache Stangenabfolge geht – und sind dann sehr überrascht, wie ihr »Stangenlegastheniker« plötzlich super geschickt wird.

3. Fordern Sie Ihr Pferd, wenn es gefordert werden möchte und gesund ist. Es ist falsch verstandene Pferdeliebe, die perfekt für das Laufen konstruierten Tiere nach einer halben Runde Trab »abzuwürgen« und sie sich nie einfach in ihren natürlichen Grundgangarten bewegen zu lassen. Bewegung ist extrem gesund und Schwitzen schadet, wie bei uns Menschen, Pferden absolut nicht. Im Gegenteil: Bewegung wirkt nachweislich lebensverlängernd, hält gesund und fröhlich. UND: Wenn Ihr Pferd heute in der Springstunde geschwitzt hat, gönnen Sie ihm morgen einen Pausentag, an dem es vielleicht nur auf die Koppel geht, Handarbeit im Schritt macht oder einen kleinen Ausritt ohne Galopp unternimmt. Wechseln Sie Belastung und Pause stets ab!

4. Mindestens so wichtig wie die Trainingsgrundsätze ist Ihr Gefühl für Ihr Pferd und für Ihre gemeinsame Tagesform. Es bringt nichts, den geplanten langen Ausritt zu machen, weil er im Plan steht, wenn Sie doch wissen, dass Ihr Pferd sich gerade intensiv mit einem neu eingegliederten Pferd auseinandergesetzt hat und nun sehr müde im Stall steht. Es bringt auch nichts, Ihr Jungpferd zu einer reinen Schritt-Einheit zu zwingen, wenn es sich unbedingt bewegen möchte (weil vielleicht das Paddock zugefroren ist und es nur in der Halle mal galoppieren kann). Wenn es Ihnen nicht gut geht, lassen Sie ruhig auch mal fünfe gerade sein! Grundsätzlich ist nur wichtig zu verstehen, dass frühestens jeden zweiten bis spätestens jeden dritten Tag ein Trainingsreiz auf dem Niveau erfolgen sollte, das Sie sich von Ihrem Pferd wünschen.
   Soll sich dieses Niveau steigern, müssen die Trainingsreize leicht überschwellig sein, also etwas fordernder als das Pferd es bisher gewohnt ist.

Hören Sie (wieder) auf Ihr Gefühl

Wir werden im Laufe unseres Reiterlebens oft mit einigen ungünstigen Ansätzen konfrontiert, die uns wegführen vom »Reiten wie es Pferde lieben«.
Menschen glauben oft, dass sie wüssten, was zu tun ist, damit ein Pferd aus ihrer Sicht »richtig geht«. Meist spürt man aber, wenn man ganz ehrlich zu sich ist, dass manche Dinge moralisch nicht vertretbar sind und eher dazu dienen, das Pferd dazu zu zwingen, trotz Schmerzen oder Stress zu funktionieren und das zu tun, was wir von ihm möchten: »Mal energisch mit der Gerte kommen« oder »mal im Genick durchstellen« zum Beispiel. Für fortgeschrittene »Pferdebezwinger« gibt es Tipps wie »Immer im Maul ziehen, wenn er bockt« oder »immer Kopf mit einem Zügel auf die Seite ziehen, wenn er steigt oder losrennt«.

Die eigentlichen Fragen wären: Warum bewegt das Pferd sich nicht gern auf eine sanfte Aufforderung selbstständig vorwärts, warum hebt es sich so stark heraus und warum steigt, bockt oder rennt es überhaupt? Richtig, weil es sehr wahrscheinlich Schmerzen hat und unter Stress steht. Keine der Lösungen fühlt sich ehrlich gut an, weil sie keine Lösungen sind.

Wenn Sie das Gefühl haben, Ihr Pferd hat einen Grund für sein Verhalten (und der ist sicher nicht »Arschigkeit«), haben Sie sehr wahrscheinlich recht. Sie müssen auch nicht beim allerersten unengagierten Angaloppieren in die Tierklinik fahren, aber lassen Sie für heute anstrengendere Dinge weg. Vielleicht hat Ihr Pferd sich just heute morgen in der Box festgelegt und läuft übermorgen wieder wie gewohnt.

Wie geht Ihr Pferd, wenn Ihre Trainerin es reitet? Reitet sie es so fein, wie Sie gern würden oder beobachten Sie Techniken wie Riegeln oder groben Gerteneinsatz, die Ihnen nicht gefallen? Ist Ihr Pferd nur mit hässlichen Methoden dazu zu bringen, sich gut zu bewegen, lassen Sie es bitte durchchecken. Es gibt andere Lösungen – wirklich!
Sie müssen nicht das Problem behalten ODER pferdegerecht reiten.

Pferdegerechtes Reiten löst das Problem, wenn es nicht im Pferdekörper selbst steckt.
Ein paar Ansätze lesen Sie in den folgenden Abschnitten. Haben Sie auf mehreren Pferden dasselbe Thema? Hebt sich jedes Pferd unter Ihnen heraus oder läuft es nicht wie gewünscht vorwärts?

Fordern ohne zu überfordern – Lucero lernt Wasser kennen und hat Spaß im Moment.

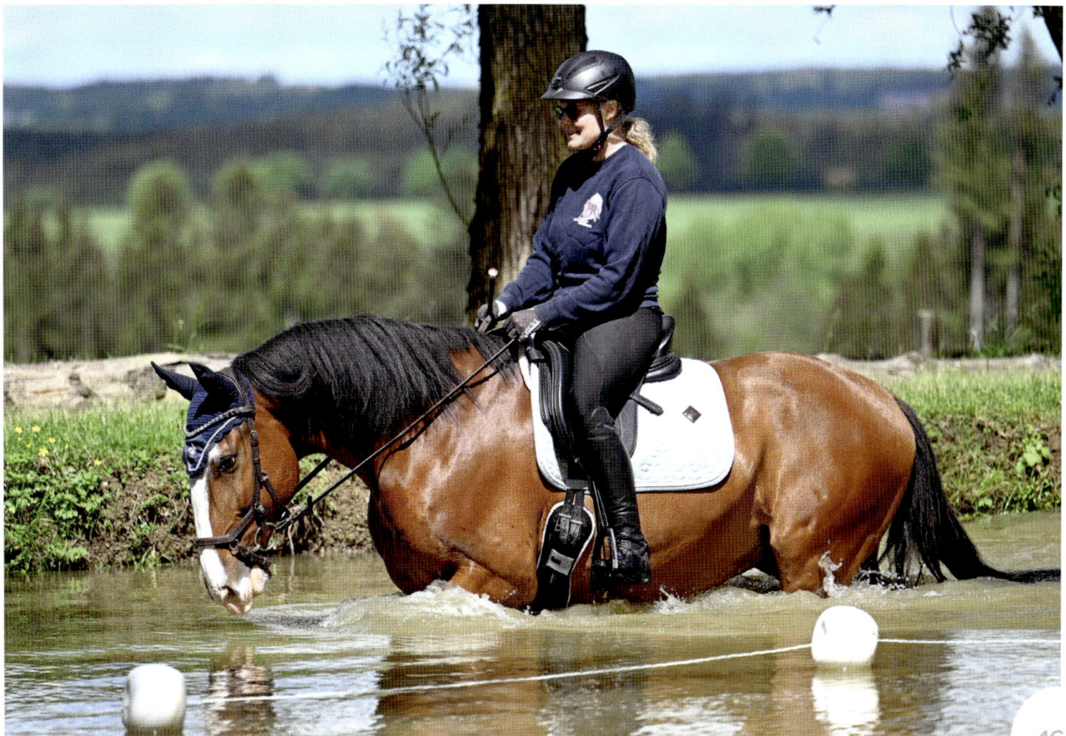

Machen Sie Sitzübungen, nehmen Sie Unterricht, der bei IHNEN ansetzt und nicht an Ihrem Pferd herumkrittelt.

Red Flags sind für uns Sätze, die mit »Der muss ...« beginnen – das Pferd muss nämlich erst mal gar nichts, wir Reiter bemühen uns bitte schön darum, uns verständlich auszudrücken und nichts zu verlangen, was das Pferd nicht leisten kann oder was brutal erkämpft werden muss.

Wissenschaft ja – aber machen Sie sich frei von Glaubenssätzen

Reitet man wirklich besser, wenn man den Nutzen jeder einzelnen Bewegung durchdenkt? Ist es nur dann sinnvolles oder nur dann »verantwortungsvolles« Reiten, wenn man in einer bestimmten Haltung oder einer bestimmten Bewegungsform unterwegs ist? Es existieren so viele Philosophien und Lehrmeinungen über Pferdetraining – es ist aber nicht so, dass sie auf wissenschaftlich abgesicherten Füßen stehen. Zum Thema Trageerschöpfung gibt es zum Beispiel extrem viel Meinung, aber praktisch kein wissenschaftlich abgesichertes Wissen. Ich (Claudia) habe wirklich lange gesucht und darüber hinaus Unis angeschrieben mit der Erkenntnis, dass letztlich ganz viel nach Meinung und nach theoretischen Ideen gearbeitet wird, aber keine einzige Studie dazu wirkliche Erkenntnisse liefert – senden Sie mir eine zu, wenn Sie eine kennen, ich freue mich immer dazuzulernen!
Letztlich arbeiten wir alle ständig nach unseren Glaubenssätzen – also nach einer Theorie, die wir glauben.

In der Praxis finden wir aber überall gesunde und nicht gesunde Pferde: Es gibt Vielseitigkeitspferde und Dressurpferde, die mit 17 oder 18 Jahren noch im großen Sport laufen und es gibt welche, die mit sechs Jahren »platt« sind. Es gibt Freizeitpferde, die liebevoll trainiert mit vier Jahren schon degenerative Gelenkserkrankungen haben, Pferde, die viel in Seitengängen gymnastiziert werden und happy sind und andere, die mit demselben Trainingsprogramm mehr und mehr lahmen und wehrig werden und es gibt wieder andere Pferde, die ihr Leben lang nur im Gelände geradeaus unterwegs waren und mit 25 noch gut laufen.

Aber was stimmt denn nun? Macht Ausreiten Pferde kaputt, brauchen alle Dressur oder sollten wir alle mehr vom Boden aus arbeiten? Darauf gibt es keine gesicherte Antwort.

Was wirklich abgesichert ist:

- Zeichen von Losgelassenheit sind auch Zeichen für Schmerzfreiheit und Losgelassenheit fördert per se schon die Geraderichtung (vgl. zum Beispiel Dyson und die neusten Erkenntnisse zur Lateralität von Krüger/Maar)
- Bewegung an sich ist gut für praktisch alles, Mangelbewegung ist praktisch schlecht für alles – dieser Satz fasst ganz viel Forschungsarbeit zusammen. Und: Überlastung ist ähnlich schädlich wie körperliche Unterforderung.
- Einseitigkeit im Training kann sportartspezifischen Verschleiß fördern (Beispiele: Fesselträgerschäden treten eher hinten bei M- und S-Dressurpferden auf (Dyson 1995), Schäden der oberflächlichen Beugesehne eher bei Galoppern, Kissing Spines sind häufiger bei Springpferden (Holmer 2006), untrainierte

Pferde neigen zu zentral in der Sehne gelegenen Faserrissen (Smith 2005), um nur einige zu nennen).
- Viele Erkrankungen haben eine genetische Komponente: Patterson Rosa et al. 2022 haben das zum Beispiel für Kissing Spines erforscht, das gilt aber auch für diverse weitere Probleme (siehe Zucht-Kapitel). Eine bewegungsarme Aufzucht sorgt zudem für lebenslang weniger belastbares Gewebe (Firth 2006). Man kann also keinesfalls alles aufs Training schieben – es kann völlig unabhängig davon, was und nach welchem Konzept geritten wird, zu Schäden kommen.
- Lahmheiten werden nur zu rund 50 Prozent erkannt und Problemverhalten ist sehr, also wirklich SEHR oft Ausdruck für Schmerzen (Dyson, Müller-Quirin).

Seien Sie die Veränderung, die Sie sich für die Welt wünschen!

Leben Sie Reiten, wie es Pferde lieben – fegen Sie dafür immer wieder vor der eigenen Haustür (tun wir auch) und verbreiten Sie Wissen und Gedanken, die Sie inspirieren. Verschenken oder verleihen Sie zum Beispiel dieses Buch. Machen Sie pferdefreundlichen Reitern Komplimente, statt nach Fehlern zu suchen und sich etwa über das Glitzerstirnband aufzuregen.

Eine tolle Challenge ist, täglich mindestens einen netten Kommentar auf Social Media zu hinterlassen unter einem Bild oder Video, das ein glückliches Pferd zeigt. Sie werden welche finden!

Im Hier und Jetzt das Reiten lieben

Menschen neigen dazu, entweder die Vergangenheit zu durchdenken oder Zukünftiges zu planen. Unser Gehirn beschäftigt sich oft permanent mit Dingen, die waren oder sein könnten und weniger damit, was im Hier und Jetzt passiert. Um das Reitvideo der letzten Einheit zu analysieren und sich zukünftig vorzunehmen, beispielsweise die linke Hand etwas höher zu tragen, ist es sehr hilfreich, dass wir das können.
Was die meisten von uns aber besser machen dürfen, ist beim Reiten und generell am Pferd wirklich IM MOMENT zu sein. Die Stimme in unserem Kopf abzustellen, die sich mit der Einkaufsliste oder mit einer eventuellen Sorge befasst und alle Sinne auf das Pferd und den eigenen Körper im jeweiligen Moment zu richten.

Nur im JETZT kann man etwas ändern. Nur im JETZT können wir das Feedback des Pferdes wahrnehmen und entsprechend handeln. Reiten findet immer im JETZT statt – Videokorrektur ist super, aber letztlich kommt sie immer zu spät.

Achtsames Reiten

Es gibt beim Reiten immer zumindest zwei Komponenten, denen wir unsere Aufmerksamkeit schenken dürfen: dem Pferd und unserem Körper. Dazu könnten weitere Dinge unser Gehirn beschäftigen – wie eine Dressuraufgabe, die wir gerade reiten, eine Anweisung des Reitlehrers, die wir befolgen oder der Weg durch einen Springparcours oder Trail.

Bleiben wir aber zunächst beim Pferd und unserem Körper, weil das die Grundpfeiler jeden guten Reitens sind. Wir können uns nicht auf unseren Sitz UND das Pferd exakt gleichzeitig konzentrieren. Multi-Tasking funktioniert nicht – unsere Aufmerksamkeit wechselt sehr schnell hin und her, wenn wir versuchen, mehrere Dinge gleichzeitig im Blick zu haben, was für unser Gehirn ziemlich stressig ist. Es macht also Sinn, sich zunächst bewusst auf das Pferd zu fokussieren und dann auf unseren Körper.

Gute Erfahrungen habe ich (Claudia) mit dieser Vorgehensweise gemacht:
Reiten Sie zunächst »ganz normal« Schritt mit hingegebenem Zügel. Wenn Ihr Pferd zum Erschrecken neigt oder Sie sich unsicher fühlen, lassen Sie sich eventuell führen. Nehmen Sie wahr – das allein erfordert viel Aufmerksamkeit. Bewerten Sie zunächst nicht, was Sie wahrnehmen – registrieren Sie es nur. Schreiben Sie gern direkt nach dem Reiten auf, was Sie beobachten konnten.

Was sagt Ihr Gefühl? Wie geht es Ihrem Pferd? Zeigt es eine symmetrische Nickbewegung bei eher tiefem Hals oder trägt es den Kopf eher hoch? Schreitet es fleißig voran? Vielleicht sogar eilig? Oder eher untertourig? Wie symmetrisch fühlt sich seine Bewegung an? Hat es ein gesundes, physiologisches Ohrenspiel (Ohren bewegen sich spätestens alle fünf Sekunden)?

Auch ein Ausritt kann ein Reset sein.

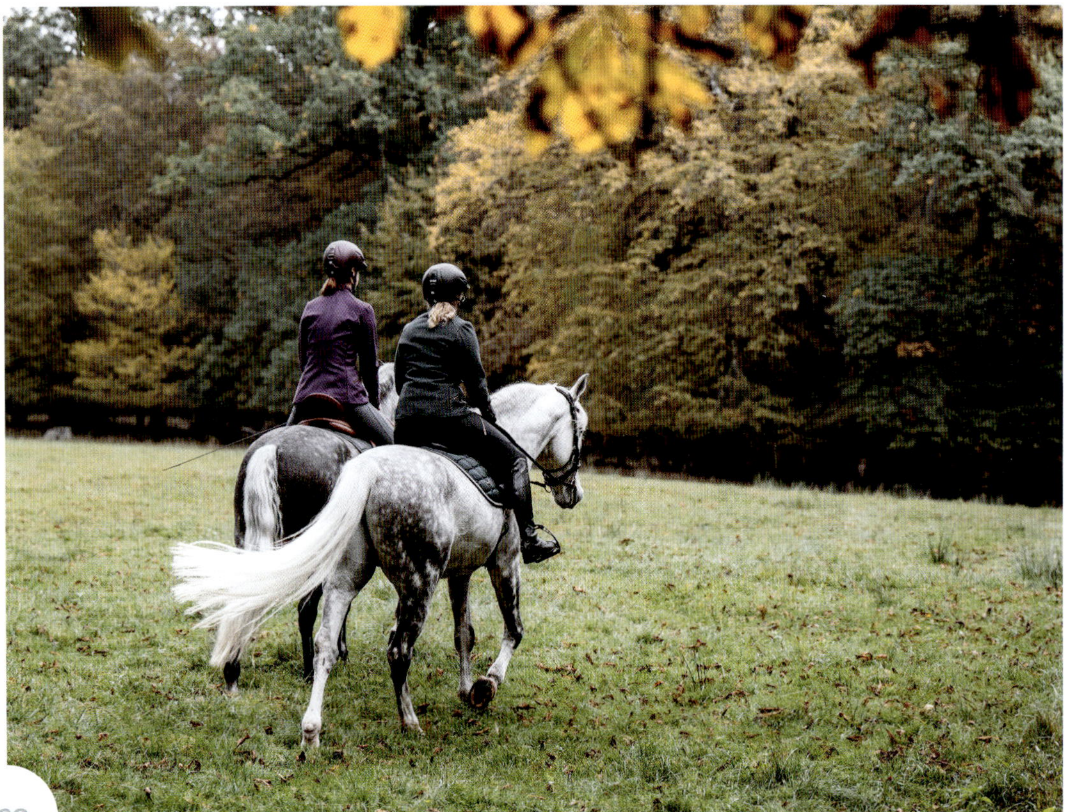

Konzentrieren Sie sich nun auf Ihre Füße. Ist irgendwo im Bereich der Füße vermehrt Spannung? Spüren Sie viel Druck auf dem Steigbügel? Ist er auf jeder Seite gleich? Häufig drücken wir unbewusst mit dem rechten Fuß etwas mehr in den Bügel (das kennt der rechte Fuß vom Autofahren) und oft ist mehr Spannung im Sprunggelenk als uns bewusst ist. Wenn Sie einen Seitenunterschied spüren, versuchen Sie die Seite mit der vermehrten Spannung oder dem stärkeren Druck zu entspannen beziehungsweise den Druck auf den Bügel absichtlich zu verringern. Haben Sie? Gut.

Dann checken Sie wieder, ob sich an Ihrem Pferd etwas verändert hat. Trägt es den Hals jetzt etwas tiefer? Hat sich an der Schrittbewegung etwas verändert? Wenn ja, wie? Schnaubt das Pferd vielleicht ab? Hat sich am Ohrenspiel etwas geändert?

Wandern Sie mit Ihrer Aufmerksamkeit zu Ihren Waden und Schienbeinen – das sind Körperteile, für die wir häufig kein allzu gutes Gefühl haben. Liegt der obere-innere Teil Ihrer Waden am Pferd? Pendelt der Pferdebauch gleichmäßig gegen Ihre Waden? Spüren Sie irgendwo Dauerdruck? Sind Ihre Wadenmuskeln entspannt? Befinden sich Ihre Waden weit weg vom Pferdebauch? Richten Sie sie so aus, dass sie leicht mit ihrem oberen Teil am Pferd liegen und je nach Bewegungsphase des Pferdes mal etwas mehr und mal etwas weniger vom Pferdebauch berührt werden. Nehmen Sie eine kleine Änderung vor (zum Beispiel die linke Wade genauso dicht am Pferd herunterhängen lassen wie die rechte) und konzentrieren Sie sich wieder auf Ihr Pferd: Hat sich etwas geändert?

Ändern Sie eine Sache in Ihrem Körper (nicht 20 gleichzeitig, das schafft – sorry für die schlechte Nachricht – das menschliche Gehirn nicht) und achten Sie auf die Reaktion Ihres Pferdes. Verfahren Sie so weiter mit Oberschenkeln, Gesäß/Sitzbeinhöckern, unterem Rücken, Bauch, mittlerem Rücken und Brust, Schultern, Oberarmen, Unterarmen, Händen, Hals und Nacken und natürlich Kopf und Gesicht.
Die Reihenfolge ist völlig egal und Sie müssen auch nicht jeden Körperbereich in jeder Einheit scannen. Heute nur bis Knie und morgen bis unterer Rücken ist auch super.
Bleiben Sie aber immer in dem entsprechenden Moment bei EINEM Körperbereich, decken Sie fühlbare Spannungen und Asymmetrien auf und richten Sie dann die Aufmerksamkeit auf Ihr Pferd.

Wenn Sie Ihre »propriozeptive Problemzone«, für die Sie noch nicht so viel Gefühl haben und die gern mal selbstständig komische Dinge tun, kennen, wählen Sie gern vor der Einheit einen Körperbereich aus, auf den Sie sich konzentrieren wollen. Neigen Sie zum Rundrücken? Dann wählen Sie gern Schultern, Nacken oder obere Brustwirbelsäule. Neigen Sie dazu, mit den Waden viel zu drücken? Dann sind Sie heute mal ganz bei Ihren Unterschenkeln.

Reiten Sie in folgenden Einheiten, was Sie ohnehin reiten wollten – achten Sie aber immer wieder, zum Beispiel immer, wenn Sie bei A und C vorbeikommen, auf Ihre Waden und zwar nur auf Ihre Waden. Was nehmen Sie für Änderungen am Pferd wahr? Geht es fleißiger? Schnaubt es mehr ab? Zeigt es mehr Dehnungsbereitschaft? Eilt es weniger?

Wenn Ihnen das Ergebnis gefällt, wissen Sie jetzt ja, wie Sie es erreichen. Wenn nicht – ändern Sie etwas! Vielleicht nehmen Sie eine andere Region in den Fokus oder Sie erhöhen den Muskeltonus (zum Beispiel in der Bauchmuskulatur) statt ihn zu verringern. Das Feedback Ihres Pferdes ist Gold wert!

Schön ist auch ein kurzer »Gesamt-Bodycheck«: Wo fühlen Sie aktuell die meiste Spannung? In den Handgelenken? Im Nacken? Im unteren Rücken? Na, dann ist es ja eigentlich ganz leicht: Entspannen Sie die angespannten Körperteile! Leichter gesagt als getan? Machen Sie unsere Masterkey-Übungen und befassen Sie sich gern mit Techniken wie progressiver Muskelrelaxation oder lassen Sie sich von einem guten Physiotherapeuten behandeln und individuelle Übungen mitgeben, bis Sie bewusst Anspannung lösen können. Manchmal manifestieren sich Ängste in Form von Anspannung in unserem Körper.
Vorsicht: Manchmal ist Angst absolut gerechtfertigt. Ich halte nichts davon, Angst schlecht zu bewerten – sie ist lebensverlängernd. Ich habe grundsätzlich absolut keine Angst beim Reiten – auf manchen Pferden hatte ich aber plötzlich schon beim Aufsitzen ein komisches Gefühl oder regelrecht Angst. Dies betraf rückblickend immer Pferde, die letztlich subtil lahm waren und aus Schmerzgründen durchaus unvorhersehbare »Special effects« wie Losbocken oder Steigen hatten … Ihre Angst ist möglicherweise auf vergangene schlechte Erfahrungen zurückzuführen und Ihr Pferd ist brav und gesund? Dann empfehle ich neben osteopathischen Behandlungen Coachingtechniken wie Wingwave oder Hypnosetechniken.

Gibt Ihr Pferd Ihnen gutes Feedback (siehe Zufriedenheits-Barometer)? Dann checken Sie die »kritischen Bereiche« extra oft, etwa bei jedem Zirkelpunkt oder beim Ausreiten an jeder Eiche, jedem Schlagloch oder jedem Maulwurfshügel (was entsprechend oft in Ihrem Gelände vorkommt) – und zwar egal in welcher Gangart.

Go with the Flow

Damit wir uns dabei wirklich in Richtung Reiten wie es Pferde lieben entwickeln und uns beim Training nicht verrennen, sollten wir das Wohlbefinden unseres Pferdes, die Entstehung eines Bewegungsdialoges und den Spaß am Erreichen eines Flow-Erlebnisses als Kriterien heranziehen.

Statt die Qualität unserer Trainingseinheit daran zu messen, welche besonderen Dressurlektionen (die sonst niemand im Stall kann) oder hohen Sprünge wir an dem Tag absolviert haben, könnten wir uns fragen, wie losgelassen unser Pferd heute war und ob wir in den Flow gekommen sind. Ob die Bewegung selbst Spaß gemacht hat, ungeachtet des »Ergebnisses«.

Dabei geht es grundsätzlich nie darum besser zu sein als die anderen, sondern besser als man es gestern war. Nur nicht zwingend besser im Sinne von einer Leistungsklasse höher in der Dressur oder zehn Zentimeter höher im Springen. Es geht gar nicht unbedingt darum, den Schwierigkeitsgrad der Übungen erbarmungslos immer weiter nach oben zu treiben, sondern eigentlich die Harmonie der gemeinsamen Bewegung.

Fortschritt im Sinne unseres Pferdes passiert meistens, wenn wir auf einem mittleren Niveau bleiben und uns dort spielerische Aufgaben ausdenken, die wir immer feiner und immer partnerschaftlicher zu lösen versuchen.

Wertvolle Hinweise für ein gutes Training sind die Zeichen der Losgelassenheit und natürlich auch das Fehlen der Schmerz- und Stresszeichen. Zeigt unser Pferd weniger als drei der Ethogrammpunkte (siehe S. 28), läuft es gut!

Quintessenz

Reiten wie es Pferde lieben ...
ist für uns die Essenz aus jahrzehntelanger Erfahrung, Recherche und der stetigen Suche nach dem »Warum?« unserer Vision.
Das, worauf für uns alles hinausläuft. Unser Ziel. Das, was wirklich zukunftsfähig ist, den Tierschutzgedanken aufgreift und zu einer echten Verbindung zu einem glücklichen Pferd und ermutigten Reitern führt.

Volle Konzentration überm Cavaletto. »Springen« macht Noé Spaß und geht prima am Halsring. Wäre unser Gesichtsausdruck aber länger als für diesen extrem kurzen Moment so wie hier, würde etwas falsch laufen.

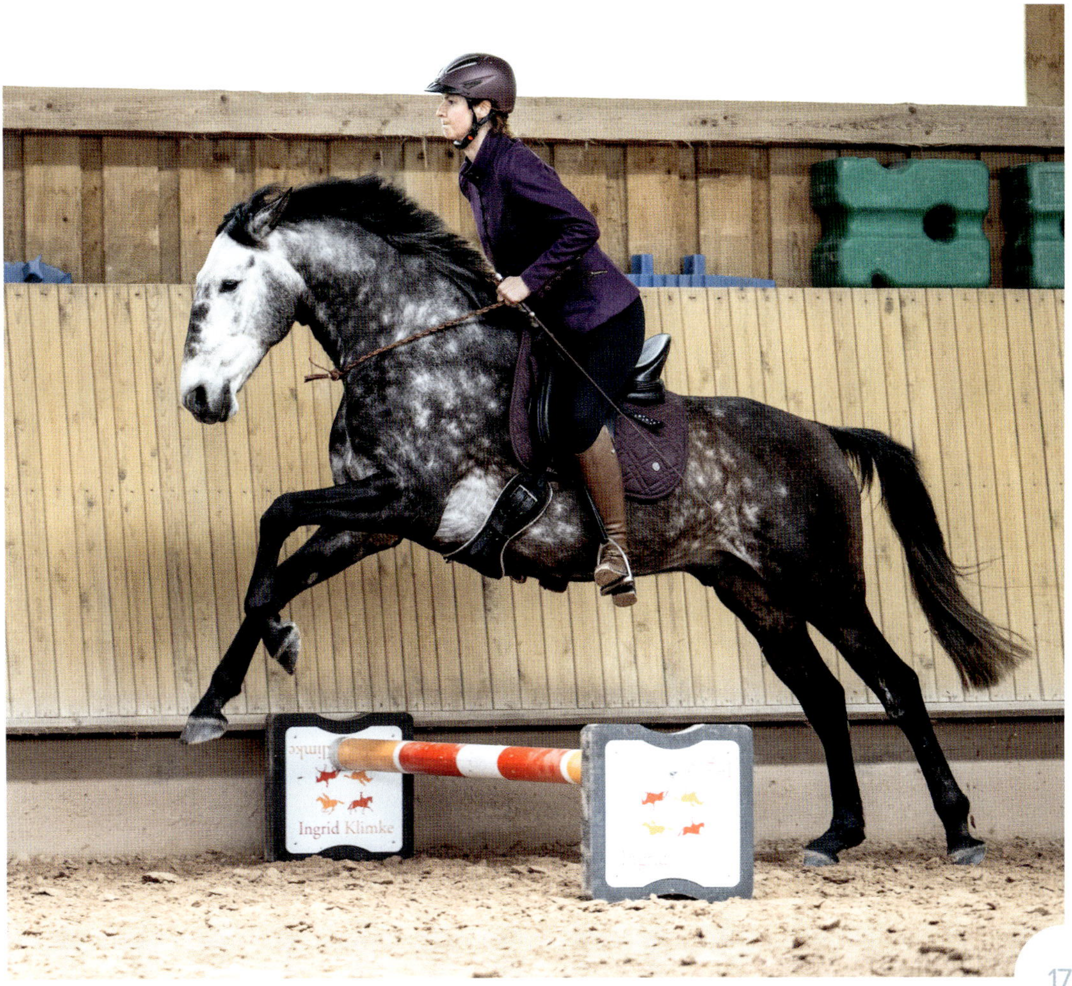

Unsere Überzeugung:

- Kein Reitmeister, kein Pferdeflüsterer, keine Lehre und keine noch so schlüssige Theorie weiß besser, was gut für Pferde ist als die Pferde selbst. Verschiedene Pferde können in verschiedenen Disziplinen, Reitweisen und mit verschiedenen Aufgaben oder Besitzern glücklich, unglücklich sein, gesund bleiben oder krank werden.
- Jeder Mensch wird auch Fehler machen. Jeder darf Fehler machen. Wir dürfen lernen, sie zu erkennen, als Chance zu begreifen und uns stetig zu verbessern – idealerweise ohne Schuld- oder Schamgefühle. Diese helfen nicht und erzeugen destruktive Lästerkulturen, statt konstruktives Miteinander. Hurt people hurt people.
- Jedes Pferd hat ein Recht auf ein möglichst glückliches Leben, schmerzfreie und freudvolle Bewegung! Was das im Einzelfall bedeutet, ist individuell. Ob Haltung, Training, Ausflüge und Co. – nicht alles passt für jedes Pferd. Wir sind in der Pflicht, die Zeichen jedes einzelnen Pferdes immer besser zu deuten und gegebenenfalls in seinem Sinne Konsequenzen zu ziehen. Wünsche, Bedürfnisse und Gefühle von Pferden und Menschen können sich im Laufe des Lebens ändern.
- Gesünder, harmonischer, glücklicher ist unser »höher, schneller, weiter«.
- Krankheiten und Schmerzen des Pferdes können völlig unabhängig von Training, Fehlern oder Persönlichkeit des Besitzers auftreten. Oft ist niemand »schuld«. Wir sind allerdings in der Pflicht, sie zu erkennen, ohne uns permanent verrückt zu machen. Darin liegen viele Möglichkeiten, wichtige Entscheidungen zu treffen und das gemeinsame Leben besser zu gestalten.
- Es ist möglich, Pferde so zu reiten, dass es beiden große Freude macht. An erster Stelle steht die Entscheidung, so reiten zu wollen wie es Pferde lieben. Der Rest ist Umsetzung: Kann man die Zeichen des eigenen Pferdes deuten, kann man Trainingsentscheidungen, Entscheidungen zur Haltung, Fütterung, Sitzübungen, Trainingsweise, Ausrüstung und Co. klug treffen. Jeden Tag. Individuell.
- Reiten, wie es Pferde lieben erfordert Mut. Mit seinem eigenen Pferd in die Kommunikation zu gehen, wirklich hinschauen und hinhören zu wollen, auch wenn die Antwort herausfordernd sein kann. So entsteht Raum, wirklich etwas bewirken zu können.Es gibt kein Rezept. Es gibt kein »alle« und kein »immer«. Es gibt das individuelle Pferd.
- Begeistern ist das neue Belehren.
  Wir möchten andere anstecken mit der Idee, so zu reiten wie es Pferde lieben. Das heißt nicht, dass jeder dasselbe mit dem Pferd tun soll wie wir mit unseren, sondern das Wissen und Können zu erarbeiten, um diese Maxime auf das eigene Pferd und die eigenen Wünsche anzuwenden.
- Umsetzung ist das neue Wissen.
  Zu viele Menschen sind Wissensriesen und Umsetzungszwerge. Das Wissen aus Büchern, Studien und Co. bringt den Pferden nichts, wenn wir es nicht anwenden – jeden Tag neu und jeden Tag etwas besser als am Tag davor.

LITERATURVERZEICHNIS

Fachartikel, Studien, Links und Bücher zum Weiterlesen und Vertiefen

> Über Sue Dysons Forschung:

- https://beva.onlinelibrary.wiley.com/doi/epdf/10.1111/eve.13468 – Fachartikel von *Dr. Dyson* zum Pain Ethogramm, in dem zahlreiche ihrer Studien zu dem Thema im Literaturverzeichnis angegeben sind.
- Einfach aufbereitete, englische Seite: www.24horsebehaviors.org

> Zum Reitergewicht:

- The influence of rider:horse bodyweight ratio and rider-horse-saddle fit on equine gait and behaviour: A pilot study; *S. Dyson, A. D. Ellis, R. Mackechnie-Guire, J. Douglas, A. Bondi, P. Harris*; 2019

> Zu Lahmheiten:

- »Riding Soundness« – die orthopädische Gesundheit von Reitpferden auf dem Prüfstand *Jasmin Müller-Quirin, Marie T Dittmann, Selma N Latif, Christoffer Roepstorff, Samuel Arpagaus, Michael A Weishaupt*; 2021
- https://www.sciencedirect.com/science/article/abs/pii/S0168159117300722

> Zu Bewegung/Aufzucht:

- The response of bone, articular cartilage and tendon to exercise in the horse; *Elwyn C Firth*; 2006
- Der Einfluss von Aufzucht und Haltung auf das Auftreten von Osteochondrose (OC) beim Reitpferd *Annette Wilke*; 2003

> Zum Reiten hinter der Senkrechten:

- Effects of a 15 • Variation in Poll Flexion during Riding on the Respiratory Systems and Behaviour of High-Level Dressage and Show-Jumping Horses *Paula Tilley, Joana Simoes, Sales Luis*; 2023
- Zu den zahlreichen Forschungsarbeiten von *Dr. Kathrin Kienapfel*: https://drkathrinkienapfel.jimdo.com

> Über Intuition, Selbsteinschätzung etc.:

- Wie der Bauch dem Kopf beim Denken hilft *Bas Kast*; S. Fischer Verlag; 2007
- Unskilled and unaware of it: How difficulties in recognizing one's own incompetence lead to inflated self-assessments. *Justin Kruger, David Dunning*; Journal of Personality and Social Psychology, Band 77, Nr. 6; 1999
- Theorie der Kognitiven Dissonanz. *Leon Festinger*; Huber Verlag Bern; 2012
- The Third-Person Effect in Communication *W. Phillips Davison*; Public Opinion Quarterly; 1983

> Lateralität bei Pferden:

- Lateralität bei Pferden *Konstanze Krüger, Isabell Marr, Kate Farmer* Franckh Kosmos Verlag; 2024

> Pferdeverhalten, Emotionen, Mimik, Ausdrucksverhalten:

- Horses show individual level lateralisation when inspecting an unfamiliar and unexpected stimulus *Paolo Baragli, Chiara Scopa, Martina Felici, Adam R Reddon*; 2021
- Horses feel emotions when they watch positive and egative horse-human interactions in a video and transpose what they saw to real life *Miléna Trösch, Sophie Pellon, Florent Cuzol, Céline Parias, Raymond Nowak, Ludovic Calandreau, Léa Lansade*; 2020
- Cross-modal perception of human emotion in domestic horses (Equus caballus) *Kosuke Nakamura, Ayaka Takimoto-Inose, Toshikazu Hasegawa*; 2018
- Functionally relevant responses to human facial expressions of emotion in the domestic horse (Equus caballus); *Amy Victoria Smith, Leanne Proops, Kate Grounds, Jennifer Wathan, Karen McComb*; 2016
- Horses (Equus caballus) facial micro-expressions: insight into discreet social information *Claude Tomberg, Maxime Petagna & Lucy-Anne de Selliers de Moranville*; 2023
- Towards an Ethological Animal Model of Depression? A Study on Horses *Carole Fureix, Patrick Jego, Severine Henry, Lea Lansade, Martine Hausberger*; 2012
- Von *Carole Fureix* findet man auf ResearchGate viele weitere Fachartikel/Studien.
- Horses form cross-modal representations of adults and children *Plotine Jardat, Monamie Ringhofer, Shinya Yamamoto, Chloé Gouyet, Rachel Degrande, Céline Parias, Fabrice Reigner, Ludovic Calandreau, Léa Lansade*; 2023
- Cortisol release and heart rate variability in sport horses participating in equestrian competitions *Mareike Becker-Birck, Alice Schmidt, Juliane Lasarzik, Jörg Aurich, Erich Möstl, Christine Aurich*; 2013
- Reinforcement as a mediator of the perception of humans by horses (Equus caballus) *Carol Sankey, Marie-Annick Richard-Yris, Séverine Henry, Carole Fureix, Fouad Nassur, Martine Hausberger*; 2010
- Using the Horse Grimace Scale (HGS) to Assess Pain Associated with Acute Laminitis in Horses (Equus caballus) *Emanuela Dalla Costa, Diana Stucke, Francesca Dai, Michela Minero,Matthew C. Leach, Dirk Lebelt*; 2016

> Buch:

- Forschung trifft Pferd! – Intelligenz, Sozialverhalten, Training; *Konstanze Krüger und Isabell Marr*; Kosmos Verlag; 2022

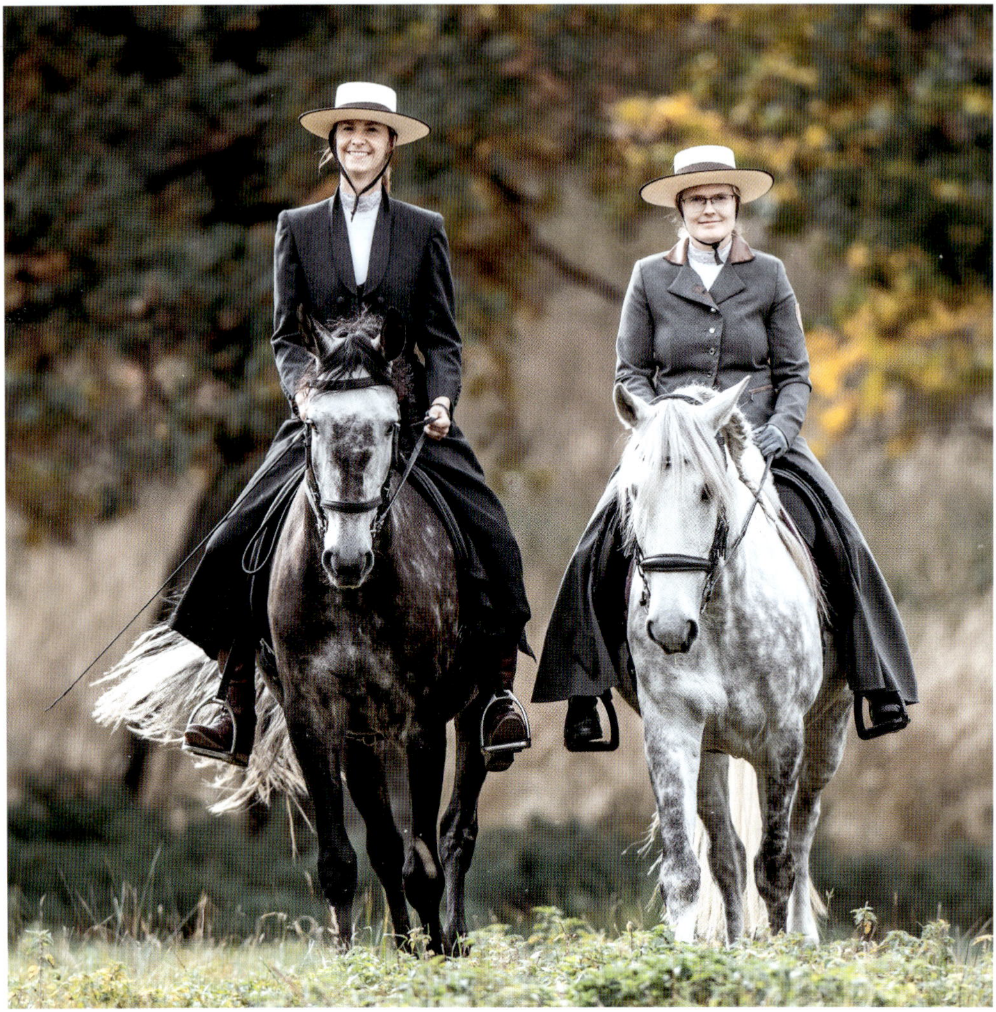

Über uns

Claudia Weingand und **Katharina Möller-Weingand** teilen im OsteoDressage Online-College ihr Wissen aus mehreren Jahrzehnten Pferdepraxis (in den Bereichen Pferde- und Reiterausbildung und Osteopathie) zu verschiedenen Themen rund um Reiten wie es Pferde lieben und Pferdegesundheit.
Insgesamt haben die beiden bereits dreizehn Bücher veröffentlicht, dieses ist nach Dehnungshaltung, Biegung, Trainingstherapie und Galopparbeit ihr fünftes gemeinsames Buch.

Weitere Informationen und Fortbildungsangebote für Reiter, Trainer, Therapeuten und Tierärzte finden Sie auf **www.osteodressage.college** und auf dem Instagram- und Facebook-Kanal von OsteoDressage.

WEITERE INTERESSANTE BÜCHER DER AUTORINNEN

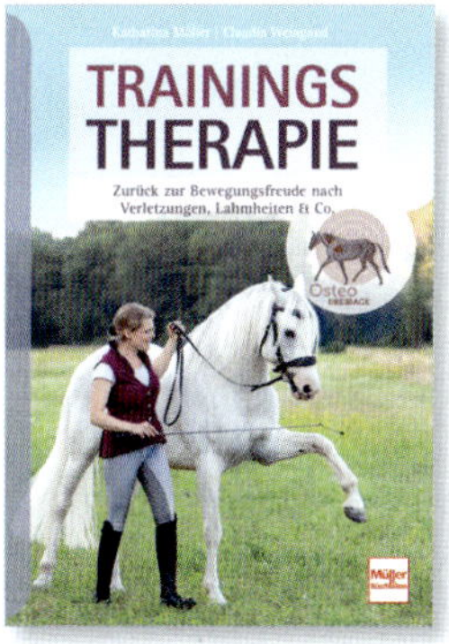

Katharina Möller-Weingand
Claudia Weingand

Trainingstherapie
Zurück zur Bewegungs-freude nach Verletzungen, Lahmheiten & Co.

176 Seiten, 100 Bilder
ISBN 978-3-275-02209-0
€ 19,95 / € (A) 20,60

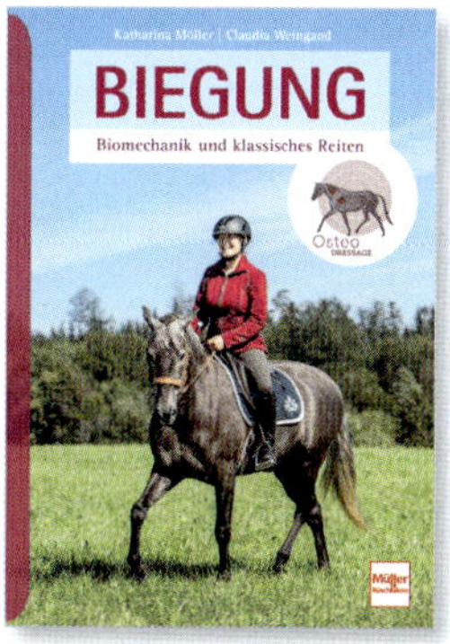

Katharina Möller-Weingand
Claudia Weingand

Biegung
Biomechanik und klassisches Reiten

160 Seiten, 122 Bilder
ISBN 978-3-275-02180-2
€ 24,90 / € (A) 25,60

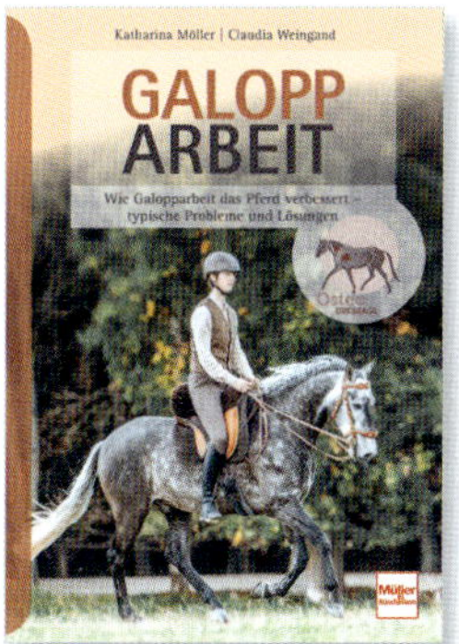

Katharina Möller-Weingand
Claudia Weingand

Galopparbeit
Wie Galopparbeit das Pferd verbessert – typische Probleme und Lösungen

144 Seiten, 150 Bilder
ISBN 978-3-275-02253-3
€ 24,90 / € (A) 25,60

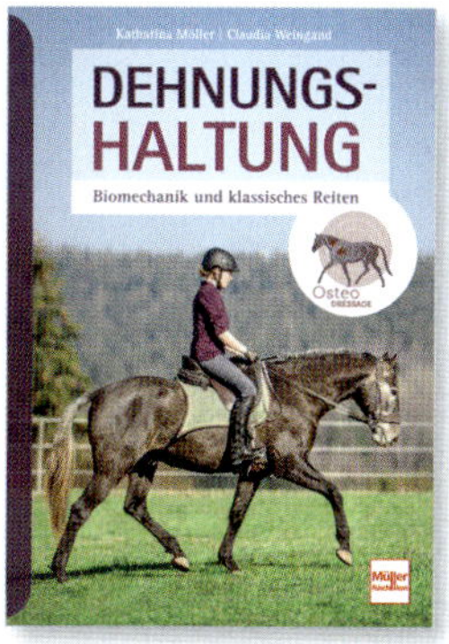

Katharina Möller-Weingand
Claudia Weingand

Dehnungshaltung
Biomechanik und klassisches Reiten

160 Seiten, 99 Bilder
ISBN 978-3-275-02164-2
€ 24,90 / € (A) 25,60

Folgen Sie uns für mehr Infos zu unseren Pferdebüchern auf:

www.instagram.com/muellerrueschlikon.pferd

www.facebook.com/muellerrueschlikonverlag

Im Internet unter www.mueller-rueschlikon.de

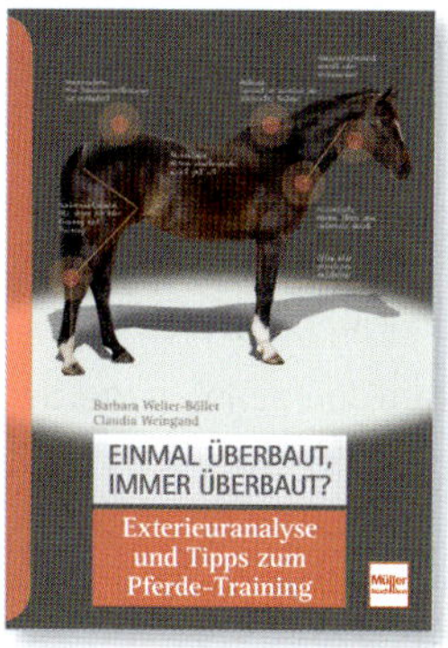

Barbara Welter-Böller
Claudia Weingand

Einmal überbaut, immer überbaut?
Exterieuranalyse und Tipps zum Pferde-Training

176 Seiten, 147 Bilder
ISBN 978-3-275-02151-2
€ 24,90 / € (A) 25,60

Überall, wo es Bücher gibt, oder auf **www.mueller-rueschlikon.de**

Service-Hotline: 0711-78 992 151

Änderungen in Preis und Lieferfähigkeit vorbehalten.